JN026338

法隆寺は燃えているか

日本書紀の完全犯罪

中村真弓
NAKAMURA MAYUMI

幻冬舎 MC

法隆寺は燃えているか

日本書紀の完全犯罪

序

長い間、絶対に正しいと信じられてきたものが、実は誤りだと気付かされたとき、おそらく多くの人は素直に受け入れることができず、事実に対して強い拒絶反応を示すことでしょう。

これまでの古代史研究は、『日本書紀』に大きく依存してきました。しかし、そのことが原因で古代史は歪められ、誤解されてきた可能性があります。正史として揺るぎない地位にある『日本書紀』ですが、一面で不幸な歴史を歩んできたことを忘れてはなりません。正史となれば、その権威によって記載された内容に誤りはないという暗黙の了解が形成されます。加えて、『日本書紀』には明治時代から太平洋戦争終結まで、国家の権威を高め、国民意識の高揚を図るという目的に利用された過去があります。このような事情で、これまで『日本書紀』は史料として厳しい批判に曝されることがほとんどなかったのです。

しかし、このことによって、『日本書紀』を基礎にした古代史研究は広く行われながら、一方で、『日本書紀』そのものを批判的に研究するという姿勢が不十分になり、古代史研究に思いがけない盲点を作ってしまった可能性があります。

たとえば、『日本書紀』には「法隆寺」と表記された記述がただ一箇所あります。この記述は漢字でわずか二十四字でしかないのですが、『日本書紀』の完成から千三百年の間、この二十四字の記述の真意を見抜くことができなかったばかりに、法隆寺研究は袋小路に迷い込み、古代史研究も混乱しています。

実は、『日本書紀』にはいくつかの完全犯罪が隠されています。そこに悪意はないのですが、その完全犯罪によって古代史は大きく歪曲（わいきょく）され、誤解されています。古代史の理解のためには、『日本書紀』の完全犯罪を見抜くことが不可欠なのです。

ところが、『日本書紀』の完全犯罪を見抜くことは簡単なことではありません。『日本書紀』の理解のためには法隆寺の理解が必要であり、また同時に、法隆寺の理解のためには『日本書紀』の理解が必須なのです。まるで鶏と卵のような関係ですが、『日本書紀』と法隆寺は表裏一体なのです。

本書は、まず法隆寺に関する二十四字の記述の真意を解明してまいります。その二十四字の記述の意味が明らかになったとき、『日本書紀』に秘められた真の目的と、法隆寺の実像が歴然と浮かび上がり、これまで『日本書紀』によって構築され、誤りはないと信じられてきた古代史が根本から刷新されることになります。

◉変分法

ところで、どの分野の研究においても、旧来の手法を繰り返すだけでは新しい発見は望めません。それは『日本書紀』の研究においても同じです。そこで、本書はこれまでと全く異なる手法を用いて、法隆寺に関する二十四字の記述の真意を解明していきます。本書が用いる魔法のような手法は、「変分法」と呼ばれるものです。

変分法は物理や数学で用いられる理系の手法であり、古代史の研究には場違いの印象がありま す。しかし、本書では物理や数学のように微分方程式を古代史の究明にそのまま適用するのではなく、あくまでも変分法の考え方を『日本書紀』の分析に応用します。

物理や数学は苦手だからと敬遠される方があるかもしれませんが、変分法は決して難しいものではありません。実は、日常生活の中で誰でも変分法を使っています。

たとえば、勤務先（学校）から自宅に帰る場合を例に説明しましょう。勤務先（学校）から自宅に帰る途中で、本を買ったり、誰かに会ったり、夕食の材料を買いそろえたりと、いくつかの用事を済ませなくてはならないとします。このような場合、誰でもまずどの店に寄ろうか、どの順番（経路）で回ろうかと考えるはずです。そして、いくつか浮かんだ経路の中で、無駄なく用事を済ませることができる経路はどれになるかを比較し、最適な経路を決定するはずです。

変分法は、勤務先（学校）から自宅までの間に用事を済ませながら帰る例のように、ある目的を達成するうえで最も効果的な経路を導き出す手法なのです。物理や数学の手法といっても難しいものではありません。変分法は日常的に誰でも無意識のうちに利用している手法なのです。この変分法という魔法のような手法は、これまでの『日本書紀』の理解を抜本的に変えるとともに、古代史の景色を一変させることになります。

なお、本書は二部構成になっています。第一部の「疑惑の大火」では、『日本書紀』の中で法隆寺が果たした重要な使命を解明してまいります。第二部の「極秘の再建」では、法隆寺再建の秘密、並びに聖徳太子の秘密を解き明かしてまいります。そして、法隆寺と『日本書紀』との間の縺れた糸が解きほぐされたとき、そこには静寂の中の新しい古代史が開けています。

目次

凡例

一、天皇という称号が、『日本書紀』では初代の神武天皇以来、持統天皇まで連綿と用いられています。一方、天皇号は七世紀後半の天武天皇、あるいは持統天皇の頃から用いられたものであり、それ以前は大王と呼ばれていたとする見方が近年提起されています。また、『日本書紀』に登場する厩戸皇子（うまやどのみこ）は聖なる徳を備えた人物として描かれ、後世「聖徳太子」と呼ばれますが、その呼称は虚飾であるとする見解があります。

天皇号や聖徳太子について、近年このような事情にあることは承知していますが、本書が『日本書紀』の記述そのものを主なテーマとしており、天皇号や聖徳太子という呼称が『日本書紀』の謎を解くための重要なキーになっていますので、本書では近年の動きとは無関係に、天皇や聖徳太子という表現をそのまま用います。

二、『日本書紀』や『続日本紀』の引用において、各天皇の時代を欽明紀、元明紀などと表記します。また、『古事記』の場合は推古記などと表記します。

三、特に断りがない限り、本書において『日本書紀』の引用は日本古典文学大系67・68（岩波書店）に、『続日本紀』は新日本古典文学大系12〜16（岩波書店）に、『古事記』は日本古典文学全集1（小学館）に依拠しています。

四、本書では史料の名称を次のように略して表記することがあります。
『上宮聖徳法皇帝説』を『帝説』
『上宮聖徳太子伝補闕記』を『補闕記』
『聖徳太子伝暦』を『伝暦』
『聖徳太子伝私記』を『私記』
『法隆寺伽藍縁起并流記資財帳』を『伽藍縁起』
『元興寺伽藍縁起并流記資財帳』を『元興寺縁起』

五、寺号は、地名や法号など呼び方は時代の局面ごとに変化しています。たとえば、創建時に法隆寺は斑鳩寺と呼ばれ、法興寺（元興寺）は飛鳥寺と呼ばれていました。しかし、これらの寺号を時代ごと、あるいは文脈ごとに厳密に使い分けることには限界があり、本書ではそれらの寺号が文中で混在する場合があります。

第一部

疑惑の大火

第一章　非力のレジスタンス

第一節　猛火の法隆寺

今から千三百五十年ほど前の天智天皇九年（六七〇）四月三十日、重大な事態が法隆寺を襲いました。陰暦の三十日といえば月が隠れるという意味の晦。月も見えない深夜、法隆寺で火災が起き、法隆寺は荒れ狂う猛火に翻弄され、断末魔の悲鳴を上げていました。夜明け近くまで燃え続け、ようやく火が鎮まったとき、法隆寺の建物は一つ残らず焼け落ちていたと天智紀は伝えています。

その天智天皇九年（六七〇）四月の記述は次のとおりです。

夏四月癸卯朔壬申、夜半之後、災法隆寺。一屋無餘。大雨雷震。（原文）

夏四月の癸卯の朔、壬申に、夜半之後に、法隆寺に災けり。一屋も餘ること無し。大雨ふり雷震る。（書き下し文）

すなわち、「天智天皇九年（六七〇）四月三十日の夜半過ぎ、法隆寺で火災があり、建物が一屋も余すことなく焼け落ちた。直後に大雨が降り、雷が大地を揺るがすほど激しく鳴った」というのです。

世界最古の木造建築として知られ、世界遺産にも登録された法隆寺に、これほど壮絶な過去があったとは驚きです。陰暦の三十日といえば月もない不気味な夜、その漆黒の闇の中で法隆寺は紅蓮の炎に弄ばれ、焼け落ちていったのです。凄まじい姿を晒しながら、法隆寺はこの世から跡形もなく消え去ったというのです。

火災の直後には大雨が降り、大地を揺らすほどの激しい雷も鳴りました。まるで法隆寺が燃え尽きたことを嘲笑うかのように雷鳴が轟き、冷たい雨が降り注いだのです。何という仕打ちでしょうか。仏教が日本に伝わって百年余り、その仏教の黎明期にこれほどの大事件が法隆寺を襲っていたとは、ただ驚愕するばかりです。

ところが、この法隆寺の火災に関する『日本書紀』の記事には、聊か不可解な点があります。正史という真面目な歴史書に残された記述ではありますが、この派手すぎる記述をそのまま鵜呑みにして良いものでしょうか。

◉疑問1

ここには、「法隆寺」と記載されています。しかし、当時の寺は地名で呼ばれることが一般的で、法隆寺も地名によって斑鳩寺と呼ばれていたはずです。その斑鳩寺が法隆寺と呼ばれるようになるのは、どんなに早くても天武天皇が「諸寺の名を定めた」とされる、天武天皇八年（六七九）四月以降のことであり、それより前の天智天皇の時代、この寺が法隆寺と呼ばれることはなかったのです。

このため、仮にこの法隆寺大火災の記事が原史料から転記されたものとすれば、その原史料には「法隆寺」ではなく、「斑鳩寺」と記載されていたはずです。それにもかかわらず、わざわざ天智紀に「法隆寺」と記載したとすれば、この記述が原史料からの転記ではなく、『日本書紀』編纂の過程で追記された可能性が感じられます。ちなみに、同じ天智紀に、この大火災の前年、天智天皇八年（六六九）是冬（このふゆ）の条で、法隆寺のことを「斑鳩寺」と記しています。このことからも、右の「法隆寺」という表記には怪しいものがあります。

◉疑問2

また、「一屋（ひとつのいへ）も餘（あま）ること無し」という記述も不可解です。今日の法隆寺の建物を見れば分かるとおり、寺院の建物の柱や梁（はり）には太くて立派な木材が用いられています。おそらく、天智天皇九年（六七〇）に焼失したとされる法隆寺の建物も、現在の法隆寺と比較して遜色のない立派な木材が用いられていたと想像します。そのような太い柱や梁が火災に遭（あ）った場合、表面は黒く焦（こ）げても内部は酸素欠乏のため、燃焼が芯まで進むことはありません。火災の初期には酸素が豊富で完全燃焼しますが、火勢が強まると一気に酸素欠乏に陥り、燃焼が太い木材の芯まで進むことはないのです。

たとえば、今日の火災では鎮火直後に消防署が火元を調べますが、出火当初は酸素が豊富で完全燃焼するという性質に着目し、焼け跡から完全燃焼した箇所を見つけ出して出火場所を特定します。つまり、どんな大火の場合でも、太い柱や梁は芯の部分が残るため、原状の骨格をとどめるものなのです。立派な寺院建築であれば「一屋も餘ること無し」と表現されるほど、烈しい焼け方をすることは絶対にあり得ないのです。

加えて、寺は七堂伽藍といって金堂・塔・講堂・鐘楼・経蔵・食堂・僧坊などの建物が広い敷地に分散され、元から類焼する危険が小さくなるように配慮されています。それにもかかわらず、右のように法隆寺の建物群が一屋も余すことなく燃え尽きたとする記述は、事実を正確に伝える歴史書ではなく、むしろ特別な演出効果を目論んで、極端に誇張した表現を散りばめた歴史物語ではないかと疑わせるものがあります。

◉疑問3

さらに、火災の後には大雨が降り、雷が鳴ったと記されていますが、雷を「雷震る」と表現し、大袈裟に震を使って大地が揺れるほどの雷が鳴ったと強調しています。月明りもない深夜に法隆寺の建物群が全焼し、その後に大雨と大地を揺らすほどの雷が鳴るとはあまりにもドラマチックです。まるで、ホラー映画の冒頭シーンのような趣さえあります。この派手な表現は何か特別なことを目論んでいるような印象があり、正史という真面目な歴史書には不似合いです。

◉疑問4

また、一屋も余すことなく燃え尽きたとされる法隆寺ですが、その再建の記録が『日本書紀』にはもちろん、他のどの史料にも残されていません。火災の後、今日に伝わる法隆寺がどのように再建されたのか、その事情を伝える史料は一切存在しないのです。火災については派手に記述しておきながら、『日本書紀』が再建に関して何も触れなかったことは、何を意味するのでしょうか。

実は、法隆寺の大火災に関する天智紀の記述について、間違いではないかとする見方が平安時代には提起されていました。たとえば、法隆寺と縁(ゆかり)の深い聖徳太子に関する伝記が今日に伝わっていますが、それらの中に右の法隆寺大火災を疑うものがいくつも存在するのです。いいえ、端的にいえば、天智天皇九年(六七〇)四月三十日夜半過ぎ、法隆寺が一屋も余すことなく燃え尽きたとする天智紀の記述を支持する、あるいは追認する古代の文献は一つとして存在しないのです。

正史であり、古代史研究のバイブル的な存在である『日本書紀』の記述に重大な疑義があることは残念ですが、この法隆寺の大火災記事は今日でも古代史研究に大きな影響を与えているだけに、天智天皇九年(六七〇)四月三十日の夜半過ぎ、本当に法隆寺が一屋も余すことなく燃え尽きたのか、決着をつける必要があります。

◉記紀研究

記紀をはじめとする古代文献の研究で名高い坂本太郎博士は、その著書の中で「記紀で研究する前に、記紀を研究しなければならぬ（傍点筆者）」と述べておられます。この言葉には広い意味があるのでしょうが、一つの理解としては、記紀に記載された内容を鵜呑みにして古代史研究を進めることは危険であり、まず記紀がどのような背景で編纂され、何を目的としているのかなど、その正体を明らかにすることが必要である。それを軽んじると、古代史研究は間違った方向に進む惧れがあるという警告と見ることができます。

たとえば、コンパスで円を描く場合、中心となる針がしっかり固定されていれば多少いい加減にコンパスを回しても正確な円を描くことができます。しかし、少しでも針がブレてしまうと正確な円は描けません。これと同様に、古代史研究の基本史料である記紀の正体を確認しないまま研究を進めても、針が安定しないコンパスを使うようなもので、信頼性の高い研究にはならないという戒めです。つまり、記紀はコンパスにたとえれば針の部分に当たり、記紀の研究が不十分で、その信頼性に不安がある場合、古代史研究は覚束ないという警告です。

実は、右に紹介した法隆寺の大火災記事は『日本書紀』の中で最も重要な記事であり、この記事の意味が正確に理解されない限り、真の『日本書紀』研究が始まったとはいえないのです。逆に、この法隆寺大火災記事の意味が正当に理解されたとき、『日本書紀』研究は飛躍的に進んだことになります。

法隆寺の大火災記事は漢文で二十四字と、全体から見ればわずかな記述ですが、『日本書紀』研究において、あるいは古代史研究全般において、きわめて重要な意味を持っています。今の段階では、何を言っているのか事情が呑み込めないでしょうが、法隆寺大火災記事の真の意味が理解されたとき、日本の古代史は一変することになります。

1『上宮聖徳太子伝補闕記』

平安時代初期に成立した『上宮聖徳太子伝補闕記』は、聖徳太子に関する広隆寺系の伝記と見られています。この伝記の編者は内容によほど自信があったのか、冒頭で次のように宣言しています。

「『日本書紀』、『暦録』や四天王寺の『聖徳王伝』などを詳しく調べてみると、十分に吟味されていない内容が見受けられ、憤りに堪えない。そこで古老を訪ね、古い史料を探し、（聖徳太子と縁のある）調使・膳臣らの家記を入手して調べてみた。内容はほぼ同じだったが、相互に異なる点もあり、捨てがたいものがある。そこで、それらを整理して記録することにした（漢文を筆者訳）」と。

このように、『補闕記』は冒頭で、『日本書紀』、『暦録』や四天王寺の『聖徳王伝』という史料を調べて疑問が生じたので、古老を訪ね、さらに家記などを詳しく調べたと作業手順を自信たっぷりに述べています。この記述から推測すれば、この編者は聖徳太子の事績に強い関心を持ち、『日本書紀』のほか、さまざまな史料を詳細に調べ、『日本書紀』などの記述に誤りがあると確信したのです。

これほどの高い見識と自信に漲（みなぎ）り、義憤に駆られた『補闕記』の編者が、天智紀の法隆寺大火災記事をどのように見ていたかという点は、『補闕記』が平安初期という法隆寺大火災に比較的近い時代に編纂されたことを思えば、大いに注目されるところです。

その『補闕記』は、法隆寺の大火災について次のように記しています。

四十七庚午年四月卅日夜半有レ災二斑鳩寺一。

右の漢文は、「聖徳太子四十七歳、庚午（かのえうま）の年の四月三十日夜半、斑鳩寺に火災が有った」という意味になります。

ここに「庚午年」とあるのは干支（かんし）で表した年次であり、天智紀で法隆寺大火災があったとされる天智天皇九年（六七〇）と同じ庚午です。このため、一見すると『補闕記』は天智紀が伝える天智天皇九年（六七〇）の法隆寺大火災をそのまま認めているように見えます。

しかし、干支が同じだということだけで、『補闕記』が天智紀の伝える法隆寺大火災を認めていると考えるのは早計です。干支は十年周期の干と十二年周期の支の組み合わせであるという事情から、双方の最小公倍数である六十年ごとに同じ干支が繰り返される性質があり、干支が同じだからといって、それだけをもって同じ年の出来事と断定することはできません。幸い、この記述には「四十七」と聖徳太子の年齢が添えられています。この年齢から、「庚午年」がどの年に当たるかを割り出すことができそうです。

ところが、四十七歳と記される聖徳太子の年齢と庚午の示す年次とが必ずしも整合しません。そこで、四十七歳という聖徳太子の年齢表記が、聖徳太子存命中を意味すると解釈して年次を絞り込めば、『補闕記』が伝える「庚午年」は、西暦六一〇年（天智紀が伝える法隆寺大火災の六十年前）が妥当ということになります。

すなわち『補闕記』は、天智紀が伝える天智天皇九年（六七〇）の法隆寺大火災は誤りであり、実際は同じ干支でありながら、その六十年前の推古天皇十八年（六一〇）四月三十日夜半に訂正していることが分かります。

さらに『補闕記』は、年次以外の天智紀の記述についても実質的に訂正を加えています。それは、天智紀において「一屋も餘（あま）ること無し」や「大雨や雷震があった」と記していることについて一切触れず、単に法隆寺で火災があったという記述にとどめている点です。つまり、『補闕記』は天智紀が伝えるような派手な大火災や大雨・雷震はなかったと、消極的ながらも背後で訴えているのです。

このように、『補闕記』の編者は法隆寺大火災の年次を天智紀より六十年早め、併せて大火災や大雨・雷震の表現を削除することによって、天智紀の間違いを正すことができたと自信を持っていました。

ところが、『補闕記』の編者は、自信を持って行った訂正が別の重大な問題を起こしていることに気付いていませんでした。たしかに、『補闕記』が主張する推古天皇十八年（六一〇）の干支は、天智天皇九年（六七〇）と同じ庚午であることに間違いはありません。しかし、『補闕記』が訂正した推古天皇十八年（六一〇）四月は、二十九日までしかない小の月だったのです。

おそらく、『補闕記』の編者は、天智紀の執筆者・編纂者たちが原史料の干支を誤解し、法隆寺大火災を六十年後の天智天皇九年（六七〇）四月三十日においたと考え、その間違いを訂正するために年次を六十年さかのぼらせ、推古天皇十八年（六一〇）四月三十日としたのです。ただこのとき、『補闕記』の編者は、推古天皇十八年（六一〇）四月が三十日の存在しない小の月だという基本的な事実を見落としていたのです。

実は、天智天皇九年（六七〇）四月三十日の法隆寺大火災が、仮に誤りであったとしても、大火災の年次を干支一運早い推古天皇十八年（六一〇）に変更することで解決できるほど、単純な問題ではないのです。『補闕記』の編者の着眼は鋭いのですが、残念なことに彼は法隆寺大火災の発生年月日に隠された重大な秘密に気付かないまま、問題を矮小化（わいしょうか）していたのです。

一般的に、干支で表記されている場合、干支一運を間違えることは珍しいことではありません。このため、通常は『補闕記』の編者が行った訂正は有効な場合が多いのです。しかし、天智紀の法隆寺大火災の記事にこの方法を安易に適用したことで、小の月に三十日があるという新たな矛盾を生んだうえに、天智紀の法隆寺大火災が伝える重要なメッセージにも気付かなかったのです。『補闕記』の編者は、その冒頭で自信たっぷりな宣言をしているわりに、意外と頼りない側面があるようです。

しかし、それでも『補闕記』の編者は、天智天皇九年（六七〇）四月三十日の法隆寺大火災は誤りとする見方が、平安時代初期に存在したという重要な手掛かりを残してくれました。

2 『聖徳太子伝暦』

『聖徳太子伝暦』は、平安時代の前期頃に編纂された伝記で、それまでの聖徳太子に関する数々の伝記類を整理・統合したようなところがあり、内容が豊富になっているだけに、その後の聖徳太子伝説の多くが、この『伝暦』から派生していったと見られています。『伝暦』は右の『補闕記』の内容も取り込んでいることから、『補闕記』より遅れて完成したと考えられ、『補闕記』が広隆寺系であるのに対して、『伝暦』は四天王寺系と見られています。

その『伝暦』は、法隆寺の大火災について次のように記しています。

庚午年四月卅日夜半。災斑鳩寺。而暦録不記。此年。是推古天皇十五年矣。

この漢文は、「庚午の年の四月三十日夜半、斑鳩寺に火災あり。『暦録』には記されていない。この年は推古天皇十五年」という意味になります。

ここで、庚午年の四月三十日夜半という記述が天智紀や『補闕記』と一致しており、同じ法隆寺の大火災について述べていることは間違いありません。しかし、『伝暦』も『補闕記』と同様に、法隆寺大火災を天智紀が伝える天智天皇九年（六七〇）ではなく、推古天皇の時代に置いています。

ただ、『伝暦』は『補闕記』と異なり、庚午の年次を推古天皇十八年（六一〇）ではなく、推古天皇十五年（六〇七）としています。文末に「矣」という強調の一文字を添えており、庚午の年を推古天皇十五年（六〇七）とすることに躊躇（ちゅうちょ）はないようです。しかし、本来の庚午の年は推古天皇十八年（六一〇）ですから、『伝暦』は依拠した史料の内容を吟味しないまま、庚午の年を推古天皇十五年（六〇七）と記したようです。

なお、この記述に続いて『伝暦』は、「寺被災之後。衆人不得定寺處。故百済入法師。率衆人令造楓野蜂岡寺（斑鳩寺が被災した後、皆は新たな寺の場所を定められないでいた。そこで百済の法師が皆を率いて葛野の蜂岡寺を造らせた）」と補足しています。正直なところ、この補足が法隆寺大火災とどういう関係になるのか分かりません。『伝暦』はさまざまな資料から情報をつまみ食いしているため、直接関係のない記述が挿入された可能性もあります。おそらく、この記述は法隆寺大火災を無理に六十年さかのぼらせたことで再建まで長い空白が生じてしまい、その穴埋めのために容易に寺地を定められなかったことにしたと推測します。そういう事情に気付くことができれば、この補足に意味がないと判断できます。

『伝暦』は他の史料からの寄せ集めという性格があり、特に新しい情報が含まれているわけではありません。ただ、『伝暦』は少なくとも天智紀が伝える天智天皇九年（六七〇）の法隆寺大火災を認めない立場であることは『補闕記』と同じであり、併せて、今日には伝わらない当時の歴史書の『暦録』にも、法隆寺大火災を伝える記述がなかったことを教えてくれています。

3『扶桑略記』

『扶桑略記』は、平安時代後期に比叡山の僧が編纂したとされる歴史書で、多くの史料をもとに仏教家の視点でまとめられ、他の史料にはない独自の情報を多く含んでいるという点で、古代史研究には欠くことのできない重要な史料となっています。その『扶桑略記』にも法隆寺の火災に関する記述があり、次のように記されています。

（推古天皇）十五年丁卯四月卅日。夜半。斑鳩寺火災。

この記述は推古天皇の箇所に置かれ、丁卯の推古天皇十五年（六〇七）四月三十日の夜半、斑鳩寺で火災があったと記しています。ここでは推古天皇十五年（六〇七）の干支を本来の丁卯としており、『伝暦』が推古天皇十五年（六〇七）の干支を庚午として誤っていたのに対し、『扶桑略記』はそれを推古天皇十五年（六〇七）本来の干支である丁卯に訂正しています。

『扶桑略記』は推古天皇十五年（六〇七）の年次表記は正しいと見る立場から、干支を庚午から丁卯に訂正していますが、一般的には漢数字の間違いは起こりやすい傾向にある一方で、画数の多い干支の間違いは起こりにくいという見方があり、干支に合わせて年次を訂正することで問題が解決する場合が多いように思います。しかし、『扶桑略記』の編者は、推古天皇十五年（六〇七）を正しいと考え、敢えて干支を修正しています。

このほか、『扶桑略記』は天智天皇八年（六六九）の条で、「同年。斑鳩寺火」と記載しており、この点は天智紀の記述と一致しています。一方、『扶桑略記』の天智天皇九年（六七〇）の条には、天智紀が伝えるような法隆寺大火災の記述は見当たりません。『扶桑略記』は主に『伝暦』系の史料を参考にしながら編纂されていると見られますが、天智紀が記載する天智天皇八年の火災記事を採用する一方で、同じ天智紀が伝える天智天皇九年（六七〇）四月三十日の法隆寺大火災記事を完全に無視していることになります。

時代が下るにしたがって史料のつまみ食いと辻褄合わせばかりが上手になっていきますが、矛盾の裏に隠された真実を解明しようとする姿勢は薄れていくようです。

ただ、『扶桑略記』にも貴重な情報が含まれていることを忘れてはなりません。それは、『扶桑略記』が法隆寺の火災を推古天皇十五年（六〇七）四月三十日としていることで、他の史料と同様に、天智天皇九年（六七〇）四月三十日とする天智紀の記述を認めない立場であることです。

4『聖徳太子伝私記』

『聖徳太子伝私記』は、鎌倉時代の法隆寺の僧顕真が聖徳太子に関する秘伝や口伝をまとめた史料で、『古今目録抄』と呼ばれることもあります。鎌倉時代の編纂ということで時代がだいぶ下っていますが、他の史料では知られていない情報が載っていることもあり、法隆寺や聖徳太子の研究において侮ることのできない重要な史料となっています。この『私記』の裏書に次の記述が伝えられています。

> 或説云庚午歳鵤寺焼推古天皇十五年云云十五年此誤也庚午歳者推古天皇十八年也更不用之

これは『伝暦』や『扶桑略記』などの記述を踏まえたもので、「或る説によれば、庚午の年に鵤寺が焼け、この年を推古天皇十五年（六〇七）としているが、十五年とすることは誤りである。庚午の年は正しくは推古天皇十八年（六一〇）である。今後はこれを用いることがないように」という意味になります。

この記述は、推古天皇十五年（六〇七）を推古天皇十八年（六一〇）に訂正しているだけで、特に新しい情報がないように見えます。しかし、鎌倉時代まで下るとはいいながら、大火災に遭遇して一屋も余すことなく焼失したとされる当事者の法隆寺の僧が、天智天皇九年（六七〇）とされる天智紀の法隆寺大火災の記事を認めず、火災があった庚午の年は推古天皇十五年（六〇七）ではなく、推古天皇十八年（六一〇）であると訂正しているのです。つまり、『私記』は消極的ながらもこの記述の裏で、天智紀の天智天皇九年（六七〇）四月三十日の法隆寺大火災記事は誤りであると示しているのです。

もし、本当に天智紀が伝えるような大火災が法隆寺を襲っていたとすれば、たとえ五百年以上が経過した鎌倉時代であっても、法隆寺内部では過去の大火災について語り継がれていたはずです。顕真は天智天皇九年（六七〇）四月三十日の大火災について一切触れないまま、法隆寺の火災を推古天皇の時代の出来事として年次を三年訂正しているだけなのです。このことは、天智紀が伝える天智天皇九年（六七〇）四月三十日の大火災を示す記録や伝承が、法隆寺には存在しなかったと証言しているのと同じです。

なお、天智紀の法隆寺大火災の記事を積極的に否定しない顕真のこの穏やかな姿勢は、法隆寺が時代の有力者たちに支えられ、あるいは翻弄されてきた、長く複雑な歴史を物語っているように思われます。

5『法隆寺伽藍縁起并流記資財帳（ほうりゅうじがらんえんぎならびにるきしざいちょう）』

法隆寺については、天平十九年（七四七）二月十一日付の『法隆寺伽藍縁起并流記資財帳』という公式の史料が知られています。この『伽藍縁起』は、法隆寺が所有・管理する建物、仏像・仏具、寺田などの財産の目録として、監督機関である僧綱所に提出したものであり、寺の有する権利を主張する重要な資料であるため、詳細かつ正確であることが求められます。

標題にある「伽藍縁起」とは、七堂伽藍と呼ばれる建物が創建以来たどった経過という意味であり、「流記資財帳」とは財産の入手経過と現状という意味を持っています。このような事情を踏まえれば、『伽藍縁起』は天智天皇九年（六七〇）四月三十日に、七堂伽藍すべてが焼失したという大火災のことを報告しなければなりません。また、伽藍の焼失以後、『伽藍縁起』の提出までの間に法隆寺の再建もなされていますので、建物の再建の経過も記載しなければなりません。『伽藍縁起』とは、本来そのようなことを意味しているのです。

ところが、この『伽藍縁起』は、用明天皇と代々の天皇のために、推古天皇と厩戸皇子（うまやどのみこ）が法隆寺を含む七箇寺の創建を発願したと伝えるのみで、天智天皇九年（六七〇）四月三十日の大火災のことや、その後の再建のことに全く触れていないのです。『伽藍縁起』が提出されたのは天平十九年（七四七）ですから、法隆寺大火災から七十七年が経過し、『日本書紀』の完成からも二十七年が経過しています。歳月の経過はあるというものの、天智紀に一屋も余すことなく焼失したと派手に記述された大火災について、直接の当事者である法隆寺が一切触れないことは実に不思議です。『伽藍縁起』という公式の史料までもが口を閉ざしているのですが、これはどういうことでしょうか。この不作為の裏に、何が隠されているのでしょうか。

ただし、『伽藍縁起』の冒頭付近と末尾付近には、大化三年歳次戊申九月廿一日に許世徳陀高臣（こせのとこだこのおみ）という人物の宣命によって食封（じきふ）三百戸の納賜が開始され、三十年余り後の天武天皇八年（六七九）

に停止されたと記載されています。食封とは充てられた各戸が納める租の半分と庸調の全部を収受する権利のことで、寺院などにおける主要な収益源の一つです。この食封の性質から、食封三百戸の納賜が伽藍整備のための財源という可能性もあるのですが、食封が開始された大化年間は天智紀が伝える法隆寺大火災の二十年余り前であり、食封が停止された天武天皇八年（六七九）は天智紀の法隆寺大火災の九年後です。

つまり、食封三百戸の開始と停止が、天智紀の法隆寺大火災とほとんど無関係に行われているのです。この食封三百戸が何を目的として納賜されたのか不可解ですが、これまでの研究では明らかになっていません。

このように、表立っては何も語らない不思議な『伽藍縁起』ですが、法隆寺の再建に関して重要な情報を残してくれています。それは法隆寺再建の完成時期を推定するうえで重要な情報で、今日でも実際に見ることができる五重塔の初層四面の塑像と中門左右の金剛力士像が、和銅四年（七一一）に完成したという記録です。和銅四年（七一一）とは、元明天皇が太安万侶に『古事記』の撰録を命じた年に当たりますが、この年までに法隆寺の五重塔と中門が完成しているのです。

また同時に、この記述は少なくとも法隆寺の五重塔と中門に加え、金堂、回廊という一団の建物が、このときまでに完成していたという重要な情報を提供しているのです。

第二節　論より証拠

1　再建・非再建の論争

修学旅行などを通じて人々に広く知られた法隆寺は、二つの大きな建物群に分けられます。世界最古の木造建築とされる金堂、五重塔、中門・回廊などが建っているところを西院と呼びますが、法隆寺といえば通常は西院を指していることが多く、本書も法隆寺と呼んでいるのは西院を指しています。法隆寺（西院）は創建当初には斑鳩寺（いかるがのてら）と呼ばれていましたが、その斑鳩寺の創建時期、焼失の有無、焼失したとするならば再建の経過など、明確なことは何も分かっていません。

一方、西院から三～四百メートルほど東に離れた、夢殿や伝法堂などがあるところを東院と呼びます。東院は推古朝に厩戸皇子（うまやどのみこ）（後に聖徳太子と呼ばれる）の斑鳩宮として整備されましたが、皇極紀によれば、皇極天皇二年（六四三）十一月に焼失し、その後、天平期から順次再建が行われて今日に至っています。

前節で紹介したように、法隆寺（西院）の大火災については早く平安時代初期から疑問視する見方がありました。それが明治時代の中頃になって、法隆寺の焼失と再建に関する激しい論争に発展することになります。きっかけは法隆寺の建築様式にありました。

日本の建築史や美術史の研究者は、「法隆寺の建築様式は古風で朝鮮半島や隋の影響が感じられ、唐の影響を受ける前のものであり、法隆寺は推古朝の創建当時のまま今日に伝えられたものである。また、天智紀に記された法隆寺の大火災については、天智天皇九年（六七〇）より干支一運早い推古天皇十八年（六一〇）のことであり、平安時代の聖徳太子の伝記なども天智紀が伝える天智天皇九年（六七〇）四月三十日の大火災を認めていない」と主張しました。

これに対し、当時の歴史・文学の研究者は、「平安時代の聖徳太子の伝記などには間違いが多く、信用に値しない。正史である『日本書紀』に明確に記載されているのだから、天智天皇九年（六七〇）四月三十日の法隆寺大火災は間違いのない事実である。もし天智紀の法隆寺大火災の記事が間違いだというならば、その証拠を示せ」と反論したのです。

この議論において、法隆寺は天智天皇九年（六七〇）四月三十日に一度焼失し、その後再建されたものが今日の法隆寺であるとする主張を「再建論」と呼び、法隆寺は創建当初のまま今日まで続いているとする主張を「非再建論」と呼びます。この再建・非再建の論争は、明治中頃から昭和初期までの数十年間、双方歩み寄ることがないまま続くことになりました。

再建・非再建の論争は時間を追って激しさを増しましたが、非再建論者は天智天皇九年（六七〇）の法隆寺大火災の記事は間違いであることを裏付けるため、さまざまな角度から資料を提出して再建論を覆（くつがえ）そうとします。一方の再建論者は、「正史の『日本書紀』に書かれているのだから間違いはない。再建論を覆したいならまず『日本書紀』の記述を覆せ」と繰り返すのでした。

非再建論者は、法隆寺が創建当初のままであることを裏付けるため、涙ぐましいほどの努力を続けます。しかし、『日本書紀』という正史の堅固な牙城を切り崩すことができず、非再建論は次第に厳しい状況に追い込まれていきました。

そして、昭和十四年（一九三九）、非再建論を打ちのめし、この論争に一定の決着をつける決定的な証拠が現れることになります。

2　若草伽藍の発掘調査

古くから法隆寺西院伽藍の南東二百メートルほどの平地に、大きな塔礎石が置かれていました。見た目には何の変哲もない、ただの大きな石で、一時は繁茂する草の中に埋もれていたといわれています。ところが、明治時代になってこの塔礎石は買い取られ、法隆寺から外へ運び出されるという事態になりました。その後、紆余曲折を経て昭和の初期に再び塔礎石が法隆寺に戻されることになったのです。

塔礎石が戻されるとき、法隆寺側は塔礎石を元の位置に戻して欲しいと要望しました。しかし、運び出されてから相当の歳月が経過しており、地表からでは元の位置が分かりません。元の位置を知るには、地面を掘って確かめる必要がありました。そこで、昭和十四年（一九三九）十二月、塔礎石の本来の位置を確認するため、発掘調査が行われることになりました。

発掘調査はトレンチと呼ばれる細い溝を東西と南北に掘り、表土の下に隠れた古い地盤面を慎重に確認していくという方法で行われました。そして、この発掘調査の過程で地中から現在の法隆寺とは異なる、別の寺の跡らしきものが出現したのです。詳しく調べたところ、現在の法隆寺に匹敵する規模の寺（後に「若草伽藍」と命名される）の金堂と塔の跡と判明しました。現在の法隆寺の金堂と塔は東西に並んでいますが、発見された金堂と塔は南北直線状に連なる四天王寺式であるという特徴も分かりました。また、伽藍の南北の中心軸は現在の法隆寺が磁北に対して四度弱ほど西に振れているのに対し、発見された伽藍の中心軸は磁北に対して大きく二十度も西に振れているという事実も判明しました。

さらに、発掘調査で得られた瓦の破片などを調べたところ、火災の痕跡が認められ、このとき発見された伽藍こそ推古朝に創建され、その後火災に遭って焼失した斑鳩寺（いかるがのてら）であり、現在の法隆寺西院の前身であると結論されたのです（『法隆寺若草伽藍址の発掘に就て』石田茂作著）。そして、このとき発見された伽藍は、その場所にちなんで若草伽藍と命名されることになったのです。

結局、この若草伽藍が発見されたことで、長く続いた法隆寺の再建・非再建の大論争は、再建論側の勝利ということで決着したのです。若草伽藍の出現は法隆寺研究にとって大きな発見でしたが、非再建論者にとってはきわめて不利な結果となりました。

◉その後

発掘調査の後、天智紀の天智天皇九年（六七〇）四月三十日の法隆寺大火災の記事については、若草伽藍が発見され、加えてそこに火災の痕跡が確認されたからには、多少の不可解さは残るものの、事実として受け入れなければならないという風潮が関係者の間で強まっていきました。そして、今日でも研究者の多くは、『日本書紀』の記述に多少の疑念を残しているのですが、それを覆すだけの裏付けが見つからないため、不本意ながら、天智天皇九年（六七〇）四月三十日の法隆寺大火災の記事を事実として受け入れなければならないのかと、ほとんど諦めかけているのです。

たしかに、若草伽藍の発見によって現在の法隆寺が再建されたものであることについては一定の結論が出され、大きな問題の一つは解決されました。その結果、研究者たちは非再建論を口にすることができなくなり、法隆寺の非再建論は大きな誤謬（ごびゅう）と判定され、過去のものとして忘れ去られていく運命となりました。若草伽藍の発見という動かぬ証拠の出現による当然の帰結といえます。

しかし、若草伽藍の発見によって法隆寺大火災に関する問題は完全に解決したと考えるとすれば、それはあまりにも軽率です。若草伽藍の発見は法隆寺研究にとって大きな前進であったことは間違いありませんが、若草伽藍が発見されたことで問題がすべて解決するほど、法隆寺問題は単純ではないのです。

たとえば、創建法隆寺である若草伽藍が飛鳥時代のある時点で完全に焼失したとするならば、①それは天智紀が伝える天智天皇九年（六七〇）で間違いないのか、②もし仮に、天智天皇九年（六七〇）四月三十日に焼失したとするならば、いつ誰が法隆寺の再建に着手したのか、③現法隆寺の敷地は山裾を削り、谷を埋めて造成されているが、その莫大な費用はどのように工面したのか、④なぜ法隆寺の再建が一切記録に残っていないのかなど、再建という部分に限定しただけでも、何も分かっていないのです。

また、若草伽藍が発見されたことで、現在の法隆寺が再建されたものであることに間違いはないとしても、金堂の様式が飛鳥時代の古いたたずまいを残しているという事実は依然として消えていないのです。再建・非再建論争の過程で示された様式の古さの問題は、今も不可解な疑問として厳然と残っているのです。

つまり、昭和十四年（一九三九）十二月の発掘調査によって、創建法隆寺である若草伽藍は火災に遭い、現在の法隆寺はその北西二百メートルほどの場所に再建されたものである、ということは否定できない事実と判明しました。しかし、発掘調査で判明したのは法隆寺の前身である若草伽藍が嘗て存在し、その若草伽藍は火災に遭っているというところまでであり、若草伽藍で確認された火災の痕跡が天智天皇九年（六七〇）四月三十日の大火災によると証明されたわけではありません。また、その火災の痕跡は、天智紀が伝える一屋も余すことなく燃え尽きたという記述を裏付けているわけでもないのです。

若草伽藍の発見は大きな成果であったことは間違いありませんが、それで法隆寺の問題が解決したわけではないのです。むしろ、若草伽藍の発見によって、法隆寺に関する火災問題や再建問題の複雑さや困難さがより鮮明になったというのが正直なところなのです。若草伽藍が発見されたことで、法隆寺が抱える複雑な問題の入り口に立つことができただけであり、問題の全貌はほとんど把握できていなかったのです。

このような背景から、昭和四十三、四十四年（一九六八、六九）、改めて若草伽藍の発掘調査が行われることになりました。この調査は西院南面の石垣の解体修理と併せて行われたものですが、若草伽藍の発見以降に生じた疑問を解明するため、回廊や講堂の位置も調査の対象に加えられることになりました。

ところが、この二度目の発掘調査そのものは予定どおり終了したのですが、その発掘調査の結果が、『法隆寺若草伽藍跡発掘調査報告』として公表されたのは平成十九年（二〇〇七）三月だったのです。なんと、発掘調査の開始から報告書の公表まで四十年近い歳月が費やされていたのです。この四十年ほどの間に何が起きていたのでしょうか。

報告書の発表が遅れた事情は公表されていません。四十年といえば、携わった研究者のほとんどが入れ替わるくらいの期間になります。おそらく、調査データを整理する過程で過去の知見との矛盾がいくつも明らかになり、結果の評価において研究者の間で相当な意見の食い違いが生じたものと想像します。つまり、矛盾だらけのままで報告書として発表することは信義に反することから、報告書として最低限の体裁を整えるために、四十年近い歳月を要したということなのです。

たとえば、『法隆寺若草伽藍跡発掘調査報告』（頁一五五）には、軒瓦に関して次のような記述があります。

『日本書紀』天智天皇九年条の「夏四月癸卯朔壬申、夜半之後災法隆寺、一屋無餘、大雨雷震」という記事が、法隆寺若草伽藍の焼亡の証左であると指摘されて久しい。石田茂作は若草伽藍跡の発掘調査によって、伽藍中枢の配置を解明し、出土瓦の年代を飛鳥時代に比定したが、その際、出土瓦に「赤色焼瓦の混ずる事によって、嘗て火災に遭遇してゐる事も察しめる」と述べている（「法隆寺若草伽藍址の発掘に就て」『日本上代文化の研究』法相宗勧学院同窓会）。『日本書紀』の罹災記事と結び付く可能性のある遺物が、その時点で初めて出土したことになる。

さて、本調査における出土瓦についてはどうであろうか。石田の述べる「赤色焼瓦」という瓦が具体的にどのような状態の瓦を指すのか知り得ないが、今回の調査において明瞭な被熱痕跡のある軒瓦は1点も存在しなかった。これは丸瓦・平瓦についても同様の状況である。「赤色」部分にのみ注目すると、それに近い橙色の色調を呈する軒瓦が若干存在するが、二〇〇四年に行われた若草伽藍跡西方の発掘調査で出土した「溶けた金属や土などが付着した瓦や、火にかかって発泡して軽くなった瓦」（斑鳩町・斑鳩町教育委員会二〇〇四）のようなものであるとはいえない（傍点筆者）。

つまり、この記述は伽藍中枢部の二回目の発掘調査において、一回目の発掘調査で石田氏が見たような明瞭な被熱の痕跡を残す瓦や、平成十六年（二〇〇四）に斑鳩町などが若草伽藍跡西方で行った発掘調査で出土した発泡して軽くなった瓦など、激しい火災の痕跡を示す瓦は一つとして出土しなかったことを伝えています。

天智紀の記述を信じれば、天智天皇九年（六七〇）四月三十日夜半過ぎ、若草伽藍の建物は一屋も余すことなく燃え尽きたのであり、その後、若草伽藍の敷地を放棄し、新しい敷地に現在の法隆寺を再建したわけです。ところが、発掘調査の結果から見れば、若草伽藍の敷地を放棄し、別な場所に再建するにもかかわらず、元の敷地に落ちた瓦の破片のうち、焼けた破片だけを一つ残らず拾って片付けたということになります。実務作業において、こんな無駄なことをするのでしょうか。

つまり、二回目の発掘調査において、瓦の破片の中に火災の痕跡を残すものが一つとして出土しなかったことは、天智紀の大火災記事を正しいとする立場にとって、きわめて不利であることを意味しているのです。

このように、報告書には天智紀の法隆寺大火災を認める立場の記述がある一方で、それを裏付ける出土品がないことで、大火災に対して懐疑的な立場の記述もあり、研究者によって見方が大きく違うことがありのままに記されています。これは法隆寺問題の難しさを示す一つの例といえますが、このように不都合な事実を隠すことなく公表する報告書の姿勢こそ、真実を解明するうえで大きな力になります。

幸い、二〇〇七年に公表された『法隆寺若草伽藍跡発掘調査報告』は、若草伽藍の発掘調査の結果にとどまらず、法隆寺の金堂や五重塔に用いられている木材の年輪年代法による調査結果の報告にまで及んでいます。報告書の公表までに四十年ほどの歳月を要しましたが、この間に矛盾に満ちた法隆寺問題の解明のため、精力的に検討が進められていたことが伝わってきます。

◉ボタンの掛け違い

服のボタンは、最初に掛け違うと途中で気付くことはほとんど不可能で、最後の最後に、残ったボタンの数と穴の数が合わなくなり、初めてボタンの掛け違いに気付くものです。法隆寺問題もボタンの掛け違いと似ています。おそらく研究の前提条件のどこかに単純な誤解があり、その誤解が原因となって次から次へと問題が派生しているのです。法隆寺について事実が判明すれば判明するほど、調べれば調べるほど謎が深まっていく原因は、意外と単純なところにあるのです。

つまり、法隆寺問題を複雑で解決困難にしている原因は、これまでに得られた情報に関してどこかに誤解があり、その誤解が元凶となって、確認される事実と推論との間で齟齬（そご）が生じているのです。

しかし、発見された事実と推論との間の齟齬が明確になったことは悪いことではありません。ボタンの掛け違いが最終段階になって初めて分かるように、法隆寺研究の行き詰まりが明らかになったことは、その原因が判明する直前まで来ていることを意味しています。実は、法隆寺に関する複雑な謎を解く鍵はあります。これまで行われた研究について、少し視点を変えてやれば隠れていた鍵の発見につながり、開かずの扉が簡単に開いてしまうのです。

第三節　昭和大修理の科学的知見

法隆寺（西院）の完成、すなわち法隆寺の五重塔四面の塑像と中門左右の金剛力士像が完成したと『伽藍縁起』が記す和銅四年（七一一）以来、法隆寺では何度か大規模な補修が行われてきました。その中でも、太平洋戦争をはさんだ昭和九年（一九三四）一月から同三十年（一九五五）一月まで行われた「昭和大修理」は、近代科学の手法を取り入れて大規模に行われ、大きな成果を挙げました。昭和大修理は建物の修復が主な目的ではありましたが、修復と併せて、法隆寺の建物について詳しく調べることも重要な目的となっていました。本節では、この昭和大修理で得られた知見をもとに、天智紀の法隆寺大火災記事の信憑性を確認することにします。

1　年輪年代法による木材伐採年

年輪年代法とは、木材の年輪パターンをもとに、その木材が生育した時代や伐採された年次を把握しようとする手法です。木材は一年ごとに年輪が一つ形成されますが、生育期間中の気候によって年輪の間隔が細かくなることもあれば、粗くなることもあります。このように気候の影響を受けて形成される年輪パターンは、同じ気候環境で育った同種の木材であれば、同様のパターンを形成することになります。

年輪年代法では、事前に古い木材をもとに、その地域における標準の年輪パターンを作成しておきます。調査対象の木材の年輪パターンと標準の年輪パターンとを比較し、対象木材の生育時期を特定するのです。このとき、もし対象木材の樹皮や樹皮に近い層が残されていれば、対象木材の伐採年を正確に推定することが可能になります。

なお、ここに紹介する年輪年代法による分析結果は、昭和四十三、四十四年（一九六八、六九）に行われた若草伽藍の発掘調査報告書を作成する過程で得られたものであり、厳密には昭和大修理で得られた直接の成果ではありません。しかし、調査に用いられた木材の大部分が昭和大修理で得られたものであることから、昭和大修理の一環として紹介します。

法隆寺では、昭和大修理で発生した金堂、五重塔、中門の部材が大切に保管され、さらに昭和大修理よりも前に発生した古材も保管されており、平成十四年（二〇〇二）～平成十六年（二〇〇四）、それらについて可能な限り年輪年代法による詳細な分析が行われました。

この年輪年代法による分析結果は、『法隆寺若草伽藍跡発掘調査報告』（奈良文化財研究所）に詳しく掲載されています。なお、樹皮や樹皮に近い層が残されていなければ伐採年を特定する年輪年代法の対象にできないため、測定対象となった木材は多くありません。しかし、これは一種のサンプリングであり、分析結果は全体を代表していると考えることができます。

金堂、五重塔、中門に用いられている木材のうち、年輪年代が確認できたものはそれぞれ次の表のとおりです。

建物	年輪年代
金堂	・上重の雲肘木が西暦六六一年 ・上重の尾垂木掛が六五一年 ・外陣の天井板が六六七〜六六九年 ・庇の西側扉口北側の辺付が六五〇年
五重塔	・心柱が五九四年（極端に古い） ・二重北西の隅行雲肘木が六七三年 ・三重の垂木（南面　東から三十）が六六三年 ・裳階の腰長押が六五〇年
中門	・初重の大斗二本のうち一本が六七八年、もう一本が六九九年（推定）

このように、金堂ではすべて天智紀が伝える法隆寺大火災の天智天皇九年（六七〇）よりも古い木材ばかりでした（ただし、後世の補材を除く）。また、五重塔では一部に西暦六七三年と、天智天皇九年（六七〇）より新しい木材がありましたが、やはり天智紀が伝える法隆寺大火災の西暦六七〇年より古い木材が多く確認されました。中門では金堂や五重塔よりも新しい木材が用いられていること、また天智天皇九年（六七〇）より後に伐採された木材であることが確認されました。

これらの分析結果は、天智紀が伝える法隆寺大火災の有無や再建過程を推測するうえできわめて重要な情報となっています。

まず、五重塔の心柱の伐採年次が西暦五九四年と極端に古い木材であるという点について見れば、西暦五九四年という年次は三宝興隆の詔（みことのり）が発せられた推古天皇の時代に当たり、法隆寺（斑鳩寺）の創建の頃に相当する古さということになります。この木材は創建法隆寺の塔に用いられていた心柱で、法隆寺の再建に当たって転用された可能性が強く感じられます。もし、本当に創建法隆寺（若草伽藍）の木材であるとすれば、天智紀が伝える「法隆寺に災（ひつ）けり。一屋（ひとつのいへ）も餘（あま）ること無し」と記述されていることと完全に矛盾し、天智紀の記述の信憑性が大きく揺らぐことになります。

また、五重塔の心柱に限らず、金堂や五重塔に用いられている木材も西暦六五〇年代から西暦六六〇年代に伐採されたものが多く、もし天智紀の記述が正しいとすれば、天智天皇九年（六七〇）四月の大火災の前から大量の木材が準備されていたことになります。現実には、将来の大火災を予測することは不可能ですから、これも天智紀の大火災記事の信憑性を根底から揺るがす結果ということができます。

すなわち、金堂と五重塔の木材の伐採年を見たとき、天智紀が伝える西暦六七〇年より新しいものが五重塔で一本あるのみで、それも西暦六七三年と大火災からわずか三年後でしかないのです。もし、本当に西暦六七〇年に法隆寺が一屋も余すことなく燃え尽きたとすれば、金堂や五重塔に用いられる木材は西暦六七〇年を越えるものばかりという結果になるはずです。それにもかかわらず、実際には西暦六七〇年以前のものが大部分となっています。このことは、天智紀の法隆寺大火災記事がきわめて怪しいものであることを明瞭に示しています。

また、現実にはあり得ないことですが、もし創建法隆寺である若草伽藍が存在するうちに隣接地で新しい伽藍（現法隆寺）の建立に取り掛かったとすれば、右の表のとおり金堂の上重尾垂木掛の伐採年が六五一年と推定されるため、遅くとも西暦六四〇年代には新しい伽藍の建立に着手したことになります。一方、若草伽藍の正確な完成時期は不明ですが、仮に西暦五九四年頃から建立が開始され、西暦六二〇年代に概成したと考えれば、完成から二十～三十年で若草伽藍を放棄し、新しい伽藍（現法隆寺）の建立を決定したことになります。短期のうちに、これほど無謀な意思決定はあり得るのでしょうか。

加えて、五重塔の心柱が創建法隆寺（若草伽藍）から転用されたものであると考えた場合、完成間もない若草伽藍の五重塔から心柱を抜き取り、新しい五重塔の心柱として据え付けたことになりますが、これはあまりにも非現実的なことです。

つまり、年輪年代法の結果を見る限り、天智紀の大火災記事はきわめて怪しいことは間違いありません。

2　五重塔心柱の腐朽

昭和大修理の五重塔の解体修理の過程では、五重塔を支える最も重要な心柱に関して大きな発見がありました。慎重に解体作業が行われる過程で、心柱の根元が朽ち果てて空洞になっていたことが判明したのです。しかし、発見されたのはそれだけではありません。心柱の根元の腐朽に加え、五重塔の建設の早い段階で心柱の根元が傷み始めていることに気付き、建築工事の途中で補修工事を施し、そのうえで五重塔を完成させていることが判明したのです。

それに関する記述を、『法隆寺国宝保存工事報告書　第十三冊』（頁一〇五）から引用して、ご紹介します。

「修理前、心柱は基壇上に置かれた不規則な数片の礎石の上に立ち、下方は空洞となっていたが、もとはその下方約十尺の位置に据えられている心礎から直接掘立式に建てられていたものと認められる。

（中略）

心柱は掘立柱の常としてその後間もなく地表近くの部分が腐朽しはじめ、恐らく須彌壇（しゅみだん）改造等の時期にそれが発見されたものと思われる。心柱底部の修理は空洞内部の形状（八角の柱の形が残っている）やその上に積まれた不安定な石積の方法等から推察して、先ず腐朽せる心柱付近の基壇表面築土の一部を掘り起こした上、心柱中心部を残したまま周囲より腐朽部を除去し、埋土をしながら凝灰岩の切石やその他の自然石を四周から挿入補強したものと考えられる。日乾（ひぼし）土塊や瓦片が礎石の下積に用いられたり、現在空洞内部に八分どおり挺出して辛うじて転落をまぬがれている石のあったことや、既に内部に転落していた石のあったことなどは上述のごとき修理工程を考えることによってのみ理解される事柄で、既に空洞が形成された後にこのような石積をすることは不可能な作業と云わざるを得ない（ふりがな筆者）」

この報告では、五重塔の建設当初、心柱は正常に心礎の上に据えられたが、その後の須彌壇改造等の時期に心柱の根元の腐朽が発見され、腐朽した表層部分を削り取り、削り取って細くなった心柱を補強するために凝灰岩の切石などで周囲を固めたと分析しています。ただ、この補修の後も心柱の腐朽は進行し、心柱の根元は朽ち果てて完全な空洞になるとともに、心柱は礎石から浮いた状態になったというのです。

その証拠に、補強に用いられた一部の石が心柱の腐朽の進行によってできた空洞に落ち、あるいは落ちかけた石が残っており、建設当初から空洞があったわけでないことはもちろん、心柱の腐朽がある程度進んだ段階で腐朽部を削り取り、細くなった心柱を周囲から切石などで補修したことが明らかだというのです。

五重塔の心柱根元の空洞とその補修状況から考えて、五重塔の心柱は最初に礎石の上に正常な状態で建てられたものの、心柱の地中部の表面がある程度腐朽するほどの期間が経過した後、腐朽箇所の補修（腐朽した表層部を削り取り、できた隙間を切石などで埋める補修）が行われ、その後に須彌壇の改造等が行われて五重塔は完成したというのです。

つまり、当初の心柱の建て込みから五重塔の完成までの間に、心柱の根元の表層部が腐朽してしまうほどの時間経過があったということを教えているのです。

3　五重塔須彌壇の改変

前項で須彌壇（しゅみだん）の改造とありますが、法隆寺五重塔では初層の四周に塑像が安置されており、その安置された場所が須彌壇（または、須彌山）と呼ばれる場所になります。その須彌壇の改変について、『法隆寺国宝保存工事報告書　第十三冊』（頁一〇九）に次のように記載されています。

「須彌山を取外した後調査した結果、その骨組を形成している間渡材や木串材の中には、その表面が風化したり、或いは顔料が残っていたりして、旧化粧材の廃材を小割して用いたと認められるものが多数認められたので、現在築造されている塑形の大部分は第一次改造時の製作になることはほぼ確実と見られるに至った。（中略）須彌山の改造が心柱柱根の腐朽に伴う空洞上部礎石の据付工作と関連して須彌壇の改造が行われたということは、須彌壇構築用の日乾土塊が心柱下部に挿入された心礎の末端に乗っており、且つ一連の工作であると見られる箇所のあることや、これと同種の日乾土塊が空洞上部の埋戻し用小詰として用いられていることなどから推察されるし、又空洞上部礎石の間から見出された忍冬唐草瓦の文様や現須彌山自体の形式手法等から見て、創建後かなり早い時期の改造になることが想像される。」

つまり、五重塔の心柱が礎石の上に建てられて一定の時間（心柱根元の表層部が腐朽するほどの時間）が経過した頃、須彌壇の改造が行われることになり、その須彌壇改造の過程で須彌壇の造作を取り外したところ、心柱根元の腐朽が発見されたのです。そこで、須彌壇改造の前に心柱腐朽部を日乾土塊などで補強したうえで、須彌壇の改造に取り掛かったというのです。そのことは須彌壇構築用と同じ日乾土塊が礎石の上に乗っていたこと、須彌壇構築と心柱補修とが一連の工作と見られることなどから推察され、さらに須彌壇改造の作業は五重塔の建設着手後かなり早い時期に行われたというのです。

なお、この須彌壇には『伽藍縁起』が和銅四年（七一一）に完成したと伝える五重塔初層四面の塑像が安置されており、須彌壇の改変は和銅四年（七一一）の塑像完成よりも前ということになります。

4　五重塔側柱の風蝕

昭和大修理に参加した建築学者の浅野清氏は、法隆寺五重塔の解体修理の過程で驚くべき発見をしました。その状況が、『昭和修理を通して見た法隆寺建築の研究』（中央公論美術出版）に掲載されていますので、該当部分を引用してご紹介します。なお、ここに登場する風蝕（ふうしょく）とは木材が長い年月、日光や風雨に晒（さら）されて表層部が痩せたり強度を失った状態になることを指しています。

「（五重塔の）壁をことごとく除去して初層柱の面も全部見えるようになり、ここでまた一つ不可解な問題に直面した。それはこれら塔の側柱が壁の取り付いた面も、戸口部材の咬（か）んでいた面も相当風蝕していることであった。特に戸口部材取り付けに際して、つかえて納まらない部分のみを鐁（やりかんな）や釿（ちょうな）で削ってあったが、その面のみは全然風蝕を受けていなかったのである。戸口改造の痕跡は全く認められないし、これらはどうしても立柱後、時を経て造作にかかったと考えるほかに道はなく、そう理解して、初めて造作取付けに際して削った面のみが風蝕をまぬがれた理由がわかる。また、天井板や天井組子を取り付けていた釘が裳階の釘と同じ巻頭の形式で、他の部分が角頭釘であったのと全く相違していたことなどを考えると、やはり造作にかかるまで相当長年月、放置されていたことを思わせた。これは塔の造立年次にも関連する重要な問題でもあるが、このようにして壁や天井の造られない前に、まず仏壇や龕（ずし）ができ始め、その間に相当の年月を経過し、さて再着手となって、塑像の計画が持ち上がり、たまたま檫（しんばしら）下の腐朽に気がついて、その対策をたてることとなり、仏壇や龕をいったん破棄のうえ、新しく改造することとなったのではなかろうか。こうして、引き続き壁や天井が造られたと考えることはできないであろうか。その場合、放置されていた年数は檫の腐朽のきざしを見せ始めるまでの年数であり、柱の風蝕があれほどに生じるまでの年数でなくてはならず、少なくとも数十年の年月をみなければならないこととなろう。したがって、もしこの考察に誤りがなければ、塔の建立着手は塑像の造られたという和銅四年（七一一）をさかのぼること少なくとも数十年くらいをみなければならないこととなろう（傍点、ふりがな筆者）」

昭和大修理に参加した浅野氏は建物を慎重に解体していく過程で部材を詳細に観察し、五重塔の初層の側柱にひどい風蝕を発見しました。そして、風蝕の状態や用いられている釘の違い、心柱の補修の状況などから側柱の風蝕の原因について分析し、五重塔の心柱（檫）や側柱までが建った後、壁や天井などの造作が始まる前の段階で工事が一旦中断され、その後工事が再開されるまでに少なくとも数十年の放置期間があったと推理しています。

また、工事の再開に当たって心柱の根元の腐朽に気付き、出来上がっていた初層の仏壇や龕（ずし）を撤去し、心柱の補修を行ったうえで仏壇や龕を造り直し、ようやく壁や天井などの造作工事が始まったと推理しています。

浅野氏の観察は、『法隆寺国宝保存工事報告書　第十三冊』に示された心柱の腐朽発見と補強状況、並びに須彌檀の改変とも整合するものであり、法隆寺五重塔は建物の骨格が出来上がってから壁や天井などの造作工事が開始されるまでに少なくとも数十年の工事中断期間があったことは間違いないようです。

ところで、もし天智天皇九年（六七〇）四月三十日夜半に法隆寺が全焼したという天智紀の記述が正しいとすれば、『伽藍縁起』が伝える和銅四年（七一一）の五重塔や中門の完成まで四十一年ということになります。しかし、その再建には多くの困難が伴ううえに、再建期間中に少なくとも数十年に及ぶ中断があったとすれば、大火災から四十一年という期間で再建工事を完成させることは可能なのでしょうか。

たとえば、建物が一つ残らず焼失した後、寺を再建しようとすれば、まず再建のための財源を確保する必要があります。しかし、皇極二年（六四三）十一月に山背大兄王一族の自経によって上宮王家が滅びた後、法隆寺を再建するために必要な財源を提供してくれる有力なスポンサーは不在です。また、大化年間から法隆寺は食封三百戸を賜っていましたが、その食封は三十年余り後の天武天皇八年（六七九）に停止されています。このため、三百戸の食封は天智天皇九年（六七〇）四月三十日に焼失した法隆寺の再建にはほとんど寄与していません。

一方、法隆寺の大火災は突然発生したわけですから、あらかじめ火災による焼失を見込んで、木材を用意しておくなどの準備が行われていたはずもありません。また、すべてが焼失しましたので、再建のためにはゼロの状態から、計画を立て、再建場所を選定し、人手を集め、敷地を造成し、建物の設計を進めるとともに木材を調達し、木材の加工や現地での建て込みという一連の作業を手際よく行う必要があります。もちろん今日のような機械力はありませんので、これらすべてを人力で行うのです。

繰り返しますが、仮に作業が円滑に進んだとしても再建工事には相当な期間を要します。それにもかかわらず、五重塔の心柱の腐朽や側柱の風蝕の分析によって明らかになったとおり、再建の期間中に少なくとも数十年の工事の中断期間を確保しなければならないのです。これだけ多くの工程を天智天皇九年（六七〇）四月の大火災から和銅四年（七一一）のわずか四十一年に収めることは可能なのでしょうか。

◉論理的帰結

実は、浅野氏が右の五重塔の心柱や側柱の風蝕に関する見解を発表した後、「（放置されていた年数は）少なくとも数十年」とした部分について、『法隆寺西院伽藍』（岩波書店）の中で「かなりの程度（少なくとも十数年を超えると判断された）の風蝕が認められた」という新しい表現を追加しています（浅野氏が最初の表現を撤回したと確認できないので、あくまでも新しい表現の「追加」と理解）。浅野氏が当初の表現に対して新しい表現を追加した詳しい事情は分かりませんが、その背景は次のようなものだったのではないかと推察します。

天智紀の法隆寺大火災の記事が正しいと仮定した場合、法隆寺再建のための期間は最長でも四十一年しかありません。この四十一年という期間の中に工事の中断期間として「（放置されていた年数は）少なくとも数十年」を確保しなければならないのですが、仮に工事の中断期間を二十五年とした場合、残る期間は十六年しかありません。

一方、法隆寺の再建は、前述のとおり敷地選定から始めなくてはならず、敷地が決定すれば、次にその造成工事が必要になります。今日の法隆寺の敷地は北西方向から延びる小高い尾根裾（すそ）を削り取り、削り取った土砂で脇の谷を埋めて造成されています。谷を埋めて盛土した場合、埋めた地盤を十分に固めてから基礎工事に取り掛かるという段取りになります。これら敷地選定から土地の造成と基礎工事、さらに金堂・五重塔・中門・回廊の建築と塑像の製作までを十六年で仕上げなくてはならないのですが、果たして当時の技術で可能でしょうか。

つまり、浅野氏が指摘した工事の中断期間をどれだけと見るかによって、物理的に天智紀の法隆寺大火災記事の真偽が決定されてしまうという不安定な立場に陥るのです。仮に工事中断期間を二十五年より短くして二十年とした場合、残された期間は二十一年となりますが、これでも和銅四年（七一一）までに新しい敷地で法隆寺を再建することは厳しいと想像されます。

浅野氏は、自分が当初発表した「（放置されていた年数は）少なくとも数十年」という表現に建築の専門家として自信を持っていたことでしょう。しかし、「（放置されていた年数は）少なくとも数十年」と浅野氏が主張し続けた場合、天智天皇九年（六七〇）四月に大火災があったとする天智紀の記述を完全に否定することになると誰かに指摘され、浅野氏はその誰かの圧力と自分の見解がもたらす影響の大きさに配慮したのでしょう。その結果、浅野氏は「かなりの程度（少なくとも十数年を超えると判断された）の風蝕が認められた」という新しい表現を追加することにしたと推察します。

ところが、誰かの圧力に屈したように見えた浅野氏ですが、浅野氏はけっして妥協していなかったようです。浅野氏が追加したのは、「かなりの程度（少なくとも十数年を超える）」という表現ですが、この表現を分析してみますと、「十数年を超える」とは二十年以上という意味であり、さらにそこに「少なくとも」という修飾が付加されています。すると、この表現は「優に二十年を超える」という表現と同義になり、当初の「少なくとも数十年」という表現と比べ、実質的に大きく変わらない可能性があります。

つまり、浅野氏は自分の見解による影響の大きさを誰かに指摘され、強い圧力を感じる中で新しい表現を追加することにしました。しかし、新しく追加した表現が示す意味は、実質的に当初のものと大きく変わっていなかったのです。このことから見れば、建築の専門家としての浅野氏の見解はやはり最初に断定した「(放置されていた年数は)少なくとも数十年」であったと推察できます。浅野氏は天智紀の法隆寺大火災記事は正しいと主張する人たちに配慮して新しい表現を追加しましたが、見かけの表現は変えても、真意は変わっていなかったのです。

5　不都合な真実

以上のように、昭和大修理によって得られた木材の伐採年次、五重塔の心柱の腐朽、側柱の風蝕などの科学的知見は、天智紀の伝える天智天皇九年(六七〇)四月三十日夜半の法隆寺大火災が、現実にはあり得ないものであることを示しています。特に、木材の伐採年次のデータは天智紀の法隆寺大火災が誤りであることを明確に示しています。当然、これらの科学的知見から導かれる結論は、天智紀が伝える法隆寺大火災は誤りであるということになるはずです。

ところが、これほど科学的で客観的な知見が出揃っているにもかかわらず、法隆寺大火災を伝える天智紀の記述を正面から否定する研究者はこれまでのところ見当たりません。なぜ、天智紀の記述は誤りであると、研究者は声を上げないのでしょうか。不思議なことですが、その背後には残念な事情があるのかもしれません。

これまでの古代史研究は、全面的に『日本書紀』に頼ってきました。そのような事情を知りながら、『日本書紀』の中でも特に派手な天智紀の法隆寺大火災記事を否定するとなれば、それは『日本書紀』そのものを否定することと同じ意味を持つ危険があります。また、『日本書紀』を否定することになれば、それは古代史研究を根底から否定することにもなりかねません。

そのような事情から、どれだけ科学的な裏付けがあっても、古代史の研究者は天智紀の法隆寺大火災記事が誤りであると主張するわけにはいかないのです。いわば、『日本書紀』の権威によって不都合な真実から目を背けざるを得ないのです。

しかし、信頼できる科学的知見から目を逸らし、『日本書紀』の記述に固執するとはどういうことでしょうか。科学的知見を無視できるほど、『日本書紀』の信頼性は確認されているのでしょうか。科学の恩恵で成り立っている現代社会において、まずは十分に確認された科学的手法や科学的知見を信頼すべきであり、もし科学的知見によって文献史料が否定されるとするならば、なぜ文献史料に怪しい記事が載っているのかと、疑ってみようとしないのでしょうか。

第四節　時系列操作

実は、『日本書紀』は虚偽に満ちています。多くの人は、古代人は現代人より遥かに素朴で素直だったと信じているかもしれません。しかし、それは大変な誤解です。古代を生きた人々も高度な知性を備えたホモ・サピエンスであり、現代人と同じです。現代人が日々の厳しい生存競争を戦って命をつないでいるのと同様に、古代の人々も日々厳しい闘いを強いられていたはずです。たとえば、中国の古い歴史や古代ローマの事件などを思い浮かべてください。そこに描かれる人間模様は現代人と何ら変わりません。喜怒哀楽、権謀術数、それらは古代も現代も基本的に変わらないのです。

古代は現代と大きく違わないという点は、『日本書紀』においても同じです。多くの人は、千三百年以上も前に完成した『日本書紀』は、古代人が編纂したものだから誠実、素朴、素直に記述されていると信じているかもしれません。しかし、その善意の思い込みが古代史研究を狂わせてきたのです。近年、国会で政府のお役人による公文書偽造事件が取り上げられましたが、古代においても文書の改竄や捏造は珍しいことではなかったと考えておくべきです。忘れてはなりません、古代人も現代人と同じ高度な知性を備えたホモ・サピエンスなのです。現代社会で起きているのと同様のことは、古代社会においても起きていたのです。

つまり、古代人が編纂した史料だからといって油断してはならないのです。古代に編纂された史料であっても、現代と同様に捏造や改竄があるかもしれないと注意しながら読む必要があるのです。『古事記』や『万葉集』なども同様ですが、『日本書紀』も虚偽に満ちています。『日本書紀』が虚偽を載せている証拠として、ここに三つの例をご紹介します。これらの記述は執筆者・編纂者たちが史料の確認を怠ったというような過失ではなく、明らかな故意によるものと考えられます。本来、最も信頼されるべき正史ですが、事実と異なることを平気で記載しています。『日本書紀』は当時の政権が心血を注いで編纂した正史であり、古代史研究において、これまで全幅の信頼が置かれてきました。当時の執筆者・編纂者たちは何を目論んで『日本書紀』に虚偽を記載したのでしょうか。

1　厩戸皇子（聖徳太子）の薨年（こうねん）

『日本書紀』は、厩戸皇子が推古天皇二十九年（六二一）二月五日に薨（こう）じたと伝えています。

一方、聖徳太子の伝記である『上宮聖徳法王帝説』のほか、「法隆寺金堂釈迦像の銘」、「天寿国繡帳銘」、さらに『聖徳太子伝私記』に記録されていた「法起寺塔露盤銘」は、ともに厩戸皇子が薨じたのは推古天皇三十年（六二二）二月二十二日と伝えています。

つまり、厩戸皇子の死亡年月日について、正史の『日本書紀』と、比較的信頼できる他の複数の史料との間で一年余りのズレが生じているのです。これはどういう事情なのでしょうか。あくまでも正史としての権威にもとづき、『日本書紀』が正しいと考えなければならないのでしょうか。

ちなみに、右の法隆寺金堂の釈迦像は、正確な年次こそ分かりませんが、七世紀中に造られたことは間違いないと見られています。また、法起寺塔露盤銘は「丙午年三月露盤営作」と記されていることによって、慶雲三年（七〇六）三月に作られたことが分かります。つまり、釈迦像銘と露盤銘はともに『日本書紀』の完成より前の古い記録にもとづくものであり、『日本書紀』の影響を受けていないという意味で信頼性の高い史料といえるのです。

また、「天寿国繡帳銘」を載せる『上宮聖徳法王帝説』は『日本書紀』の完成後に編纂されたと見られていますが、『日本書紀』とは異なる説を載せるなど、『日本書紀』より古い資料に依拠して編纂されている可能性が高く、今日まで伝えられた聖徳太子の伝記の中では比較的信頼性の高い史料ということができます。そういう観点から、『上宮聖徳法王帝説』も、また、そこに載る「天寿国繡帳銘」も『日本書紀』の影響を受けていないと見ることができます。

右の情報だけでも、厩戸皇子が推古天皇二十九年（六二一）二月五日に亡くなったとする『日本書紀』にとって不利ですが、もう一つ『日本書紀』にとって不利な情報を追加します。それは、聖徳太子が亡くなったとされる二月五日という日付です。

実は、『西遊記』で知られる中国の玄奘（げんじょう）三蔵が、唐の元号でいう麟徳元年（六六四）二月五日に亡くなっているのです。『日本書紀』は薨年を一年繰り上げただけでなく、何らかの理由で聖徳太子の命日を玄奘と同じ二月五日に一致させているのです。つまり、『日本書紀』は意図的に聖徳太子の死亡を一年繰り上げ、さらにその日付を中国の高名な玄奘三蔵の命日と一致させるという操作を行っているのです。

2　天智天皇の即位

『日本書紀』によれば、天智天皇が即位したのは天智天皇七年（六六八）一月となっています。一方、前天皇の斉明天皇は斉明天皇七年（六六一）七月に崩御しており、斉明天皇崩御から天智天皇即位までの七年ほどの間、日本には天皇が不在だったことになります。この七年ほどの間、天智天皇は正式な即位に必要とされる儀式を行わないまま、実質的に天皇の権限を行使する「称制」という方法で政権を維持していたと考えられています。

なぜ、天智天皇は斉明天皇の崩御後、すみやかに即位しなかったのでしょうか。あるいは、もし天智天皇が斉明天皇崩御後すみやかに即位していたとすれば、『日本書紀』は何のために斉明天皇崩御から天智天皇即位までの七年ほどの間、日本に正式な天皇がいなかったことにしたのでしょうか。

斉明紀によれば、斉明天皇が崩御したのは百済を支援するための遠征途上、都から遠い九州で待機していた最中であり、九州という出先であったため、天智天皇が正式な即位の儀式を行う条件が整っていなかったということかもしれません。しかし、斉明天皇の崩御から三カ月後の十月、天智天皇は難波に戻り、翌十一月には飛鳥で斉明天皇の葬儀に当たる殯（もがり）を行っています。この時期、天智天皇が飛鳥、あるいは難波で即位の儀式を行うことができなかったとは思えません。

仮に、斉明天皇の崩御直後は遠征中の混乱で儀式を行うことができず、正式な即位を宣言できなかったとしても、その後七年ほどの長期にわたって称制のまま放置していたことは理解できません。実際のところ、天智天皇は斉明天皇崩御の直後に即位していたのではないでしょうか。ただ、即位してはいたものの、即位していたと公表できない特別な事情が生じ、『日本書紀』の記述において即位の時期を遅らせたということではないでしょうか。

つまり、天智天皇が称制していたとする七年ほどの期間中に何か重大なことが起きてしまい、天智天皇が正式な天皇として即位していたとすることに問題が生じたため、称制という非公式の状態にあったという虚偽の記述を、『日本書紀』に載せたのではないでしょうか。

ちなみに、称制中とされる天智紀の天智天皇三年（六六四）二月の条に、「天皇、大皇弟に命して……」という記述があります。これは「天智天皇（中大兄皇子）が皇嗣である弟（大海人皇子）に命じて……」という意味ですが、この時期、天智天皇は称制中であり、中大兄皇子が「天皇」と記述されることはあり得ないのです。

この「天皇」という記述の存在によって、中大兄皇子は斉明天皇の崩御後すみやかに天皇に即位しながら、『日本書紀』の記述のうえでは天智天皇の即位の事実を隠し、七年ほど即位の時期を遅らせた可能性が見えてきます。そして、正式な天皇が不在となった七年ほどの間は暫定的な称制だったことにして、辻褄合わせをしたのです。

おそらく、斉明天皇の崩御後、中大兄皇子はすみやかに即位しており、編纂中の『日本書紀』の原稿においても、すべて「天皇」と表記されていたのです。ところが、編纂の最終段階になって天智天皇の即位の時期を遅らせなければならない事態が生じ、緊急措置として天智紀の原稿中で「天皇」と記載されていた部分を「皇太子」に書き直すことで対処したのです。ただ、この修正過程で天智天皇三年（六六四）二月条の「天皇」の記述を見落とし、修正漏れが一つ残ったのです。つまり、『日本書紀』は意図的に天智天皇の即位の時期を実際より七年近く遅らせたと考えられるのです。

3　仏教伝来

仏教伝来の時期についても、『日本書紀』は他の史料と異なる記述をしています。『日本書紀』は欽明天皇十三年（五五二）十月、初めて百済の聖明王から仏像や仏具などが贈られたと記述しており、このときをもって仏教が日本に正式に伝えられたとされてきました。これがいわゆる仏教公伝です。

一方、『上宮聖徳法王帝説』と『元興寺伽藍縁起并流記資財帳』は、どちらも欽明天皇時代の歳次戊午に、百済の聖明王から日本に仏像や仏具などが贈られたと伝えています。この戊午として該当する年次が西暦五三八年であり、『日本書紀』が伝える仏教公伝より十四年も早いことになるのです。

仏教伝来の年次について、『日本書紀』は他の史料と異なる記述を載せているのですが、これはどういうことでしょうか。『日本書紀』が完成したのは養老四年（七二〇）で、仏教伝来の頃より百七十年近くも後になります。善意に解釈すれば、『日本書紀』を編纂する頃には信頼できる史料が乏しく、たまたま『帝説』や『元興寺縁起』が依拠した史料と『日本書紀』が依拠した史料とが異なり、仏教伝来の時期が双方で異なる記述になったという理解も可能です。『日本書紀』が事実を歪曲し、仏教伝来の時期を繰り下げたと考えるのは意地悪な解釈かもしれません。

ところが、今日では仏教伝来は西暦五三八年が正しいとする見方が主流になっています。その理由は、『日本書紀』が仏教伝来の年次とする西暦五五二年は、中国の仏教思想における末法の始まりの年に一致し、疑惑が持たれたことにあります。つまり、『日本書紀』は、仏教伝来を中国の末法の始まりの年に一致させることで、何らかの特殊効果を狙った可能性が感じられ、欽明天皇十三年（五五二）に仏教が伝来したという欽明紀の記述の信頼性が大きく揺らいだのです。

この三つの例からも、『日本書紀』に怪しい記述があることは間違いありません。たとえ正史といえども、油断してはならないのです。

ただし、史料が虚偽に満ちているといっても、史料に残された虚偽はけっして無駄なもの、あるいは邪魔なものではありません。虚偽を虚偽と見抜き、虚偽の中から真実を読み取れば、どんなに虚偽に満ちた史料であっても、裏側で事実を語る貴重な史料に変わります。重要なことは、虚偽を虚偽と見抜き、その虚偽から真実を導き出す洞察力なのです。

第五節　史実を放棄した『日本書紀』

『源氏物語』の作者として知られる紫式部は、その蛍（ほたる）の巻で主人公の光源氏の口を借りて、「日本紀などはただかたそばぞかし……」と大胆に宣言しています。その意味するところは、『日本書紀』などの正史は一面的なものであり、物語こそ人の世の真相を伝えるものであるという主張です。つまり、正史のように単に史実を羅列しているだけでは伝わらないものを、物語ならば伝えることができるという意味であり、当時、低く見られていた物語の地位向上を訴える主張だったと見ることができます。

漢文を読めることが男性の特権だった時代に、こっそり漢文で書かれた歴史書などに目を通し、「日本紀（にほんぎ）の御局（みつぼね）」とまであだ名され、さらに『源氏物語』を執筆した歴史的才女の言葉であるだけに、重みがあります。しかし、文学史に燦然（さんぜん）と名を残すこの偉大な女性も、『日本書紀』の裏に隠された秘密に気付くことはできなかったようです。

『日本書紀』と『続日本紀』とを比べた場合、『続日本紀』は事実を淡々と羅列するばかりでストーリー性に乏しく、読んでいて無味乾燥な印象ですが、『日本書紀』は事実を客観的に記述することよりも、むしろストーリー性に重点が置かれているように感じられます。紫式部殿には申し訳ないですが、『日本書紀』は『源氏物語』に負けないくらいのストーリー性を持っており、そのストーリー性の背後に重大な秘密が隠されています。もし、『日本書紀』の本質に気付いていれば、紫式部の見解は右と正反対になっていたかもしれません。「日本紀は物語に負けないほどの機微に満ちている」と。

『日本書紀』は歴史書として編纂され、正史としての役割を果たしていますが、史実の羅列であるはずの『日本書紀』が、実は『源氏物語』に負けないくらいの物語性に満ちていることに誰も気付いていません。ただ、日本紀の御局とあだ名された紫式部でさえ、それを見抜けなかったのですから、気付かなかったことに誰も罪はありません。

しかし、正史を標榜(ひょうぼう)する『日本書紀』の物語性に誰も気付かなかったことで、古代史研究は大きく歪(ゆが)み、方向を誤ったのです。もし、『日本書紀』を歴史書ではなく、物語として読んでいれば、その理解は全く違うレベルになっていたかもしれません。

これまで、『日本書紀』にさまざまな誤りが含まれていることは指摘されていました。それらの誤りの原因は、①編纂した当時の政権にとって不都合であるため、事実に多少の改竄(かいざん)を加えて取り繕ったもの、②転写時の誤記入など事務的ミスによるもの、③依拠した史料に誤りがあり、その誤りがそのまま『日本書紀』に残ってしまったもの、などと善意に解釈されてきました。しかし、この善意の解釈こそが古代史研究を狂わせたのです。

前節で例示した聖徳太子の薨年、天智天皇の即位年、仏教伝来の年次という三つの虚偽は、依拠した史料の間違いや事務的ミスによるものではありません。これらの虚偽は、ある一つの目的を達成するために組み込まれた意図的な改竄なのです。そして、天智天皇九年（六七〇）四月三十日の法隆寺大火災も、これら一連の虚偽の延長線上にあるのです。

いいえ、もっと端的にいえば、『日本書紀』は天智天皇九年（六七〇）四月三十日の法隆寺大火災をできるだけ派手に演出することを目的とした歴史物語という側面があるのです。法隆寺の大火災を可能な限り劇的に描くことが、『日本書紀』に求められていたといっても過言ではないのです。『日本書紀』に与えられたあるミッションを達成するため、執筆者・編纂者たちは壮大な歴史物語を創作し、法隆寺大火災を最大限ドラマチックに描いたのです。

　従来、『日本書紀』が伝える法隆寺大火災については不可解な点が多く、平安時代以来これを認めない立場が優勢でした。ところが、明治時代中頃からさまざまな分野の研究者の間で、法隆寺の再建・非再建に関する論争が起こり、激しい論争が続く中で、昭和初期の発掘調査によって若草伽藍が出現しました。これによって非再建論は完全に命脈を絶たれ、以後、天智紀が伝える法隆寺大火災については、多少の不可解さは残るものの、事実と認めざるを得ないという立場が主流になりました。若草伽藍が出現したことで、天智天皇九年（六七〇）四月三十日、法隆寺で大火災があったとする『日本書紀』の記事を事実として認めることが常識となったのです。

　しかし、学問において多数決で物事を決めることは許されません。せっかく、平安時代以来の文献のどれもが天智紀の法隆寺大火災を認めない立場を示してくれています。また、昭和大修理で得られた科学的知見は天智紀の法隆寺大火災が誤りであると静かに訴えています。昭和大修理で得られた知見は科学的、客観的なものであり、高い信頼性があります。それにもかかわらず、重要な物的証拠である昭和大修理の知見を無視するとすれば、それは真実を解き明かそうとする学問の基本を放棄することと同じです。

もちろん、若草伽藍が発見され、多くの研究者が天智紀の法隆寺大火災を認めようとしている最中に、それに異議を唱えようとすることは厳しい挑戦であることは承知しています。しかし、矛盾から目を背けたまま、天智紀の法隆寺大火災記事を事実と認めることはできません。納得できない点が残っていれば、徹底的に確認しなければならないのです。繰り返しますが、真実は多数決で決まるものではないのです。

幸い、『日本書紀』は事実を正確に記録する歴史書としての側面と同時に、全体の流れが緻密に構成された歴史物語の貌(かお)を持っています。部分的にはともかく、執筆者や編纂者たちが悪戯や気まぐれで『日本書紀』に虚偽を書き込むことはあり得ません。『日本書紀』は綿密に計算されてストーリーが組み立てられ、配置されています。逆にいえば、ストーリーが緻密に構成されているだけに、『日本書紀』が何を狙って天智天皇九年（六七〇）四月三十日の法隆寺大火災を記載したのか、その目的さえ分かってしまえば、歴史物語としての『日本書紀』の秘密を解明することは不可能ではないのです。

◉腸内細菌

ヒトの腸内には千種類以上、数にして百兆個ほどの細菌が生息しているといわれています。その腸内細菌を大別すると善玉菌、悪玉菌、日和見(ひよりみ)菌という三種類に分けられ、善玉菌はその名のとおり消化を補助するなど、ヒトにとって有益な働きをし、悪玉菌は毒素を発生させるなど、ヒトの健康に悪影響を与えるとされています。しかし、意外と厄介なのが日和見菌です。日和見菌は善玉菌にも悪玉菌にも属さないものの、善玉菌と悪玉菌のうち腸内で優勢な側の味方をするというのです。「日和見」という名称はそのような行動特性によって与えられたものらしいのです。

ところで、ヒトの腸内にはそもそも善玉菌だけが生息していれば良いと思われるのですが、なぜ悪玉菌と日和見菌も同居しているのでしょうか。

悪玉菌の存在理由は、ヒトの腸を善玉菌だけで上手にコントロールすることに無理があり、悪玉菌も必要とされるときがあるということと想像します。

腸内細菌の一部にすぎない善玉菌と悪玉菌で勢力争いをして、どちらか優勢な側に日和見菌が従うという方法で腸内はコントロールされているのですが、もし日和見菌が存在しなければ、腸内で善玉菌と悪玉菌による全面戦争が起きることになります。すると、腸内は戦場となってしまいます。しかし、日和見菌が存在することで善玉菌と悪玉菌による局地戦で決着をつけることができ、腸内での全面戦争は避けられることになります。

腸内での戦いによる被害を最小限に抑えるために日和見菌が存在し、善玉菌の対抗勢力として悪玉菌を持っていれば、善玉菌を最大限に働かせることができるということかもしれません。政治の世界で与党にしっかり仕事をしてもらうためには、野党による刺激が必要であるのと同様の事情にあるようです。それゆえにこそ、ヒトの腸内には善玉菌だけでなく、悪玉菌にも日和見菌にも居場所が確保されているのでしょう。悪玉菌は一種の必要悪かもしれません。

一方、法隆寺大火災の問題を腸内細菌にたとえれば、天智天皇九年（六七〇）四月三十日、法隆寺で大火災があったとする天智紀の記事を認める立場が善玉菌であり、それを否定しようとする立場がさしずめ悪玉菌ということになります。そして、現状では天智紀の記事は正しいとする善玉菌が優勢なため、多くの日和見菌は善玉菌の味方となって天智紀の記述は正しいと主張します。当然、これによって天智紀の記述を否定しようとする悪玉菌はその名のとおり悪者にされ、肩身の狭い思いをすることになります。

しかし、悪玉菌はどんなに劣勢であっても滅びることはありません。いつか必要になるときがあるからこそ、悪玉菌には腸内で居場所が確保されているのです。そして、天智紀の記事が虚偽であると判明した暁には、悪玉菌といえども勢いを取り戻し、多くの日和見菌を従えて再起するのです。そのとき、悪玉菌とされてきた危険分子が、実は正義の味方の善玉菌だったと初めて気付いてもらえるのです。

逆風のとき、じっと耐え忍ぶのが悪玉菌の役割です。いつか必ず悪玉菌が必要とされる日が来ると信じ、悪玉菌が善玉菌に置き換わることができるその日を待たなければならないのです。

第二章　緊迫の外交

第一節　痛恨の白村江

1　白村江の戦い

それは突然の出来事でした。天智天皇二年（六六三）八月二十七日、百済の復興を支援するために朝鮮半島に派遣された日本の船団は、白村江（錦江河口付近）で劉仁軌らが率いる唐の水軍に遭遇し、引くことのできない、ただ前に突き進むことしかできない厳しい状況に陥ってしまいました。

天智紀によれば唐の軍船は百七十艘、一方の日本側は『旧唐書』によれば四百艘となっており、船数からいえば日本は断然有利なはずでした。ところが、結果は惨憺たるもので、四度の交戦があって四度とも唐が勝利し、日本側の舟は燃え上がり、その煙が空に充満し、海は兵士たちの血で赤く染まり、翌二十八日までに日本側は木端微塵に粉砕されたと『旧唐書』は伝えています。

この戦いのとき、日本は二万七千の兵員を送り込んだと天智紀に記されていますが、これが正確な人数かどうか分かりません。仮に、日本の兵員の数と軍舟の数とされる四百艘が正しいとすると、単純に一艘あたり七十人ほどということになります。

しかし、『旧唐書』は唐の船についてはいうように「船」と記載する一方で、日本側については其舟四百艘と記載し、「舟」と表記しています。船と舟の表記の違いから考えれば、日本側は数十人ほどが乗る比較的小さな舟でしかなかったということであり、唐側は規模で日本の舟をはるかに上回る大型船の集団だったということになります。このような大きな違いがある中で、唐側が接近戦で大型船の高みから小型の舟に火矢を射かければ、日本側は忽ち甚大な損害を被ったと想像されます。船の大きさの違いからも明らかですが、運悪く、このとき日本は勝ち目のない戦いを大国の唐に対して仕掛けてしまったのです。

実は、日本が救援に向かった百済という国は、この白村江の戦いの三年も前の西暦六六〇年、唐によって大打撃を加えられ、義慈王はじめ、政権を支えていた百済の王族や臣下は唐に連行されていました。百済の国家体制はこの段階で既に潰滅していたのです。しかし、時間の経過とともに唐の勢力が手薄になり、その隙を見て百済の人民は百済再興を画策し、日本に支援を求めたのです。

客観的に見れば、国力の小さな日本がどう頑張ってみたところで、ほとんど潰滅して国としての体裁を失った百済を復興できるとは思えません。むしろ、日本が百済の支援のために大国の唐と戦うことになれば、逆に唐がその矛先を日本に向ける危険のあることは十分に予測できるところです。仮に、古くから日本と友好関係にあった百済を救うという大義があったとしても、日本が大国の唐と戦う選択はあり得なかったのです。百済を救うためとはいえ、なぜ日本が大国の唐と戦うという無謀な意思決定をしたのか、その疑問を解いてくれる明解な説明は今日まで見つかっていません。

百済の巧みな口車に乗せられて唐と戦う道を選んでしまったのか、政治的、経済的な利益と緻密な計算があって唐と戦うことを決意したのか、あるいは、新羅が唐と共同して百済を滅ぼしたことに義憤を感じたのか、さまざまな可能性が考えられます。しかし、どれも満足できる説明にはなっていません。

無謀な白村江の戦いに日本が巻き込まれることになった背景を探るため、そもそもなぜ百済が唐に滅ぼされることになったのか、そのあたりの事情から調べてみることにしましょう。

2　白村江の戦いの前後

白村江の戦いの七十四年前の西暦五八九年、中国大陸では隋が南朝の陳を滅ぼして中国を統一するという大変化が起こります。強大な勢力を持つ隋の出現は、周辺の国々に大きな影響を及ぼします。もちろん、隣接する朝鮮半島も例外ではありません。当時の朝鮮半島は北部に高句麗、南西部に百済、南東部に新羅という三国が併存し、互いに小競り合いを繰り返す不安定な状態でした。そのような状況の中で、中国に隋という強大な統一国家が出現したのです。このとき、朝鮮半島内のパワーバランスは微妙に変化し、中でも高句麗は隋と国境を接するだけに、強い影響を受けることになりました。

隋と対立する高句麗は隋の領域への侵入を繰り返します。これに対して隋は大軍を送って高句麗を攻めます。しかし、高句麗以外の地域にも兵力を割かなければならなかった隋の士気は上らず、隋は攻撃のたびに高句麗に撃退されます。このような攻防が六世紀末から七世紀初頭まで何度も繰り返され、隋は建国から三十年ほどの西暦六一八年、周辺国とのたび重なる戦乱が禍して滅びてしまいます。

それから三年後の西暦六二一年、隋に代わって唐が中国全土を統一します。しかし、高句麗との関係は、隋が唐に代わっても基本的に変わることはなく、小競り合いがそのまま続き、高句麗は国境に長城を築くことで唐に対抗します。

一方、朝鮮半島の三国間でも抗争は続きました。西暦六四二年、百済が新羅に攻め込んだことで新羅は高句麗に救援を求めます。しかし、高句麗は新羅を援護することなく、逆に百済と組んで新羅と唐を結ぶ連絡路を遮断し、新羅に圧力をかけます。そこで新羅は唐に直接使者を送り、窮状を訴えて唐の救援を求めます。これに対して唐は、西暦六四五年から六四八年にかけ、三次にわたって高句麗に大軍を送って戦います。しかし、唐はそのたびに高句麗の手強い反撃に遭って撤退を余儀なくされます。

西暦六五九年、新羅は何度も百済から攻撃されていると唐に訴えるとともに、「唐が高句麗を攻めようとするなら、まず最初に百済を陥落させるべき」と進言します。この提案に唐が理解を示し、西暦六六〇年、唐は水陸十三万の軍勢を派遣して百済を攻撃します。この攻撃によって百済は陥落し、義慈王ほか、百済の王族や臣下は唐に連行されてしまいます。この段階で百済の政治体制は実質的に潰滅したのです。

しかし、中央政権は潰滅したものの、百済を復興させようとする強い意志を持つ勢力が百済国内に多く残っており、同じ年の斉明天皇六年（六六〇）十月、その百済復興勢力が日本に救援を求めてきたのです。日本に対する百済復興勢力の要請は二つで、まず舒明天皇三年（六三一）以来、日本に人質として送られていた義慈王の王子豊璋を迎えて百済の王として即位させ、百済の復興を図りたいということ、もう一つが日本の兵力による百済への直接支援でした。百済のこの要請に呼応して日本は百済復興に協力することを決め、急いで船を建造し、百済に兵を派遣することにしたのです。

斉明紀によれば、斉明天皇七年（六六一）正月、斉明天皇は都を出発して九州に向かい、五月には九州の朝倉宮に入って態勢を整えます。しかし、その二カ月後の七月に斉明天皇は突然崩御します。このとき斉明天皇は六十八歳であり、海外遠征を指揮するには高齢といわなければなりません。また、女帝の斉明天皇が海外遠征を指揮していたとは信じられないところがあり、実質的には皇太子の中大兄皇子（後の天智天皇）が全軍を指揮していたものと推測します。

太古に神功皇后が三韓を征伐したという故事にならい、女帝である斉明天皇が先頭に立って朝鮮半島に進軍するという象徴的な意味があったのかもしれませんが、遠征に向かった斉明天皇の崩御によって、百済への出発は遅れに遅れることとなりました。

そして、天智天皇二年（六六三）八月、斉明天皇を継いで称制した中大兄皇子（後に天智天皇として即位）の命令で朝鮮半島に向かった日本の船団は、白村江で唐の船団と遭遇し、二日で木端微塵に粉砕されるという事態に陥ったのです。日本から百済に戻り、百済の王となっていた豊璋は高句麗に敗走し、百済復興運動はこのとき完全に潰（つい）えたのでした。

なお、称制の段階は天皇の代行の立場であって、正式な天皇ではありませんので、白村江の戦いのとき、天智天皇は正式な天皇ではなかったということになります。

さて、西暦六六〇年に百済を陥落させた唐は、翌年の西暦六六一年に高句麗への攻撃を再開します。その二年後の西暦六六三年、白村江で日本が送った軍舟と戦うという事件がありましたが、日本のことなど眼中になかった唐は白村江の戦いをものともせず、高句麗への攻撃を続けます。しかし、高句麗の抵抗は想像以上に根強く、唐といえども容易に高句麗を攻略できません。そして、高句麗を率いてきた中心人物が亡くなり、高句麗国内が後継者問題で揺れている最中の西暦六六八年、高句麗の混乱に乗じて、ようやく唐は高句麗を手中に収めることができたのです。唐は長い戦いの末に高句麗を支配下に入れることができ、これで朝鮮半島の課題をすべて解決できたと安堵したのでした。

ところが、それから二年後の西暦六七〇年、これまで唐と友好的な関係を続けてきた新羅が突然唐側に攻撃を仕掛け、敵対関係となります。さらに、西暦六七六年には唐の水軍が新羅軍に撃破されるという事態にまで発展します。この水軍の敗北が唐にとって大きな痛手だったようで、これを契機に唐は長く朝鮮半島から手を引いてしまうのでした。

新羅は、唐を利用して宿敵の百済を滅ぼしたうえ、唐が高句麗も滅ぼしたところを見計らって唐を裏切って攻撃に転じ、唐を朝鮮半島から排除したのです。大国の唐を手玉に取って実に見事な戦略を展開し、新羅は大きな犠牲を払うことなく朝鮮半島全体を手中に収めたのでした。

一方、唐にしてみれば新羅に上手に利用されたうえ、大きな犠牲を払って手に入れた百済や高句麗を新羅に騙し取られるという、不名誉な結果となったのです。唐が五十年ほどの長期にわたって高句麗と戦って得た成果を、それまで友好的だった新羅が突如略奪したのです。このとき、新羅に対する唐の恨みは最高レベルになっていたものと推測されます。

しかし、いつまでも朝鮮半島に拘っているわけにはいかない事情が唐にはあったようで、このときをもって朝鮮半島に対する唐の介入は長く終息してしまいます。

3　白村江の戦い後の日本

一方、白村江の戦いの後、日本はどうなったのでしょうか。実は、日本の状況は一変しました。日本は白村江の戦いで唐を敵に回しました。これまで友好な関係を続けてきた大国の唐と一戦を交えたことで、外交関係に重大なヒビが入ったことはもちろんですが、唐が攻撃の矛先を日本に向ける恰好の口実を与えてしまったのです。いつ何時、唐が日本に攻撃を仕掛けてきても不思議ではない状況を、日本自らが招いてしまったのです。

そこで、日本は唐からの攻撃に備え、白村江の戦いの翌年（六六四）、対馬・壱岐・筑紫国などに防人を配置し、併せて烽火台を設置します。また、筑紫には水城（みづき）と呼ばれる大きな堤を築き、その翌年（六六五）には長門国などに城を築いて防御を固め、いつ戦いが始まっても不思議ではない、息の詰まるような時間を送りました。同時に、これらの対策と並行して、百済から大量の難民を近江国に受け入れることになり、日本は敗戦処理に追われたのです。

日本は白村江の戦いの前後で攻撃から防御へと政策を真逆に転換しなければならなかったわけですが、百済の要請を安易に受け入れて援軍を送り、新羅だけでなく、大国の唐を敵に回すという事態を招いたことは、古代外交の大きな失策であったといわなければなりません。虎の尾を踏むとは、まさにこのようなことをいうのです。

ところが、白村江の戦いの後の天智天皇四年（六六五）九月、その唐から劉徳高（りうとくかう）が遣使として日本にやってきましたが、三カ月ほど日本国内で丁重な歓待を受けたうえで、守君大石（もりのきみおほいは）という日本の官人が同行し、何事もなく唐に帰りました。また、天智天皇六年（六六七）十一月には、司馬（しば）法聰（はふそう）が唐に占領された百済から日本にやってきましたが、日本は伊吉連博徳（いきのむらじはかとこ）らを送使として付け、数日のうちに日本を離れています。

このように、白村江の戦いの後、日本と唐との接触は皆無ではなかったのですが、唐は高句麗の攻撃に全勢力を注いでいたためか、この時期に両国の間で白村江の戦いの件が問題として取り上げられることはなかったようです。

第二節　死を覚悟した遣唐使

白村江の戦いの後、唐がどのように対応してくるのか日本は心配でたまりませんでしたが、特に目立ったトラブルもないまま、平穏の裡に歳月は過ぎていきました。そして、白村江の戦いから六年後の天智天皇八年（六六九）、日本は秘(ひそ)かに遣唐使を派遣します。

天智紀は河内直鯨(かふちのあたひくぢら)たちを大唐に派遣したとだけ伝えています。この時期に派遣される遣唐使は微妙な立場にあることは誰にでも分かります。六年前、日本が大国の唐と白村江で戦ったという事実は歴然として残っており、唐もそのことを忘れているはずがありません。いつ唐が日本に攻め込んできてもおかしくない複雑で微妙な時期に、何のために鯨たちは唐に派遣されたのでしょうか。天智紀の記述は簡潔すぎて、そこから鯨たちが唐に派遣された事情を知ることはできません。

しかし、幸いなことに、唐の正史である『新唐書』日本伝に記録が残っていました。そこには興味深いことが記されています。「咸亨元年（六七〇）、日本が使いを遣わして唐が高句麗を平定したことを賀した」と記されているのです。

この短い記録から、天智天皇七年（六六八）に唐が長年の懸案であった高句麗との戦いに勝利したので、そのことに対する日本としての公式のお祝いを伝えるため、天智天皇八年（六六九）に日本は鯨たちを遣唐使として派遣したことが分かります。その遣唐使が中国の咸亨元年（天智天皇九年（六七〇））、無事に公式文書を唐に届けたことが、『新唐書』日本伝の記述によって分かるのです。この記述を見る限り、このときの遣唐使は無事に用件を済ませることができたものと推測されます。

しかし、このときの遣唐使の目的は唐の高句麗平定を祝うことだけではなかったはずです。唐が長い戦いの末に高句麗を平定したことを日本が祝っていることは間違いありませんが、それは表向きの理由にすぎません。この遣唐使派遣の裏には日本側の重要な狙いが隠されています。すなわち、唐が高句麗に勝利したタイミングを利用し、白村江で起きた戦闘の敗戦国という屈辱に耐えながら、唐に対して日本としてのお祝いを伝えることで唐のご機嫌を探ろうとしたのです。平たくいえば、白村江の件で唐は日本に対してどのような思いでいるのか、両国間で外交処理をどうしたい考えなのか、日本を攻撃する考えはあるのかなど、鯨たち遣唐使は高句麗平定のお祝いを口実に、唐の本心を偵察に行ったのです。

一方、唐もその程度のことはとっくに見抜いています。内心はともかく、国と国との公式の接触ですから、唐も表向きは遣唐使に対して一定の礼儀を保ちます。日本が唐の高句麗平定を祝ってくれるというのなら、それはそれとして公式に受けなければならないのです。それが外交というものです。

しかし、唐の本心は違います。唐・新羅と百済との戦いに日本が割って入ったことで、大国の唐は日本に侮(あなど)られたと恨んでいるかもしれません。また、この戦いでは日本側が木端微塵に粉砕されましたが、唐側に人的・物的被害がなかったとはいえません。そのため、唐がそれ相応の賠償を要求してきても日本は文句を言える立場ではありません。もちろん、白村江の件は日本から積極的に協議したい案件ではありませんが、日本としては避けて通ることのできない問題であり、それなりの覚悟を持って遣唐使たちは唐と接触したのです。

ところが、『新唐書』日本伝には白村江の件について双方で協議したという記録はありません。日本側が白村江の件について唐と話し合わなかったはずはありませんから、その記録が唐側にないということは、この件が唐にとって大きな問題ではなかったことを意味するのかもしれません。

また、この件について鯨たちがどのように対処したのか、日本側にも記録は残っていません。鯨たち遣唐使は日本の置かれた状況を十分に承知したうえで、日本の公式使節として唐と接触したのです。唐の出方次第では、鯨たち遣唐使は厳しい局面に立たされる危険もあります。最悪の場合、問答無用で斬り捨てられるという事態もないとはいえません。鯨たちは死を覚悟して唐に入ったのです。

事実、このときの遣唐使が日本に帰還したという記録は『日本書紀』や『続日本紀』のどこを捜してもありません。もちろん、記録に残っていないだけで、鯨たちが無事に日本に帰っている可能性もあります。最大限に想像を膨らませれば、小国に攻撃を仕掛けられ、大国としての威信を傷付けられた唐の真意を示すため、鯨たち遣唐使が日本に帰還できなかったという可能性もあり得ます。

ちなみに、鯨たち遣唐使の発遣から次の遣唐使発遣まで三十三年もの空白があるのですが、鯨たち遣唐使が帰還できなかったという見方は、あながち間違いではないかもしれません。日本は鯨たち遣唐使が帰還しなかったことで唐側の激しい怒りを読み取り、唐に怒りを鎮めてもらうためには少なくとも十分な歳月を要すると判断したのかもしれません。その結果、次の遣唐使発遣まで三十三年もの空白が生じた可能性はあります。

なお、鯨たち遣唐使が唐から帰還できたかどうか不明ですが、その後、唐が白村江の件で日本に対して外交的圧力をかけてきたという記録は見当たりません。これについては、偶然にも鯨たち遣唐使が唐に到着したタイミングがきわめて絶妙だった可能性があります。実は、鯨たち遣唐使が公式の使節として唐で活動していた頃、唐では白村江の件を蒸し返したくないある重大な事件が発生していたのです。

第三節　三十三年ぶりの遣唐使

1　幸運な遣唐使

大宝二年（七〇二）六月、三十三年も途絶えていた遣唐使が再開され、唐に向けて船団が出発しました。前回の遣唐使は、唐が高句麗を平定したタイミングを利用し、白村江の戦いによって複雑化していた唐との関係の修復を目論んで派遣したものでしたが、そのときの遣唐使を最後に、ここまで三十三年の間、日本は遣唐使を送っていませんでした。

今回の遣唐使について日本がきわめて慎重であったことは、三十三年の空白があったことから十分に想像できますが、遣唐使の構成からもそのことは推察できます。

通常の遣唐使では、大使と呼ばれる役職が全体のトップとなります。もちろん今回も大使は任命されています。しかし、今回は大使の上に執節使（しゅうせつし）と呼ばれる特別な役職が置かれており、そのことだけでも今回の遣唐使は特別なものであることを感じさせます。加えて、執節使に任命された粟（あわ）田朝臣真人（たあそんまひと）がどのような人物であるか知っていただければ、今回の遣唐使は特別な任務を帯びていることが明瞭になると思います。

粟田真人は大宝元年（七〇一）に制定された大宝律令の起草に参画した官人の一人です。日本として最初の本格的な律令の編纂に参加するほどの人物ですから、真人が当時の日本を代表する英才の一人であったことは明らかです。また、筆者の研究（拙著『猿丸と人麻呂』）によれば、真人は『古事記』の元になった原『古事記』の編纂にも関与しており、律令だけでなく、歴史などにも精通した学者肌の人物だったと推測されます。

また、真人については、少年の頃に唐に渡り、学識を積んで帰国した留学僧の道観であるとする有力な見方があります。孝徳紀の白雉四年（六五三）五月の条には、学問僧の道観が遣唐使船で唐に渡ったという記録があり、道観の部分に「春日粟田臣百済の子」という註が付されているのです。そして、『日本書紀』の一部の写本にはその註に続いて、「此下有俗名真人四字（この下に俗名真人という四字がある)」という書き込みがあり、道観は粟田臣百済の子の真人であると分かるのです。

このことから、真人は粟田臣百済（天武天皇の時代に八色の姓が制定され、臣は朝臣に変更）の子で、少年の頃に遣唐使船で唐に渡り、学問僧の道観として二十年ほど唐に留まって学識を積んだと考えられるのです。日本に帰国した後は、その高い才能が認められ、還俗して真人と名乗る官人になったと見られます（『日本古代氏族の研究』佐伯有清著）。この見方にしたがえば、真人は若い頃に留学僧として唐に長期間滞在したことで、現地に友人・知己が多かったと推測されます。

また、真人は遣唐使として出発する前の大宝二年（七〇二）五月に正四位下になり、遣唐執節使としての大任を果たして慶雲元年（七〇四）七月に帰国した後、中納言や太宰帥などを歴任し、霊亀元年（七一五）四月には正三位に昇っており、政権中枢から厚い信頼を寄せられたトップクラスの官人であることが分かります。

このため、真人の唐での長い留学経験や友人・知己の存在、官人としての能力の高さ、年齢や地位などの観点から見て、複雑な事情で三十三年間も途絶えていた唐との交流を再開する遣唐使のトップとして、真人は最適な人物ということができるのです。

つまり、日本側の意図としては、日本と良好な関係にあった時代に唐への留学経験があり、唐に友人・知己も多く、それ相応の年齢・地位に達した粟田真人を遣唐使トップの執節使として派遣することで、日本と唐との新しい友好関係を築きたいという思いを表していたのです。当時の日本としては、唐との友好を示す最高の人物を遣唐使のトップとして派遣したのです。

ところが、真人たちは唐に着いて驚くべき事実を知ります。唐と思って訪ねた国は既に唐ではなく、唐は周（武周）という国号に代わり、高宗の皇后だった武則天（則天武后）という女性が皇帝になっていたのです。この思いがけない変化が日本にとって有利にはたらいたかどうか分かりませんが、『旧唐書』日本伝は遣唐使として赴いた真人について、「真人は経史を読むことを好み、文を属くるを解し、容止温雅なり。則天、之を麟徳殿に宴し、司膳卿を授け、放ちて本国に還らしむ」と記し、真人が学問に優れており、見栄えも良いと褒めています。また、武則天は真人たちに公式の使節としての饗応もしてくれたうえに、真人には司膳卿という称号まで授けました。この様子からすれば、真人は武則天に大変気に入られたようであり、日本側の心配は杞憂だったように見えます。

ただ、ここで『旧唐書』の「放ちて」という言葉が気になります。唐の内心では真人たち遣唐使を拘禁し、白村江の件を問い質したいと思っていた可能性があります。もちろん、逆に真人たちから白村江の件を話題に出した可能性もあります。しかし、唐の国内事情を考えれば、白村江の件で改めて日本と交渉しても利益はなく、むしろ損失が大きいと計算した武則天の指示で、不本意ながら日本に帰還させたのかもしれません。そういう唐側のニュアンスが、「放ちて本国に還らしむ」という表現に表れている可能性があります。

唐が周（武周）という国号を用いたのは武則天が皇帝となっていた西暦六九〇～七〇五年の十五

年ほどの短い期間であり、真人たちの訪問は偶然この時期にぶつかっていたのです。武則天が引退し、そのあとを高宗と武則天との間に生まれた中宗が継ぐと、国号は再び唐に戻ります。

もちろん、国号が唐であるか周（武周）であるかということにかかわらず、白村江で唐の船団と日本が戦ったという事実は変わらないのですが、真人たちが派遣された時期は武則天という女帝が権力を掌握し、国号も変えてしまうほどの混乱期に当たっていましたので、武周（唐）として白村江の件を問題にすることはなかったようです。

2 道慈という留学僧

大宝二年（七〇二）六月、粟田真人をトップとする遣唐使の船団が三十三年ぶりに唐に向けて出発しましたが、その船団に同乗して多くの留学僧たちも唐に渡りました。その留学僧たちの中に道慈と呼ばれる人物が含まれていました。

道慈という留学僧の経歴は、『続日本紀』天平十六年（七四四）十月条の卒伝に詳しく記されています。それによれば、道慈は筑紫を出発した真人たち遣唐使とともに唐へ向かい、唐で十六年ほど留学し、その後、養老二年（七一八）十月に、今度は多治比真人県守（たぢひまひとあがたもり）らの遣唐使とともに唐から大宰府に戻り、同年十二月に都へ帰還しています。また、卒伝には道慈が特に秀でた僧であったことや、大安寺の平城京移転に当たって陣頭指揮を執ったことが記されています。亡くなった年齢が七十有余とありますので、唐に向かったときの年齢は留学僧としては比較的高い三十歳ほどであり、唐から戻ったときには四十代半ばになっていたものと推定されます。

一方、唐における道慈の活動については詳しい史料がありません。ただ、『大安寺縁起』、『扶桑略記』、『元亨釈書』などをもとに推測すれば、入唐して間もなく長安の西明寺に入ったことは間違いないようです。西明寺は西遊記で知られる玄奘三蔵が住んだことのある有名な寺院であり、中国における当時の仏教研究の聖地となっていました。また、道慈が西明寺に入った頃は、経典の漢訳で知られる義浄という中国僧が同じ西明寺に住んでおり、義浄との接近がその後の道慈の人生に大きな影響を与えた可能性があります。

道慈が唐から戻って十九年後の天平九年（七三七）、平城京で天然痘が大流行しますが、道慈はその年の十月に宮中大極殿で聴衆百人、沙弥（若手の僧）百人に『金光明最勝王経』を講じたと聖武紀に記されています。この『金光明最勝王経』という経典は西暦七〇三年に義浄が西明寺で漢訳したもので、まさに道慈が西明寺に入った頃に翻訳が完成しており、幸運にも道慈は義浄による『金光明最勝王経』の新訳にいち早く接することができた、最初の日本人僧と見られるのです。

3　欽明紀の仏教伝来記事

日本への仏教伝来は、『日本書紀』の記述に従えば、欽明天皇十三年（五五二）十月とされています。この欽明紀の仏教伝来に関する記述には、仏典の表現が多用されていることが以前から指摘されていました。中でも『金光明最勝王経』からの流用が目立つことから、『日本書紀』の編纂には『金光明最勝王経』に精通した仏教関係の人物が関与しているという見方が、研究者の間で広く支持されていました。

このことに関連して井上薫氏は、太平洋戦争の頃に発表した論文の中で、道慈が唐の西明寺という『金光明最勝王経』を翻訳した義浄の近くに止住していたこと、留学僧は仏教を学ぶとともに日本に知られていない経典を将来することが重要な役割であること、天平九年（七三七）に道慈は大極殿で『金光明最勝王経』を講じていることなどから、義浄訳の『金光明最勝王経』を日本に将来したのは道慈であろうと結論しています。

さらに井上氏は、欽明紀の仏教伝来の記述には儒教を下に、仏教を上に見る姿勢が窺われ、『懐風藻』の中で道慈が儒家の多い詩宴への招待を丁重な文言で断っている序文が載っていること、同じ『懐風藻』の詩句の中で儒家に対抗的と見られる言葉を投げ付けていること、道慈が唐から戻った時期が『日本書紀』完成の二年ほど前であること、道慈であれば十分に漢文の素養があるうえに、政権中枢にも名が知られていたと考えられることなどから、道慈が完成間際の『日本書紀』の編纂に関与し、仏典の文言の一部を流用して仏教伝来など、仏教に関連する部分の記述を行うという重要な役割を果たしたとしています（『日本古代の政治と宗教』井上薫著）。

つまり、仏教者の立場から、道慈が『日本書紀』の仏教に関係する部分の執筆・編纂に関与したと考えられているのです。

なお、ここで経典などを日本にもたらすことを「将来」と表記しています。今日、将来とは未来という意味で用いられることがほとんどで、異様な印象があるかもしれませんが、この表記は古くから使われているもので、本書もこの表記を用います。

4　『金光明最勝王経』の特徴

欽明紀の仏教伝来に関する記述に『金光明最勝王経』からの流用があることは、早くから研究者の間で認められていました。また、その『金光明最勝王経』を将来したのが道慈であり、仏教伝来記事には道慈の関与があるという井上氏の見方についても、多くの研究者の賛同するところとなっています。筆者も、その点に異議を唱えるものではありません。しかし、『日本書紀』における道慈の関与は『金光明最勝王経』を流用する仏教伝来の部分に限られるものではなく、『日本書紀』の多くの部分に道慈の影響が及んでいると筆者は考えています。

そのことを理解してもらうためには、『金光明最勝王経』という経典の特徴を知ってもらうことが重要ですので、主な点をご紹介します。

◉特異性

唐代の沙門智昇（ちしょう）によって編纂された『開元釋教録』という訳経目録によれば、漢訳された仏典類は一千余部、五千余巻あるとされています。世の中にはこれほど多くの経典が存在するため、一概に断定することはできませんが、日本で広く知られた仏典と比較すると、『金光明最勝王経』には「おやっ」と思わせる際立った特徴があります。その特徴を説明するうえで、論理学の基本を思い出していただく必要がありますので、簡単に復習しておきます。

ここに、「AならばBである」という命題があるとします。この命題に対してAとBを入れ替えた場合、「BならばAである」という命題になります。これを元の命題の逆といいます。

次に、元の命題を否定に変えた場合、「AでなければBではない」という命題になり、これを元の命題の裏といいます。

さらに、元の命題の逆の裏、あるいは裏の逆の命題は、どちらも「BでなければAではない」という命題になります。これを元の命題の対偶といいます。なお、対偶は元の命題と同等になることが知られています。元の命題に対して逆、裏、対偶があるということを思い出していただいたところで本題に戻ります。

『金光明最勝王経』は四天王護国品で、「この経典を広め読誦し、国王が正法をもって政を行えば国は豊かになり、四天王をはじめ弁財天、吉祥天などの諸天善神が国を守護する」という主旨の有り難い効用を述べています。この種の表現は『金光明最勝王経』の随所に登場します。このように経典が自らの効用を強調することは他の経典でも頻繁に見られるものであり、珍しいものではありません。右に紹介した論理学の説明に従えば、元の命題の「AならばBである」ということを何度も経典の中で繰り返しているわけです。

しかし、同じ四天王護国品を読み進めていきますと、ガラッと様子の変わる部分があります。四天王護国品の後半部になると、「この経典がありながら国王がこれを無視し正法を行わなければ、四天王や諸眷族は国を見捨て、種々の災禍が国を襲う」というのです。つまり、「国王が『金光明最勝王経』を入手しながら、全土にこれを広め正法を行わなければ、四天王や諸眷族が見捨て、国は大混乱に陥る」というのです。これは右の論理学でいえば、「AでなければBではない」という裏の表現に変わっていることになります。

ここで、「国王が正法を行えば国は穏やかに治まる」という元の表現と、「国王が正法を行わなければ国は大混乱する」という裏の表現を比較した場合、あたかも同じことを言っているように聞こえますが、元の表現は国王に対する「奨励」であるのに対し、裏の表現は国王に対する「脅迫」、「警告」になっています。元の表現と裏の表現は同じことを言っているように錯覚しがちですが、その姿勢はまるで違うのです。

つまり、『金光明最勝王経』には正法を奨励するという穏やかな表現が多く見られる一方で、正法を行わない場合の脅迫・警告も随所に見られるのです。このような脅迫・警告の表現は他の経典でほとんど見ることがありませんので、この恐ろしい脅迫・警告の表現は『金光明最勝王経』の際立った特徴ではないかと思います。

また、『金光明最勝王経』の王法正論品という部分では、国が正法を失った場合の災禍を具体的に示しています。これは脅迫・警告の延長線上にあるものですが、主なものを示せば次のとおりです。

①強い風が吹き、暴雨が突然降り、風雨が安定しない
②妖しい星が現れる、星の動きが安定しない
③太陽や月が蝕によって光を失う
④五穀や華果が実らず、飢饉が襲う
⑤国に闘争や陰謀が溢れる
⑥疫病が流行する
⑦王の身に不幸が訪れ、肉親が別離する
⑧流星が落ちる
⑨他国が攻めてくる
⑩戦いで多くの人が死ぬ
⑪大臣や配下の者が不正をする

つまり、『金光明最勝王経』は自身の効用を強調するあまり、「国王が正法を行えば国は穏やかに治まる」という奨励の表現だけでは迫力が足りないと考え、「国王が正法を行わなければ国は大混乱する」という裏の表現による脅迫・警告を強く打ち出し、国王に対して強い圧力を加えるものになっているのです。

聖武天皇の時代に、『金光明最勝王経』は国分寺を全国に展開する根本経典となっていますので、その影響はきわめて大きいといわなければなりません。仏典の使命は人々を仏陀に導くことだと

思っていましたが、脅迫・警告で人々を導こうとする『金光明最勝王経』の姿勢は、仏典として少々度が過ぎるように思います。

『日本書紀』の記述は、『金光明最勝王経』の影響を受けていることは間違いありませんが、このように強い脅迫・警告を含んだ『金光明最勝王経』が、『日本書紀』の記述にどのような影響を与えたのか、気になるところです。

第四節　変分法による『日本書紀』の解析

1　『日本書紀』の目的

『続日本紀』の養老四年（七二〇）五月の条には、舎人皇子による『日本書紀』の修史事業が完了し、天皇に奏上されたことが記されています。この記述の存在によって、『日本書紀』の完成時期を明確に知ることができます。このように、『日本書紀』の完成時期は正史に示されているのですが、一方でその編纂の開始時期は曖昧なままとなっています。

『日本書紀』に限りませんが、歴史書の編纂がいつ始まったかということはきわめて重要な問題です。編纂の開始時期が明らかになれば、その目的が推測できるうえに、編纂を命じた人物や編纂者を特定できる可能性があります。逆に、編纂の開始時期がはっきりしないということは、その目的や経緯が十分に分からないままになっていることを意味します。
そこで、参考までに『日本書紀』の編纂開始と関連があると見られる出来事を列挙してみますと、おおよそ次のようになります。

①天武天皇十年（六八一）三月、川嶋皇子以下の十二名に対して、「帝紀及び上古の諸事を記し定めよ」と勅命があった天武紀の記事

②和銅四年（七一一）九月十八日、元明天皇が太安万侶に「稗田阿礼の誦むところの勅語の旧辞を撰録して献上せよ」と命じ、翌和銅五年（七一二）正月に完成した『古事記』の存在

③『古事記』が完成してから二年後の和銅七年（七一四）二月十日、元明天皇が紀朝臣清人と三宅臣藤麻呂の二人に「国史を撰する」ことを命じる元明紀の記事

④『弘仁私記序』や『日本紀竟宴和歌』に、太安万侶が『日本書紀』の編纂に参加していたとする記述の存在

右のほかに関連する情報として、和銅五年（七一二）正月に完成した『古事記』は万葉仮名で書かれ、その八年後に完成した『日本書紀』は漢文で書かれていること、『古事記』は完成の八十年以上も前の推古天皇の時代で記述を終了していること、『日本書紀』は『古事記』を下敷きにしていながら、その事実を隠そうとしていることなど、『日本書紀』の編纂開始の時期を考えるうえで参考となり得る材料があります。

ただし、現状では『日本書紀』の編纂開始の時期について右に示した以上の知見はありません。

当然、これだけでは新たな進展は期待できません。そこで、『日本書紀』が『金光明最勝王経』などの仏典の記述を取り込んでいることに着目しながら、『日本書紀』はいったい何を訴えようとしているのか、その目的を探ってみることにします。

ただし、これまでと同じ方法で『日本書紀』を分析してみても、新しい知見が得られるとは思えません。そこで、本書はこれまで人文の世界では用いられたことがない、変分法という物理・数学の手法の考え方を応用して『日本書紀』の分析を進めていくことにします。

2　変分法の応用

人文関係の研究において、数値計算を伴うものとして統計手法を用いることはこれまでにもあったと思います。しかし、物理や数学の分野でも高度な手法とされる変分法を、人文関係の研究に応用しようとする試みは大胆を通り越して、無謀なこと、あるいは無駄なことと言われるかもしれません。なにしろ、変分法は微分方程式に帰着しますので、本来であれば関数化でき、さらにその関数が微分可能でなければ適用できないからです。

理系出身者でもスラスラ説明できる人が少ないと思われる変分法ですが、その難しい変分法をどのように『日本書紀』の分析に応用するのか、誰にも想像できないと思います。そこで、『日本書紀』の分析に変分法をどのように適用しようとしているのか、ご説明します。

1　変分法の原理

まず、変分法の原理です。変分法は汎関数（経路を表す関数によって定義される関数）と呼ばれる目的関数に極値（最大・最小）を与えるためには、どのような経路（関数）をとる必要があるかという問題などに適用されます。その方法は、求めようとする経路（関数）に仮想的に微小な変動（変分）を与え、その微小な変動によっても汎関数の値が変わらない（つまり極値にある）経路（関数）を導くことによって求めます。

実際の解析の作業では、常微分と偏微分が混在したオイラー方程式という有名な式に与えられた条件を当てはめ、できあがった微分方程式を解くことで最適な経路（関数）を見出すという方法で進めます。もし、オイラー方程式を満たすように経路（関数）を定めることができれば、その経路（関数）が汎関数に極値を与えることになります。

序文で示した帰宅の例でいえば、勤務先（学校）から自宅までの所要時間（または、道のり）が汎関数に当たります。できるだけ早く自宅に帰りたいという思いが、帰宅までの時間（または、道のり）を最短にする経路を選択する動機になり、いくつか考えられる経路のうち、最も所要時間（移動距離）の短い経路が選ばれることになるのです。

数値解析による本格的な変分法がどのように用いられるか、電力会社の送電線を例にご説明します。送電線は鉄塔から鉄塔へと渡っていますが、その送電線が鉄塔と隣の鉄塔との間でどのような曲線形状を描くかという問題です。この送電線の曲線形状を導くには二つの方法が知られています。一つは力学的な釣り合い条件から導く方法であり、もう一つが変分法で解く方法です。

力学的な釣り合い条件から導く方法は、送電線を短い断片に切り刻んだと想定し、その一つひとつの断片が水平方向と鉛直方向でそれぞれ力学的に釣り合っていることに着目し、水平・鉛直の二つの釣り合い方程式を導きます。次に、その二つの釣り合い方程式を合成して一つの微分方程式とし、その微分方程式を解くことで送電線の曲線形状を求めます。なお、この方法で導かれる曲線形状はカテナリー曲線と呼ばれるものになります。

一方、変分法で解く場合、送電線が有する位置エネルギーに着目します。送電線の曲線形状（関数）はさまざまあり得ますが、送電線の位置エネルギーは地上からの高さによって求められますので、送電線を短く断片に切り刻んだと想定し、各断片の長さ・重量と高さを表す曲線形状（関数）をもとに各断片の位置エネルギーを計算します。次に、それら各断片の位置エネルギーを合計（積分）して送電線全体の位置エネルギー（汎関数）を導きます。位置エネルギーを表す汎関数が完成したところで、送電線全体の位置エネルギーである汎関数の値を最も小さくする送電線の曲線形状（関数）を、変分法（オイラー方程式に当てはめること）によって導きます。このとき得られる送電線の曲線形状（関数）は、右の釣り合い条件から導かれたカテナリー曲線と一致します。

ここで、二つの異なる方法で導いた送電線の曲線形状、すなわち釣り合い条件から導いた曲線形状と変分法で送電線の位置エネルギーを最小（極値）にする曲線形状が一致することは、鉄塔と隣の鉄塔を結ぶ送電線の曲線形状が、送電線の位置エネルギーを最小化するものになっているということを意味します。

◉『日本書紀』への変分法の応用

通常は、目的の汎関数に極値（最大・最小）を与える経路（関数）を求めるために変分法を用います。右の送電線の例では、送電線が有する位置エネルギーを最小にする曲線形状を導くことで、送電線の関数を導きました。しかし、『日本書紀』の分析ではこの考え方を逆にします。すなわち、『日本書紀』の中から記述の経路を抽出し、その記述の経路が何を極値（最大・最小）化するために織り込まれたのかを推理します。言い換えれば、『日本書紀』の分析では、通常の変分法とは逆に、抽出した記述の経路から元の汎関数（目的）がどのようなものであるかを探るのです。序文で紹介した帰宅経路の例でいえば、勤務先（学校）から自宅までたどった経路を追跡し、その経路が何をしようとした経路だったのかを推理するという手順になります。

ただし、『日本書紀』の文字による離散型の情報を関数化し、微分方程式に組み込むことは不可能です。そのため、実際の変分法のように方程式を用いることはありませんが、その手順はおおよそ次のようになります。

まず、『日本書紀』の記述の中から一連の記述の経路を抽出します。たとえば、任那（みまな）という記述に着目すれば、任那に関する記事はいくつかの時代にまたがって登場します。この任那に関する各時代の記述を一連の経路ととらえ、その経路、すなわち任那に関する一連の記述によって形成される経路が、何を最大化しようとした記述なのかを推理するのです。

任那に関する記述を『日本書紀』から拾って並べてみますと、それはひと連なりとなって物語を形成します。このとき現れた物語を的確に解釈してやれば、任那の経路に託された『日本書紀』の目的が現れてきます。

もちろん、経路は任那だけではありません。任那以外にも多くの経路があり、それらの経路が互いに絡み合って『日本書紀』という歴史書が構成されているのです。このため、任那以外にも、できるだけ多くの有意な経路を抽出し、それぞれの経路が何を訴えようとしているかを探ります。そして、それらの経路の集まりによって『日本書紀』は全体として何を訴えているのか、すなわち何を目的としているのかを導き出すのです。

この変分法を応用した分析は従来の手法と大きく異なりますので、『日本書紀』の研究に新たな視点を提供してくれると信じています。特に、仏教伝来の欽明天皇十三年（五五二）から天智天皇崩御の天智天皇十年（六七一）までの百二十年は、この分析手法が最も機能する期間に当たると考えます。

２　古代史と物理・数学

本書は、『日本書紀』の分析に変分法を応用しますが、よくよく考えてみれば、古代史研究は一面で物理・数学そのものではないでしょうか。

古代史の研究では史料がきわめて限られています。そのため、得られる情報はわずかであるうえに、その情報が信頼できるかどうか、判断のつかない場合も少なくありません。古代史研究では、確実な情報はほとんど得られないという厳しい条件の下で、何が正しいかを探りながら一歩ずつ進む必要があります。

仮に、権威に満ちた史料であっても、その内容が正しいとは限りません。精度の高い研究を行うためには、得られる情報を常に疑いながら、その不確実な情報の集合体の中から信頼できる情報を抽出し、全体を組み立てるのです。

では、古代史研究において信頼性の乏しい情報をもとに、情報の信頼性をどのように高めていくのでしょうか。

そのような場合、活躍するのが数学です。数学の中でも特に方程式が有効です。古代史研究では信頼性の高い情報が得られないという厳しい状況の中で、とにかく得られた情報をもとに物語を作ってみます。このとき出来上がる物語は本来「人の営み」ですから、その人の営みという観点から物語が円滑・円満に流れるかどうか確認します。もし、物語が円滑・円満に流れなければ、組み立てた元の情報のどこかに不足や誤りがあると推測でき、逆に、もし物語が円滑・円満に流れるようであれば、元の情報の信頼性は比較的高いという判断ができることになります。

もちろん、さまざまな情報が存在し、それらの情報によって物語をいくつも作ることができます。その様子は数学の多元連立方程式に似ていますが、それぞれの物語が人の営みとして無理なく流れるかどうかによって情報の信頼性を確認し、信憑性の高い情報に精錬していくのです。

なお、変分法はオイラー方程式という微分方程式を用いるため、中学などで習う方程式より高度な手法にはなりますが、方程式という点で基本は同じです。

◉仏教と物理学

古代史研究は物理・数学と同じだと宣言しましたが、仏教も物理・数学と同じだということができます。

実は、仏教と物理学はアプローチの仕方こそ異なりますが、ともに同じ到達点を目指す学問です。もし、お釈迦様の時代に高度な物理学が知られていれば、お釈迦様は物理学によって仏教を説いたのではないかと思われるほど、双方は似ています。

たとえば、仏教には法身仏（ほっしんぶつ）という考え方があります。法身仏とは仏（ほとけ）の法、すなわち真理そのものを身体とする仏を意味するのですが、法身仏は仏法そのものですから、見ることも触れることもできません。しかし、見ることも触れることもできないとなれば、一般の人には法身仏をイメージすることが難しくなります。そこで、仮の姿として法身仏を仏像で表現する方法が考え出されました。法身仏として知られる代表的な仏像は、聖武天皇が発願した東大寺の毘盧遮那仏（びるしゃなぶつ）がそれに当たります。

なぜ、東大寺の毘盧遮那仏が大きく造られているかといえば、それは毘盧遮那仏が宇宙を表しているからです。法身仏は宇宙の真理そのものであるため、宇宙を表現するために、できるだけ大きく造る必要があったのです。

なお、東大寺の大仏は盧舎那仏（るしゃなぶつ）とも呼ばれ、最初の「び」が省略されることがあります。この呼び方の違いは依拠した華厳経という経典の違いによるもので、名は違っても双方は同じ仏を指しています。

仏教には人それぞれに異なる見え方があるでしょうが、仏教の本質は宇宙の真理であり、それは最先端の物理学が目指しているものと全く同じです。アプローチする道は大きく異なっていても、仏教と物理学の到達点は同じなのです。このため、物理学者が仏教を研究すれば、これまでとは全く違う姿で仏教を表現できるかもしれません。

仏教が説くほとけとは、「この宇宙を生起させている根本原理」のことであり、それは物理学が追い求めている究極の到達点なのです。

第三章　際立つ新羅

第一節　埋もれていた経路

1　任那の経路

日本の古代史に必ず登場する任那という地域は、朝鮮半島の南端部に位置したようです。『日本書紀』によれば、日本が最初にこの地域で足掛かりを作ったのは神功皇后の時代と考えられ、百済の支援を得て日本が新羅を撃破して築いたとされています。その後、任那という名称は新羅や百済との外交で頻繁に登場し、推古天皇の頃まで何かと朝鮮半島におけるトラブルの種になりました。

そもそも、日本が朝鮮半島に任那という権益を確保することになった背景には、百済と新羅との間でいざこざが絶えなかったことに加え、百済は日本に対して友好的であったのに対し、新羅には日本を欺くような不審な振る舞いがあったことによるとされています。

ところで、神功皇后の時代の日本は国力も乏しく、国内も十分に治まった状況にはなかったと想像されますが、そのような時代に海を越えた朝鮮半島に日本が権益を有していたというのです。遣隋使や遣唐使が海を渡ることさえ厳しいとされた時代より数百年ほどもさかのぼる頃、朝鮮半島に何らかの権益を確保し、それを維持していたということに驚かされます。

また、任那には日本府という政府の出先のような機関があったと雄略紀などに記されています。日本府の実態がどのようなものだったのか分かりませんが、任那に関する記述は、崇神紀に名称が登場した後、神功皇后摂政紀から推古紀まで続きますので、任那が『日本書紀』において外交上の重要な位置にあったことは間違いありません。その任那に関する記述は長期に及ぶため、変分法を用いて『日本書紀』の狙いを分析するうえで恰好の経路といえます。

◉経路分析

日本が任那に何らかの足掛かりを築いたのは神功皇后の時代であり、新羅の不遜な振る舞いを背景に、日本は百済の支援を得ながら新羅の勢力を排除し、朝鮮半島における権益の端緒を開きました。雄略天皇の時代、朝鮮半島の国々の小競り合いが続く中で、日本は任那を拠点にして次第に地歩を拡張していったと見られます。このような折、高句麗との抗争で新羅が窮地に追い込まれたため、任那の日本府から精鋭を派遣し、日本が新羅を救ったこともあったとされています。

しかし、六世紀初め頃の継体天皇の時代、任那はしだいに周囲から蚕食されるようになります。宣化天皇の頃には、嘗て日本が窮地から救ったはずの新羅が、逆に任那を侵略するという事態に発展します。その結果、日本は任那の権益のほとんどを失ってしまいます。

そして、六世紀中頃の欽明天皇の時代、日本は百済をはじめとする友好国に対し、新羅の勢力を排除して任那を再建するように何度も要請します。しかし、各国は議論を続けるばかりで尻込みし、兵員を送るなどの実力行使に踏み切ることはありませんでした。また、日本も他国に頼るばかりで、自ら行動を起こすことはありませんでした。

欽明天皇三十二年（五七一）四月、欽明天皇は死の床で、「新羅を討って任那を再建して欲しい」と皇太子（後の敏達天皇）に遺言します。

敏達天皇四年（五七五）二月、敏達天皇は大臣の蘇我馬子たちに対して、「任那のことは怠ってはならない」と伝えます。敏達天皇十二年（五八三）七月には、敏達天皇が「先帝が果たせなかった任那の再建を自分が果たす」と宣言し、戦略に長けた人材を百済から招いて検討を重ねます。しかし、このときも具体的な行動に出ることはありませんでした。

崇峻天皇四年（五九一）八月、崇峻天皇は群臣に向かって「任那を再建しようと思うがどうか」と問いかけます。これに対して群臣たちは、「任那の再建に対する思いは天皇と同じです」と応えます。

このように、『日本書紀』は、欽明、敏達、崇峻と三代にわたって任那再建に対する強い思いがあると記し、新羅に奪われた任那の再建が日本の宿願になっていることを印象付けようとしています。

推古天皇三十一年（六二三）、推古天皇は任那を奪ったまま強硬な姿勢を続ける新羅に対して、まず穏健な外交で臨みます。ところが、穏健外交の成果が現れようとする直前、日本は突如として強硬策に転じて数万の兵を新羅に向けて発遣してしまいます。結局、この混乱がもとで新羅との関係は修復されるどころか一層悪化してしまい、推古天皇による任那奪還は失敗に終わるのでした。

この後、任那に関する記述は実質的に『日本書紀』から消えてしまいます。

◉任那の経路の狙い

右の任那に関する経路を整理すれば、おおよそ次のようになります。

①百済は日本に対して友好的であったが、新羅は不遜な動きをする油断ならない相手である
②日本は、百済の協力を得て狡猾な新羅の勢力を排除し、任那を創建した
③新羅が高句麗から攻撃されたとき、任那から精鋭を派遣し、新羅を救った
④ところが、新羅は恩を仇で返すように任那を侵略し、日本の権益を奪った
⑤日本の友好国である百済は任那の奪還に協力的であり、その具体策を何度も検討してくれた
⑥しかし、百済は新羅に対して実力行使に出ることはなかった
⑦欽明、敏達、（用明）、崇峻、推古の各時代を通じて、任那再建は日本の宿願となっていた
⑧日本は百済とともにさまざまな努力をしてきたが、結果として任那奪還は果たせなかった
⑨（日本にとって新羅は憎むべき相手であり、百済は友好国として信頼できる）

このように要点を並べてみますと、『日本書紀』は任那に関する一連の記述を通して何を訴えよ

うとしているのか、その狙いが浮かび上がってきます。すなわち、「古くから新羅は信用ならない相手である。任那の創建・運営について日本に協力的だったのは百済であり、新羅は日本の恩を忘れて任那の権益を奪い取った。任那の再建は日本の宿願であり、機会があれば新羅を討って百済の協力を得ながら任那を再建したい」ということになります。極論すれば、朝鮮半島の百済は友好国であり、新羅は憎むべき敵対国である。機会があれば日本は新羅を討って長年の遺恨を晴らし、任那を奪還したい、ということになります。

実際に、日本が任那と呼ばれる地域にどの程度の権益を有していたのか、確認することはできません。しかし、少なくとも『日本書紀』の記述のうえでは、新羅を討って百済とともに任那を再建することが歴代天皇の宿願であったことになります。もし、新羅を討つチャンスがあれば、そのチャンスを逃すことは許されません。また、盟友とも呼べる百済に危機が迫れば、全力を尽くして救援しなければならないという日本の立場が、任那の経路によって鮮明に打ち出されていることが分かります。

2　異常気象の経路

『日本書紀』において、日本に仏教が伝わったとされるのは欽明天皇十三年（五五二）ですが、その頃から「雲なくして雨ふる」などの異常気象の記述が頻繁に現れるようになり、皇極紀終盤までの百年ほど続きます。また、その異常気象の現れ方は仏教の興廃や政変と密接に関連しているように見えますので、異常気象を調べていくことで、『日本書紀』の狙いが浮かび上がる可能性があります。順に調べていきましょう。

最初の異常気象は、仏教が伝来した直後の欽明天皇十三年（五五二）十月、蘇我稲目（いなめ）が天皇の許可を得て仏像などを試しに祀っていたところ、排仏派とされる物部尾輿（もののべのをこし）と中臣鎌子（なかとみのかまこ）が仏像を難波の堀江に棄て、伽藍を焼き払ったときに現れます。そのときの異常気象を欽明紀は、「天（あめ）に風雲無くして、忽（たちまち）に大殿（おおとの）に災（ひのわざわい）あり」と記しています。つまり、仏像を安置していた伽藍に尾輿や鎌子が火を放ったところ、風もないのに大殿が類焼したというのです。ただし、これは異常気象というより、異常現象というべきかもしれません。

次に異常気象が現れるのは、仏教伝来から三十三年後の敏達天皇十四年（五八五）三月三十日です。蘇我馬子（そがのうまこ）が祀っていた仏像と、それを納めていた仏殿に物部守屋（もののべのもりや）が放火し、さらに焼け残った仏像を難波の堀江に棄てたという事件が起きたときでした。このときの異常気象を敏達紀は、「雲無くして風ふき、雨ふる」と記しています。そもそも雲がないのに雨が降ることは気象科学から考えてあり得ないことですが、このような異常気象を記述することで、仏法を粗末にすると厳しい仏罰が下ると暗示しているように見えます。事実、排仏派とされる守屋は、この事件の二年後、崇仏派とされる馬子によって滅ぼされるという運命を招きます。

ところで、『日本書紀』は異常気象を記述するばかりでなく、気象の異常さを強調するため、逆に穏やかな気象を記述することも忘れていません。たとえば、推古天皇二十四年（六一六）正月、

「桃李、実れり」として、新年の正月に季節外れの果物が実ったと記しています。これも一種の異常気象、あるいは異常現象ですが、推古天皇は三宝興隆の詔を発して仏法の隆盛に努めた天皇とされていますので、仏法を守護する時代には、たとえ季節外れでも豊かに果実が実るという仏恩が現れることを示しています。

しかし、推古天皇三十四年（六二六）正月には、「桃李、花さけり」とありながら、二カ月後の三月には「寒くして霜降る」という記述があり、直後の五月に崇仏派として活躍してきた馬子が亡くなります。さらに、翌六月には夏にもかかわらず季節外れの「雪ふれり」とあり、馬子の死を悲しむ異常気象が記されています。

さらに、馬子が亡くなった翌々年の推古天皇三十六年（六二八）三月、今度は推古天皇が崩御します。崩御直後の四月には「雹零る。大きさ桃子の如し」、さらに「雹零る。大きさ李子の如し。春より夏に至るまでに、旱す」という異常気象が記されています。この異常気象は仏法の興隆に努めてきた推古天皇の崩御を悼むもので、『日本書紀』として最大限の悲しみ表現と見ることができますが、雹の直径の大きさが悲しみ度合いの指標となっています。

ところが、次の舒明紀から皇極紀にかけて、異常気象は仏法との関連においてのみ現れるのではなく、内政や外交に関連しても現れるようになります。たとえば、舒明天皇八年（六三六）五月から同十一年（六三九）一月まで、「霖雨して大水あり」、「大いに旱して、天下飢す」、「雲無くして雷なる」や「大風」という異常気象が記されています。これは蘇我蝦夷の専横がひどくなり、朝命にも従わなくなった時期に当たり、蝦夷の専横を強調するはたらきをしています。

また、皇極紀では皇極天皇元年（六四二）三月、新羅が舒明天皇の崩御を弔うための使者と、皇極天皇の即位を賀すための使者を別々に派遣してきたとき、「雲無くして雨ふる」とあります。また、四月に霖雨、六月に雨が降らず旱となり、八月には雷や大雨が降るという異常気象が記されています。さらに、十月に新羅からの弔使の船と賀使の船が帰国のために壱岐嶋に停泊していたとき、「雲無くして雨ふる」という異常気象が再び現れます。つまり、新羅からの使者が日本に滞在している期間中、間断なく異常気象が続いていたのです。

ところで、皇極紀には「雲無くして雨ふる」という異常気象が二回も記載されていますが、雲が無いまま雨が降ることは現実にはあり得ない現象であり、「雲無くして雨ふる」という表現は異常気象の表現の中でも特に強い異常性を表しています。それは異常気象の描写というより、まるで激しい忌諱の表現ではないかと思われるほどです。また、この「雲無くして雨ふる」という異常気象の記述は、新羅からの使者（弔使・賀使）との関連で用いられており、この異常気象によって『日本書紀』は新羅を極端に忌み嫌っているように見えます。任那の権益を奪ったのが新羅であったことを思えば、『日本書紀』が新羅を特に忌み嫌っているように演出している点は意味深長であり、注意しなければなりません。

これらのほかに、皇極紀では大雨、雷、雹の異常気象が記述されていますが、この異常気象は上宮王家の山背大兄王一族の滅亡や蘇我本宗家の入鹿・蝦夷の滅亡という、大きな政変の到来を暗示する演出として理解することができます。

なお、皇極紀で多くの異常気象を記述しておきながら、次の孝徳紀以降で異常気象の記述は姿を消してしまいます。その理由は、孝徳紀の冒頭で孝徳天皇が「神道より仏法を重んじた」と記されているように、孝徳紀以降は仏法が尊ばれたことで異常気象が影を潜めたと考えられます。

このように、『日本書紀』に記された異常気象は、欽明紀から皇極紀までの仏法の興廃、並びに新羅と密接に関連して現れるほか、政権を揺るがす不穏な事件の予兆として現れています。『日本書紀』は仏教伝来によってもたらされた混乱と新羅に対する忌諱を演出するため、異常気象を随所に散りばめているようです。

◉末法と日本の混乱

ここで思い出されるのは、欽明紀に記された仏教伝来が中国の末法の始まりの年と一致しているという事実です。中国の末法は釈迦の入滅から千年後の西暦五五二年に始まるとされていますが、まさにその末法の始まりの年に日本に仏教が伝わったのです。末法への突入は、仏教の法力が極端に衰える激動の時代の到来を意味しますので、日本に伝わった仏教はその伝来当初から波乱を含んでいたことになります。もし、法力の強いうちに日本に仏教が伝わっていれば、仏法によって国内は安定した状態を保つことができたということでしょうが、よりによって末法の初年に仏教が伝来したことで、日本は大混乱に陥ったと主張しているようです。

このように、日本に法力の衰えた仏教が伝わったことで、それに起因して国内に多くの混乱が生じました。たとえば、欽明朝における仏教伝来直後の蘇我氏と物部・中臣氏という豪族間の宗教対立、さらに敏達朝におけるステレオタイプの宗教対立、疫病の流行、物部氏の滅亡、そして崇峻天皇の暗殺、皇極朝での蘇我氏の専横、上宮王家の滅亡、蘇我本宗家の滅亡など、次から次へと混乱がありました。このことは、もし仏教が法力の強いうちに日本に伝来していれば、あるいは、天皇が仏教を国政の根本に据えて治めていれば、混乱を生むことなく、仏法は国内に円満に定着していたであろうということを暗示しています。

つまり、『日本書紀』が仏教伝来の年次を本来の西暦五三八年ではなく、敢えて中国における末法の始まりの年の欽明天皇十三年（五五二）に一致させた事情は、その後の国内の混乱の原因を法力の衰えた仏教に帰着させようとする、『日本書紀』の執筆者・編纂者たちの作為なのです。言い換えれば、「よりによって末法の始まりの年に仏教が伝来したことで日本は大混乱し、その混乱は長く続くことになった」と訴えているのです。

末法の始まりの年というマイナスの画期に仏教が伝来し、それによって日本が大混乱したという一種の責任転嫁は、その背後で何か重大なことを訴えるための伏線になっているのです。今の段階ではそれが何か分かりませんが、他の経路を調べていくことで次第に明らかになっていくはずです。

◉『金光明最勝王経』の世界

ところで、『日本書紀』が描く仏教伝来以降の国内の混乱は、前章で紹介した『金光明最勝王経（こんこうみょうさいしょうおうきょう）』の特異性と密接に関連しています。『金光明最勝王経』王法正論品（おうほうせいろんほん）は、「国王が正法を行わなければ国は大混乱する」と警告し、具体的な事象を例示していましたが、仏教が伝来した欽明紀から皇極紀までの記述には、王法正論品で示された事象のうち、少なくも次の七つの事象が表れています。仏教伝来からの百年ほどの間、「国王が正法を行わなかった」ため、国内に『金光明最勝王経』が警告する混乱が起きていたと、『日本書紀』は主張しているのです。

- 強い風が吹き、暴雨が突然降り、風雨が安定しない
- 妖しい星が現れる、星の動きが安定しない
- 太陽や月が蝕によって光を失う
- 五穀や華果が実らず、飢饉が襲う
- 国に闘争や陰謀が溢れる
- 疫病が流行する
- 王の身に不幸が訪れ、肉親が別離する

このように、『金光明最勝王経』が警告した事象が欽明朝から皇極朝までの百年ほどの間、次から次へと起きています。このことは、『金光明最勝王経』の影響が仏教伝来部分に限定されるものではなく、少なくとも欽明紀から皇極紀までに及んでいることを示しています。

つまり、『金光明最勝王経』を将来し、その内容を知悉していた道慈は、仏教伝来の部分だけでなく、欽明紀から皇極紀まで、あるいはもっと広い範囲で、『日本書紀』の執筆・編纂に関与していた可能性が見えてくるのです。

3　上宮王家の経路

上宮王家とは厩戸皇子（聖徳太子）とその一族を指します。上宮と呼ばれる事情は、幼い頃に厩戸皇子が用明天皇の池辺宮の上殿で育てられたことに由来すると推古紀は伝えています。上宮王家は実質的に厩戸皇子と、その子の山背大兄王の二代で終わる短命な一族でした。厩戸皇子は崇峻紀と推古紀で大活躍した様子が伝えられ、山背大兄王は推古紀の終盤から皇極紀にかけて、その壮絶な運命が語られます。

厩戸皇子は用明天皇元年（五八六）、用明天皇の皇子として初めて登場します。

崇峻天皇即位前紀（五八七）では、崇仏派の蘇我馬子と排仏派の物部守屋との戦いの最中、幼い厩戸皇子が膠着状態を打開するために白膠木で四天王の像を作り、「もしこの戦いに勝利させてくれるなら、将来四天王のために寺を建てる」と誓って戦勝を祈願します。なお、このときの戦いに勝利した厩戸皇子は誓いにしたがい、後に摂津国の荒陵に四天王寺を建立したとされています。

推古天皇元年（五九三）四月の条では、厩戸皇子が皇太子となり、推古天皇を補佐する摂政になったと伝えています。また、その珍しい厩戸という名の由来については、母である皇后が諸司を巡視中に厩の戸に当たり、あっという間に皇子を産んだので、厩戸皇子と呼ばれるようになったと紹介しています。

さらに、その類まれな能力について、厩戸皇子は生まれながらにして聖（ひじり）の知恵を備え、成長すると一度に十人の訴えを聞くことができ、未来を予知することができたうえに、仏教と儒教をそれぞれ専門の僧と博士から学び、双方に熟達していたとし、厩戸皇子はこのような超人的な能力を持っていたため、上宮厩戸豊聡耳太子（かみつみやのうまやとのとよとみみのひつぎのみこ）と呼ばれていたと伝えています。

推古天皇二年（五九四）二月、天皇による三宝興隆の詔を受け、厩戸皇子は蘇我馬子らとともに仏教の興隆に尽力します。なお、三宝とは、仏法僧という意味です。

推古天皇九年（六〇一）二月、厩戸皇子は当時の政治の中心だった飛鳥から遠く離れた斑鳩の地に宮室を建てます。なお、この記事は厩戸皇子が政治の中心から遠ざかったことを意味すると推察します。

推古天皇十年（六〇二）二月、厩戸皇子の同母弟の来目皇子（くめのみこ）が新羅征討の将軍に任命されますが、途中の九州で来目皇子は病死します。

推古天皇十一年（六〇三）四月、来目皇子が急死したので、新たにその異母兄の当麻皇子（たいまのみこ）が新羅征討の将軍に任命されます。しかし、途中の播磨で当麻皇子の妻が亡くなり、当麻皇子が都に戻って新羅遠征は取り止（や）めとなります。もしかすると、来目皇子と当麻皇子という厩戸皇子の兄弟による新羅征伐の失敗は、厩戸皇子が新羅征伐に消極的だったことを暗示しているのかもしれません。

同年（六〇三）十一月、厩戸皇子は「尊い仏像を得たので誰か祀る者はないか」と群臣に投げかけます。このとき、秦河勝（はたのかわかつ）が名乗り出たので、彼に仏像を委ねたと伝えています。なお、秦河勝は元々厩戸皇子の後援者ですが、この記事は厩戸皇子と秦河勝の関係を改めて示しています。

推古天皇十二年（六〇四）一月、厩戸皇子は十七条憲法を発表します。

推古天皇十三年（六〇五）四月、天皇の提案により、厩戸皇子をはじめ馬子、諸王・諸臣がそれぞれ仏像一躯を造ります。

同年十月、前後との脈絡がないまま、厩戸皇子は斑鳩の宮に住んでいると記述されます。なお、用明紀の用明天皇元年（五八六）正月の条に、「是の皇子、初め上宮（かみつみや）に居（まし）ましき。後に斑鳩に移りたまふ」とあり、推古天皇十三年（六〇五）十月までに、厩戸皇子は拠点を飛鳥から斑鳩に移していたと考えられます。

推古天皇十四年（六〇六）七月、天皇の要請で厩戸皇子は勝鬘経（しょうまんぎょう）を講じ、また法華経（ほっけきょう）を岡本宮で講じます。このことに天皇は大いに喜び、播磨国の水田百町を厩戸皇子に与え、厩戸皇子はそれをそのまま斑鳩寺（法隆寺）に納めます。

推古天皇十五年（六〇七）二月、神祇に対する祭祀を怠ってはならないという天皇の意向にしたがい、厩戸皇子は馬子とともに、多くの官人たちを率いて神祇を参拝します。

推古天皇二十一年（六一三）十二月、厩戸皇子は片岡に遊行（ゆぎょう）し、路上で行き倒れを見つけます。厩戸皇子は食べ物を与え、着ていた掛物まで渡して去ります。翌日、使いの者をやって様子を見させますが、既に息絶えていたということで、近くに手厚く埋葬します。数日後、厩戸皇子は「その行き倒れはただ者ではあるまい。きっと聖なる人に違いない」と言って、使いの者をやって調べさせます。すると、その埋葬した遺体は消え去り、厩戸皇子が与えた掛物だけが残っていたというのです。厩戸皇子はその掛物を取りに行かせ、何事もなかったかのようにその掛物をそのまま着ます。人々は「聖（ひじり）が聖を知るというのは本当のことだった」と、ますます畏（かしこ）まったと記されています。

推古天皇二十八年（六二〇）、厩戸皇子は馬子とともに、天皇記、国記、及び公民等の本記を録（しる）したとされています。

推古天皇二十九年（六二一）二月五日、厩戸皇子は斑鳩宮で亡くなり、諸王・諸臣をはじめ、天下の人々は悉（ことごと）く嘆き悲しんだと推古紀は伝えています。

なお、推古紀は厩戸皇子の薨去の日を右のとおり推古天皇二十九年（六二一）二月五日としていますが、第一章でご紹介したとおり、厩戸皇子（聖徳太子）の伝記である『上宮聖徳法王帝説』や「天寿国繍帳銘」、「法隆寺金堂釈迦像銘」、さらに『聖徳太子伝私記』に記録されていた「法起寺塔露盤銘」は、聖徳太子薨去の日をそろって推古天皇三十年（六二二）二月二十二日としています。これらの史料は『日本書紀』と依拠した原典が異なり、十分な信憑性があると見られることから、『日本書紀』は実際の薨年を知りながら、何らかの事情があって厩戸皇子の薨年を一年余り繰り上げたと見られます。この点は『日本書紀』の秘密を解くうえできわめて重要な鍵になりますので、後ほど詳しく検討することにします。

また、厩戸皇子の外交について注意しておく必要がありそうです。これまで厩戸皇子は隋や朝鮮半島の国々との外交で大いに活躍したと信じられてきました。しかし、『日本書紀』の中で厩戸皇子が外交に直接関与したという記事は見当たりません。もちろん、厩戸皇子は推古天皇の摂政とされていますので、遣隋使の派遣や国書の送達など、推古天皇の行為の背後には摂政である厩戸皇子の活躍があると推測することはできます。ただ、実際にはどうだったのか疑問です。特に、推古天皇九年（六〇一）二月、政治の中心であった飛鳥から遠く離れた斑鳩に宮室を建てたという記述は不可解で、実質的にこの頃、厩戸皇子は政治から遠ざかっていたという見方も可能です。

◉山背大兄王

厩戸皇子の子の山背大兄王（やましろのおほえのおう）は上宮王家の二代目となります。父の厩戸皇子は推古天皇の摂政であり、皇太子でもあったということで、親の七光で山背大兄王は恵まれた人生を送ったと思われるかもしれません。しかし、山背大兄王は辛酸を嘗（な）めた悲劇の主人公として描かれています。

推古天皇三十六年（六二八）三月、推古天皇の余命がわずかとなった頃、山背大兄王は推古天皇の後継候補として突然登場します。ただ、後継候補としては山背大兄王のほかに、田村皇子という有力な対抗馬があり、推古天皇が後継者としてどちらを指名するか注目されました。しかし、推古天皇は後継者を指名しないまま、曖昧な遺言だけを残して崩御します。

その結果、それぞれの後継候補は推古天皇の遺言を自分に有利に解釈し、自分こそ後継者だと互いに主張し合います。この二人の後継争いはそのままそれぞれを支援する豪族たちの熾烈な抗争へと拡大し、死者まで出る始末となります。結局、田村皇子を推す蘇我蝦夷の強い圧力で山背大兄王は排除され、田村皇子が舒明天皇として即位します。

後継争いを勝ち抜いた舒明天皇の安定した治世が十三年ほど続いた舒明天皇十三年（六四一）十月、舒明天皇が崩御します。これで山背大兄王に再び即位のチャンスが訪れると思われました。しかし、このときも山背大兄王に幸運が訪れることはなく、舒明天皇の皇后の寶皇女が皇極天皇として即位します。皇極天皇の即位の背後で蝦夷が再び動いたのでしょうが、即位の可能性を断たれた山背大兄王は失意の底に沈み、やり場のない鬱憤を周囲にぶつけていたものと想像されます。

そして、皇極天皇二年（六四三）十一月、大変な事件が起こります。蘇我入鹿が巨勢徳太などに命じて斑鳩宮にいた山背大兄王を襲わせたのです。徳太たちは、山背大兄王とその一族が住んでいた斑鳩宮を包囲し、火を放ちます。このとき、山背大兄王一族は隙を見て宮を抜け出し、一旦生駒山に逃れます。数日後、山背大兄王一族は秘かに斑鳩寺（法隆寺）に身を隠したものの、すぐに軍兵たちに発見され、斑鳩寺を包囲されて進退窮まります。ここで、山背大兄王はここまで行動をともにしてきた軍将たちに対して、「入鹿を討とうと思えば討てるかもしれない。しかし、その場合、多くの人民に迷惑をかけることになる。そんなことをするより、自分の身を入鹿にくれてやろうではないか」と言い残し、一族とともに自経したのです。

あまりにも潔い一族の最期ですが、山背大兄王とその一族が自経したとき、五色の幡蓋と種々の伎楽（おもしろきおと）が空から斑鳩寺まで連なったとされています。これは自経した山背大兄王とその一族が天に昇っていく様子を暗示していると思われますが、この様子を見た人たちは入鹿に指（さ）し示して見るように伝えます。しかし、幡蓋や伎楽などの連なりは黒い雲に変じてしまい、入鹿には見えなかったと皇極紀は記しています。

山背大兄王一族の悲惨な最期ですが、皇極紀はそれを浄土へ向かう聖人一行の様子に昇華させて描いています。しかし、事件の首謀者である入鹿にはその荘厳な様子は見えず、立ち上る黒雲にしか見えなかったとして、入鹿の愚鈍さ、極悪さを強調しています。

短いですが、これが上宮王家の経路になります。仏法興隆を大きな目標に掲げた推古天皇の時代は平穏な時代であり、多くの仏像や寺院が造られ、さらに厩戸皇子（聖徳太子）という聖人まで現れました。欽明天皇から崇峻天皇までの時代は、百済から伝わった仏教が国内に広まっていく過程で多くの混乱を生みましたが、推古天皇の時代は仏法を大切にする時代、すなわち『金光明最勝王経』が理想とする「国王が正法を行った時代」であったことで、安定した時代だったと伝えているようです。

しかし、推古天皇の崩御によって再び日本は混乱の時代に戻り、皇極天皇の時代には山背大兄王一族が非業の死を遂げ、上宮王家は滅びていったのでした。

4　蘇我本宗家の経路

古くから政権に関与していた蘇我氏は、安閑・宣化・欽明天皇の時代に活躍した稲目、次の敏達・用明・崇峻・推古天皇の時代に活躍した馬子、さらに舒明天皇の時代の蝦夷、そして皇極天皇の時代の入鹿と、四代にわたって政権トップの大臣（おおおみ）の地位を担います。この四代は蘇我氏の直系として、また蘇我氏全体の中心という意味で蘇我本宗家と呼ばれています。蘇我本宗家は大臣のポストを独占し、政権を牛耳（ぎゅうじ）ってきた豪族ですが、『日本書紀』の中では天皇の後ろに控えるばかりで、大きな権限を直接行使しているようには記されていません。しかし、蘇我本宗家が日本を動かす中心的役割を担ってきたことは間違いありません。

◉稲目

稲目が大きな動きを見せ始めるのは、欽明天皇十三年（五五二）十月に百済から仏教が伝来したときです。百済から仏像や経論がもたらされたとき、天皇は自ら判断せず、大臣の稲目や大連の物部尾輿らに打診します。稲目は「西方の国々が祀っているのなら、日本でも祀るべき」と賛成します。一方の尾輿は、「日本は古来神々の国であり、他国からのものを祀ると日本の神々が怒るのではないか」と反対します。これに対して天皇は、「稲目が望むなら祀ってみよ」といって、稲目のみに仏教を認めます。

稲目は寺を建てて仏像を祀りますが、この頃から国内に疫病が流行し、尾輿たち反対派は「蛮神を祀るから疫病が流行するのです。早く廃棄すべきです」と天皇に訴えます。すると天皇は、「君の思うとおりにしなさい」と尾輿に任せてしまいます。そこで、尾輿たちは稲目の寺を襲い、仏像を難波の堀江に棄て、寺に放火して焼き尽くしてしまいます。仏教伝来当初の混乱を欽明紀はこのように伝えています。

欽明天皇十六年（五五五）二月、百済の聖明王が賊によって殺されたといって、聖明王の子の餘昌が弟の恵を日本に派遣して助けを求めます。このとき稲目は、「国を守ってくれる神をきちんと祀らなければ国は安定しない。まずは神の霊を祀りなさい。そうすれば国は栄える」と諭します。もっともらしく聞こえますが、この発言は稲目自身が日本で仏教を導入している様子と矛盾しています。

欽明天皇三十一年（五七〇）三月、稲目が亡くなり、翌年（五七一）四月には欽明天皇が崩御します。

◉馬子

次の敏達天皇の時代に活躍するのは馬子です。馬子は敏達天皇元年（五七二）四月、天皇の即位のとき、父の稲目と同じ大臣に任命されます。

敏達天皇四年（五七五）二月、馬子は天皇から「（新羅が任那の再建に協力しないので）任那のことを怠ってはならない」と、きつく言い渡されます。

敏達天皇十三年（五八四）、馬子は二躯の仏像を入手します。これを契機に馬子は三人の尼を養成するとともに、仏舎利を得て仏殿を整備し、仏法を本格的に取り入れようとします。翌年には塔を建てて仏舎利を納めました。ところが、ここで馬子は病気になってしまいます。不思議に思った馬子は病気の原因を卜によって探ります。すると、「父の稲目が敬った仏を祀れ」と卜定があったので、ますます仏法に力を入れ、仏に病気の平癒と延命を祈ります。すると、父の稲目が仏像を祀ったときと同じように、国内に再び疫病が流行し始めたというのです。

敏達天皇十四年（五八五）三月、この状況を見て物部守屋らは猛反発し、「馬子が仏教を崇めているために以前と同じように疫病が国内に広まっている。一刻も早く止めさせるべき」と天皇に上奏します。天皇は守屋たちの意見を受け入れ、「仏法が原因なのは明らかだから、直ちに仏法を断て」と守屋たちに指示します。天皇の指示を得た守屋たちは寺や塔に火をつけ、仏像を焼くとともに、焼け残った仏像を難波の堀江に棄ててしまいます。また、三人の尼を捕らえて鞭打ちの刑に処し、徹底的に仏教を弾圧します。

ところが、天皇が任那の再建に向けて動き出そうとしたとき、天皇と守屋が疫病に罹ってしまいます。国中にも疫病を患う者が増え、「これは仏像を焼いたことの報いではないか」と人々は噂するのでした。

その六月、病気がいっこうに快癒に向かわなかった馬子は、「病気が癒えません。仏法の力を借りなければ快癒は難しい」と天皇に訴えます。天皇は馬子の訴えに対し、やむを得ず「馬子一人で仏法を敬い、他の者はやめておきなさい」と命じたのです。これによって三人の尼も復帰し、馬子は寺を再建できることになりました。その直後の八月、敏達天皇は病気が原因で崩御します。『日本書紀』の中で、馬子は崇仏派、守屋は排仏派として描かれていますが、この対立は稲目が仏教を推進し、尾輿が仏教導入に反対した双方の父の時代と同じ構図になっています。この仏教を軸とした蘇我氏と物部氏の対立は、敏達天皇が馬子に対して仏教を認めたことで一層激しくなります。

用明天皇元年（五八六）五月、三輪君逆（みわのきみさかう）という忠臣の件で馬子と守屋が対立します。

用明天皇二年（五八七）四月、天皇は病いを患っているため、群臣に対して「自分は（病気平癒のため）仏法に帰依しようと思うが、どう思うか」と打診します。排仏派の守屋たちは、「自国の神を捨てて、なぜ他国の神を敬おうとされるのか」といって大反対します。一方、崇仏派の馬子は、「天皇の御言葉のとおり仏法に帰依すべきです。誰が異議を唱えましょうか」と言って、天皇の意向を支持します。このような出来事があって、馬子と守屋の対立は頂点に達します。そんな矢先、天皇は病気が重くなって崩御します。

同年（五八七）七月、馬子は河内国の渋川にある守屋の邸宅を襲い、対立していた守屋を滅ぼします。この戦勝を契機に、馬子は飛鳥に法興寺を建立します。

その後、崇峻天皇が即位しますが、崇峻天皇が自分に対して不満を持っていると察知した馬子は、崇峻天皇五年（五九二）十月、東漢直駒（やまとのあやのあたひこま）に命じて崇峻天皇を殺害します。

崇峻天皇の暗殺によって国内が混乱することを怖れた馬子は、用明天皇の同母妹を擁立し、日本最初の女帝として推古天皇が即位します。

推古天皇二年（五九四）二月、推古天皇は仏法による国の安寧を目指す三宝興隆の詔を発します。

推古天皇二十八年（六二〇）、馬子は厩戸皇子とともに天皇記、国記、公民を編纂します。

推古天皇三十一年（六二三）、二年前に厩戸皇子が亡くなっており、天皇は馬子に新羅征討を打診し、新羅と交渉を行いながら、その背後で新羅征討の準備を進めます。ところが、新羅との交渉途中で、早まって軍兵を送ってしまい、新羅との関係が一層こじれる結果を招きます。

推古天皇三十四年（六二六）五月、馬子が薨（こう）じます。

◉蝦夷・入鹿

推古天皇三十六年（六二八）九月、推古天皇の崩御をきっかけに、山背大兄王と田村皇子との間で後継者争いが起きます。混乱の末、馬子の後継である蝦夷が田村皇子を強く推（お）し、舒明天皇が即位します。

舒明天皇九年（六三七）、朝廷に出ないなど、蝦夷の尊大な態度が目立ち始めます。

皇極天皇元年（六四二）七月、蝦夷は祈雨のため仏事を催しますが、雨はほとんど降りません。翌月、今度は皇極天皇が祈ると雷雨となって大きな成果が得られます。この対照的な結果は、蝦夷が天の神に認められていないことを暗示しています。また、蝦夷は勝手に祖廟を建て、天子にしか認められていない八佾の儛を行ったほか、上宮王家に属する民を自分と入鹿の墓の造成に当たらせるなど、横暴勝手な振る舞いが極端に目立つようになります。

皇極天皇二年（六四三）十月、蝦夷が、天皇の許しを得ないまま、大臣を表す紫冠を勝手に入鹿に与えます。翌十一月、入鹿が斑鳩宮に山背大兄王を襲い、上宮王家の一族を滅ぼします。

皇極天皇三年（六四四）十一月、蝦夷と入鹿は甘樫岡に家を並べて建てますが、謀反の準備ではないかと怪しまれます。

皇極天皇四年（六四五）六月、三韓の遣使による進朝のとき、大極殿で入鹿は中臣鎌足と中大兄皇子たちによって暗殺され、翌日には蝦夷も殺されてしまいます。

四代にわたって大臣という政権トップに君臨した蘇我本宗家は、右のような経過をたどって最終的に滅びてしまいます。その原因は時間の経過とともにエスカレートした蘇我本宗家の専横にあったと、『日本書紀』は伝えています。馬子が崇峻天皇を暗殺しただけでなく、蝦夷から入鹿へと権力が引き継がれるにしたがって専横がますます激しくなり、ついには中大兄皇子と中臣鎌足たちによって滅ぼされるという破滅の道を歩んだのです。

馬子は百済から伝えられた仏教を日本に広める過程で政敵の物部氏を滅ぼし、推古天皇の時代に蘇我本宗家としての絶頂期を迎えました。しかし、推古天皇の崩御以降、蝦夷の時代には上宮王家との確執が表面化するとともに、自らの専横によって孤立を深めていきました。

蘇我本宗家の繁栄と滅亡の様子は、平安時代末期の平家の浮沈と似ています。『日本書紀』に描かれた姿がそのまま史実とは思えませんが、激しい権力闘争によって主導権を獲得した蘇我本宗家が、自らの驕り(おご)によって反感を招き、滅亡に追い込まれていったというストーリーは、飛鳥時代の『平家物語』となっています。

なお、名門の上宮王家と豪族トップの蘇我本宗家がともに皇極朝で滅びていきましたが、上宮王家は新羅とのつながりが深い一方で、蘇我本宗家は百済とのつながりが強かったということも両者の確執の背景にあったのかもしれません。

5　四天王寺の経路

四天王寺に関する経路は短いものですが、きわめて重要な内容を含んでいます。

四天王寺が最初に登場するのは崇峻天皇即位前紀になります。用明天皇二年（五八七）七月、崇仏派とされる蘇我馬子大臣と排仏派とされる物部守屋大連との対立が深刻化し、馬子たちが河内の守屋邸を襲撃するという武力衝突に発展します。しかし、守屋側の防御は固く、戦況は予断を許さない厳しいものとなります。

このとき、馬子側の陣営の一人として参戦していた厩戸皇子（後の聖徳太子）は、このままでは危ないと感じ、その場で白膠木(ぬりで)の木片に四天王の像を彫り、「この戦いに勝たせてくれれば、必ず四天王のために寺塔を建てる」と誓います。そして、この誓いが功を奏して馬子は守屋を滅ぼし、勝利することができたというのです。後に、この誓いを守って厩戸皇子は摂津国に四天王寺を建立したと記されています。

次に四天王寺が登場するのは、推古天皇元年（五九三）になります。推古紀には、「是歳、始めて（初めて）四天王寺を難波の荒陵に造る」と記されています。

三度目に四天王寺が登場するのは、推古天皇三十一年（六二三）七月になります。このとき、新羅と任那（当時の任那は新羅の支配下にあった）から仏像一躯のほか、舎利や金塔などが贈られ、仏像は秦河勝と縁が深い葛野の秦寺に納められ、残りの舎利・金塔・観頂幡などはすべて四天王寺に納められたと記されています。

『日本書紀』では、推古天皇二十九年（六二一）二月五日に厩戸皇子が薨去したとされていますが、実際は推古天皇三十年（六二二）二月二十二日ですから、厩戸皇子の薨去の一年後に新羅と任那から仏像などが贈られたことになります。つまり、この仏像などは、厩戸皇子の供養のために新羅と任那が贈ってきたのです。

最後に四天王寺が登場するのは、孝徳紀の大化四年（六四八）二月八日になります。左大臣の阿倍倉梯麻呂が仏教の修行者たちを四天王寺に集め、四天王の像を塔の内部に安置し供養したと伝えています。二月八日という日付から推測すれば、これは厩戸皇子のための法要であった可能性があります。

右のように四天王寺に関する記事は四回しかなく、経路としては短いものです。しかし、それらを並べてみますと見逃すことのできない重要な点が浮かんできます。もちろん、四天王寺は厩戸皇子の発願になる寺とされている点はきわめて重要ですが、そのほかに新羅から贈られた仏像、舎利や金塔などが秦河勝の秦寺と四天王寺の二箇所に分けて納められたという記述は、重要なことを暗示しています。つまり、四天王寺は河勝や秦寺と同様に、新羅との関係が深いことを示しているのです。

実は、秦河勝という人物は推古天皇十八年（六一〇）十月に新羅からの遣使の導者（みちびきひと）（導者とは賓客の接遇係のような役目と推測）となった人物で、そのような導者に任命された河勝はもともと新羅との関係が深い人物だったと考えられます。また、河勝は推古天皇十一年（六〇三）十一月一日、厩戸皇子が尊い仏像を入手したとき、多くの群臣の中から選ばれてその仏像を委ねられており、厩戸皇子と秦河勝との信頼関係はきわめて厚いものがあったと見られます。事実、河勝は厩戸皇子の有力な後援者であったことは間違いないのです。

つまり、四天王寺に関する記述の経路は、四天王寺は新羅とのつながりが深いということ、また四天王寺は厩戸皇子の発願になる寺という点から、厩戸皇子も新羅と深いつながりがあると教えているのです。

6　法興寺の経路

法興寺は、推古天皇の時代に馬子によって蘇我氏の拠点である飛鳥の地に創建され、もとは地名によって飛鳥寺と呼ばれていました。その後、法興寺は遷都に伴って平城京に移転し、元興寺と呼ばれることになります。創建当初、法興寺は蘇我氏の氏寺だったのですが、天武天皇の時代に官寺に位置付けられ、平城京に遷都した後は日本仏教の創始の象徴として元興寺と呼ばれるようになります。このような経過をたどる法興寺は、仏教伝来から天智紀までの百二十年の間に、何度も『日本書紀』に登場します。

法興寺の最初の登場は、四天王寺と同様に崇峻天皇即位前紀（五八七）七月になります。蘇我馬子が河内の物部守屋を襲撃しますが、戦況が思わしくありません。このとき、厩戸皇子は四天王に誓いを立てて戦況の好転を祈りますが、馬子も仏教興隆のために寺塔を建てることを誓って戦勝を祈願します。この誓いが功を奏して馬子は守屋に勝利したのですが、その直後に、「蘇我大臣、飛鳥の地に法興寺を起つ」と記されています。ただ、これは法興寺が完成したということではなく、法興寺の建立に着手したという意味と理解されます。

崇峻天皇元年（五八八）には百済から寺工などが渡来し、「飛鳥の真神原」に法興寺を建立したと記されています。崇峻天皇五年（五九二）十月には、「大法興寺の仏堂と歩廊とを起つ」とあり、建築工事が進んでいた様子が記されています。

推古天皇元年（五九三）正月には、法興寺の塔の心柱基礎に仏舎利を納め、推古天皇四年（五九六）十一月に完成して二人の僧が住むようになったと記されています。また、推古天皇十四年（六〇六）四月、丈六の仏像を元興寺の金堂に納めたとあります（本来、元興寺は平城京移転以後の寺号)。

皇極天皇三年（六四四）正月、法興寺はその槻樹下での蹴鞠の最中に、中臣鎌足が中大兄皇子に接近した場所として登場します。同じ年の六月には蘇我入鹿が一つの茎に二つの花が咲いた様子を金泥で描き、大法興寺の仏像に供えたと記されています。

最後に、天智天皇十年（六七一）十月、天智天皇が袈裟・象牙・香などを法興寺の仏に奉納したという記述があります。

このように、日本最初の本格的な仏教寺院は、政権トップの蘇我氏が政治の中心である飛鳥に建立したことにより、さまざまな事件との関連で何度も『日本書紀』に登場します。

ところで、法興寺の寺号は、崇峻天皇即位前紀から天智紀にかけて法興寺や大法興寺、元興寺と表記されながら、その後の天武紀と持統紀では地名による飛鳥寺に戻っています。本来であれば、まず地名にもとづく飛鳥寺、次に法号の法興寺、さらに平城京移転後に元興寺と記すべきですが、法興寺に関する寺号が崇峻天皇即位前紀から持統紀までの間で大混乱しています。この寺号の混乱は不可解といわざるを得ません。

7　斑鳩寺（法隆寺）の経路

斑鳩寺が『日本書紀』に登場するのはわずかで、経路を形成するほどの連なりはありません。斑鳩寺が最初に登場するのは、推古天皇十四年（六〇六）七月です。厩戸皇子が勝鬘経を講じ、さらに法華経を岡本宮で講じたことへの褒美として、推古天皇から播磨国の水田百町が厩戸皇子に与えられ、厩戸皇子はその水田をそのまま斑鳩寺に納めます。

この記述によって、推古天皇十四年（六〇六）には斑鳩寺が存在していたことが分かります。推古天皇が三宝興隆の詔を発したのは推古天皇二年（五九四）二月であり、その三宝興隆の詔に続いて「諸臣連等（もろもろのおみむらじたち）が競って仏舎を造る」と記されていますので、三宝興隆の詔から十二年ほどになる推古天皇十四年（六〇六）までに、斑鳩寺は概成していたと考えられます。また、厩戸皇子が斑鳩寺に播磨国の水田を納めたという記述から、斑鳩寺は厩戸皇子と密接な関係にあることも確認できます。

次に斑鳩寺が登場するのは、皇極天皇二年（六四三）十一月になります。厩戸皇子の子の山背大兄王とその一族が、蘇我入鹿の命令を受けた巨勢徳太（こせのとこだ）たちに襲撃され、逃げ込んだ場所として斑鳩寺が登場します。その直後、上宮王家一族がここで自経し、斑鳩寺は惨劇の舞台となってしまいます。

天智天皇八年（六六九）是冬（このふゆ）の条では、「斑鳩寺で火災があった」と記されています。また、その半年ほど後の天智天皇九年（六七〇）四月三十日夜半過ぎ、「法隆寺が全焼して一屋も余すことなし」という、件（くだん）の大火災記事が記されています。

不思議なことに、天智紀に載るこの二つの火災記事が、同じ火災なのか別の火災なのかはっきりしません。また、二つの火災記事は互いに近接しているにもかかわらず、一方は地名にもとづく斑鳩寺、他方は法号の法隆寺という寺号が用いられています。天智天皇八年の火災がどの程度のものだったのか、なぜ寺号が混在するのか気になるところですが、『日本書紀』は何も語らないまま斑鳩寺に関する記述を終えます。

以上が仏教伝来から百二十年における、斑鳩寺に関する記述になります。斑鳩寺（法隆寺）に関する記述はわずかで、日本で最初に造られたとされる法興寺（飛鳥寺）や、厩戸皇子の発願によって建立されたとされる四天王寺と比べても少ないものとなっています。

8　寺号の経路

仏教伝来の初期に建立され、当時の日本を代表する法興寺、法隆寺、四天王寺の三つがここに並びましたが、これらの寺号の経路を比較すると、『日本書紀』を編纂した当時の意外な様子が浮かんできます。順に確認していきましょう。

何度も繰り返すようですが、寺号には地名にもとづくものと仏教の教理にもとづく法号と大きく二種があります。ただ、仏教が日本に伝来した当初は、仏教の教理が理解されていないこともあり、寺号には地名が用いられたようです。このため、初期の頃、これらの寺はそれぞれ飛鳥寺、斑鳩寺、荒陵寺（あらはかでら）と呼ばれていたはずであり、法号が登場するのは、どんなに早くても天武天皇八年（六七九）四月の「諸寺の名を定む」という頃、あるいは和銅六年（七一三）の元明天皇の詔によって「諸国の郡郷名に好ましい字を用いよ」という好字令が発せられた頃、という見方があります。

しかし、これらの寺に法興寺、法隆寺、四天王寺という法号が用いられるのはもっと後のことで、実際には『日本書紀』編纂の頃と推察します。その理由は次のとおりです。

法隆寺は、『日本書紀』で右のように推古天皇十四年（六〇六）七月、皇極天皇二年（六四三）十一月と天智天皇八年（六六九）是冬の条ですべて斑鳩寺と表記され、天智天皇九年（六七〇）四月の条においてのみ、突然、法隆寺の法号で登場します。

一方、法興寺は崇峻天皇即位前紀の段階から法興寺という法号で登場しますが、推古天皇十四年（六〇六）四月の条で、法興寺でも地名の飛鳥寺でもない元興寺となっています。元興寺という寺号は、八世紀の平城京遷都を契機に寺が平城京に移転された後に命名されたものであり、七世紀初頭の時点で元興寺という寺号を記載した『日本書紀』は明らかに間違いです。

創建当初、法興寺、法隆寺は地名にもとづき、それぞれ飛鳥寺、斑鳩寺と呼ばれ、編纂中の『日本書紀』の原稿においても、それぞれ飛鳥寺、斑鳩寺と記されていたと推察します。そのことは、崇峻天皇即位前紀から天智紀まで法興寺と記されていたものが、次の天武紀と持統紀では飛鳥寺という地名による寺号で何度も登場していることから分かります。また、法隆寺については皇極紀と天智紀において地名による斑鳩寺と表記されており、天智紀の天智天皇九年（六七〇）四月三十日の法隆寺大火災の記事においてのみ、法隆寺という法号で表記されていることから推測できます。

では、なぜこのような寺号の混乱が生じているのでしょうか。

この寺号の混乱の裏には、『日本書紀』の編纂過程を解明する貴重な手掛かりが隠されています。実は、四天王寺を除き、法興寺と法隆寺は、『日本書紀』編纂の終盤までそれぞれ地名による飛鳥寺、斑鳩寺の寺号が原稿に記載されていました。ところが、編纂終盤になって寺号を地名から法号へと変更しなければならない事態が生じたのです。

ただ、この方針変更があまりにも唐突だったため、寺号の修正作業は混乱し、修正結果も十分に確認されないまま、法隆寺は追記された一カ所を除いて斑鳩寺がそのまま残り、法興寺には古い飛鳥寺とともに、大法興寺のほか、元興寺という奈良時代の寺号まで混ざり込んでしまったのです。

おそらく、地名による飛鳥寺の寺号が記載されていた天武紀と持統紀を確認して訂正する余裕もないまま、急いで崇峻天皇即位前紀から天智紀までの記述を修正したのです。それでも推古紀に元興寺という大きな間違いが残ったのですから、『日本書紀』編纂の最終段階では想像を超える混乱に陥っていたことが窺えます。

では、なぜ飛鳥寺と斑鳩寺の寺号を急きょ法号に変更しなければならなかったのでしょうか。

その原因は四天王寺にありました。四天王寺は、『日本書紀』では一貫して四天王寺と表記されています。その点、四天王寺は編纂段階で十分に確認が行われたように見えます。しかし、事実は全く違います。

元来、四天王寺は地名にもとづき、荒陵寺（あらはかでら）と呼ばれる寺でした。おそらく編纂の終盤まで、『日本書紀』の原稿には荒陵寺の寺号も四天王寺という法号も記載されていなかったのです。ところが、編纂作業の終盤まで一切記載のなかった四天王寺の寺号が、突然『日本書紀』に追記されることになったのです。その原因は、道慈の登場と、道慈がもたらした『金光明最勝王経』にありました。

そもそも、四天王寺という法号は仏教を守護する四神の四天王に由来しますが、その四天王は『日本書紀』に大きな影響を与えた『金光明最勝王経』の中心的な神々です。また、『金光明最勝王経』は養老二年（七一八）十二月に道慈によって日本に将来されましたが、『日本書紀』編纂の終盤で『金光明最勝王経』の中心的な神々である四天王を組み込みたいと道慈が強く主張し、厩戸皇子に四天王の像を刻ませるとともに、四天王寺創建の由来を『日本書紀』に掲げることにしたのです。

つまり、それまで荒陵寺という寺号も四天王寺という法号も記載されていなかった『日本書紀』の原稿に、最初から四天王寺という法号で記載されたため、四天王寺だけは地名による荒陵寺との混乱が生じなかったのです。

ところが、四天王寺という法号を原稿に記載したところで問題が発生しました。『日本書紀』に四天王寺という法号を書き加えてみたところ、地名で載っていた他の寺とのバランスが悪いことに気付いたのです。そうかといって、四天王を前面に押し出すために書き加えた「四天王寺」を、地名による「荒陵寺」に戻すことは容認できません。そこで、道慈は四天王寺とほぼ同じ時代に建立された飛鳥寺と斑鳩寺の寺号を急きょ法号に変更することにしたのです。

しかし、ここで再び難問に直面しました。それは、飛鳥寺も斑鳩寺も法号を持っていなかったのです。そこで、道慈は急いで二寺に対して法号を与えるべく検討します。その結果、それぞれ法興寺と法隆寺という法号に落ち着いたと考えられます。

実は、法興寺と法隆寺という寺号は吟味のうえで、二つ同時に決定された法号であるだけに、その寺号は『日本書紀』の秘密を解く重要な鍵となっています。

まず、飛鳥寺の法号の法興寺についてみれば、分解すると仏法を興すという意味になり、仏教伝来初期の中心的な寺にふさわしい寺号ということができます。飛鳥寺は蘇我馬子によって蘇我氏の氏寺として創建され、天武天皇の時代に官寺に位置付けられましたが、寺号を法興寺に変更することで飛鳥を拠点とした蘇我氏の色合いが薄められると同時に、当初から官寺として建立されたような印象を与えることができます。

次に、斑鳩寺に法隆寺という法号を与えたのですが、法隆寺の法号は法興寺と並べると、二つで重要な意味を示していることが分かります。法興寺と法隆寺は興と隆の一字の違いでしかなく、双方よく似ていますが、興と隆は推古天皇が発した三宝興隆の詔に一致しているのです。

つまり、法興寺と法隆寺という二つの寺号は、日本が仏教を積極的に普及させることを宣言した三宝興隆の詔を踏まえて命名されたものであり、四天王寺と同時期、すなわち『日本書紀』編纂の最終段階で命名されたと見ることができるのです。

◉法隆寺の初見

法隆寺という寺号が時代的にいつ頃から使われるようになったのかを調べてみると、面白い事情が見えてきます。

法隆寺という寺号が登場する最も早い史料は、『日本書紀』天智天皇九年（六七〇）四月三十日の法隆寺大火災記事です。『日本書紀』の中で法隆寺は、この直前まで斑鳩寺と記載されていましたが、ここで初めて法隆寺という法号で登場します。

ただし、勘違いしてはいけません。『日本書紀』天智天皇九年（六七〇）四月三十日の記事に法隆寺という法号の記載はありますが、その記載をもって天智天皇九年（六七〇）四月の段階で法隆寺という寺号が存在したと考えることは誤りです。天智紀の法隆寺という表記は、養老四年（七二〇）五月の『日本書紀』完成の時期までに、法隆寺という法号があったと示しているにすぎないのです。

また、『続日本紀』の霊亀元年（七一五）六月の条に「弘福法隆二寺に設斎」という記述があり、そこに法隆寺が登場しています。しかし、これも右と同様に、この記述をもって霊亀元年（七一五）六月の段階で法隆寺という寺号が存在したという証拠にはなりません。やはり、『続日本紀』の編纂時期との関係を考慮する必要があります。

このほかには、天平十九年（七四七）二月十一日付の『法隆寺伽藍縁起并流記資財帳』があります。この史料は『日本書紀』の完成より後のものですので、法隆寺の寺号の起源とはなりません。

ただ、この頃までには法隆寺という法号が定着していたことが推測できます。

一方、斑鳩寺という呼び方は、持統天皇八年（六九四）の「観音菩薩造像記」（『寧楽遺文』下巻）に鵤寺という表記があり、『日本書紀』でも天智天皇九年（六七〇）四月三十日の記述以外はすべて斑鳩寺と表記されています。また、あまり参考にならないかもしれませんが、奈良時代半ばに編纂された『藤氏家伝』の鎌足伝（皇極二年条）にも斑鳩之寺として登場しています。

結局、法隆寺の寺号を記載する最も古い史料は、これまでのところ『日本書紀』の天智紀となり、斑鳩寺が法隆寺という法号で呼ばれるようになった時期は、『日本書紀』が完成した養老四年（七二〇）五月から大きくさかのぼらないと考えられるのです。

つまり、法興寺と法隆寺が推古紀の三宝興隆の詔を踏まえた寺号であり、これら二つの寺号は、『日本書紀』の編纂の終盤に二つ揃って命名されたと考えられるのです。

◉寺号の混乱

次に、『日本書紀』に記載された法隆寺の寺号が斑鳩寺と表記され、法興寺の寺号が飛鳥寺や元興寺と表記されるなど、大きな混乱がありました。この点について確認します。

『日本書紀』には字句のケアレスミスが稀にありますが、法興寺や法隆寺に関する寺号の混乱レベルは正史として尋常でないものがあります。『日本書紀』の執筆・編纂には漢文に長けた優秀な官人が選ばれているはずであり、また何年もかけて慎重に編纂が進められたはずですから、本来ケアレスミスがいくつも残ることはあり得ません。それにもかかわらず、寺号には大きなミスがいくつも発生しています。この様子を見れば、『日本書紀』執筆・編纂の最終段階において、大慌てで修正作業を行ったことが想像されます。いったい何があったのでしょうか。

第一の原因は、編纂作業の終盤で大きな修正を行う必要が生じたことです。時間をかけて進めてきた『日本書紀』の編纂作業でしたが、道慈が将来した『金光明最勝王経』などの内容を急きょ取り込むことになり、土壇場で大幅な修正を行うことになったのです。

第二の原因は、その修正作業の最中に、『日本書紀』の完成を急がなければならない新たな事情が発生したことです。実は、『日本書紀』の編纂を背後から支えていた藤原不比等が、『日本書紀』の完成から三カ月後の養老四年（七二〇）八月に亡くなっています。想像をめぐらせば、『日本書紀』の執筆・編纂の作業が行われていた養老四年の初め頃、不比等が重篤な病気に罹(かか)っていることが分かり、不比等の存命中に『日本書紀』を完成させ、そのことを不比等に報告したいという強い思いが生まれたのです。そのため、編纂作業の進捗状況にお構いなく、『日本書紀』の完成を急いだのです。おそらく、そのことを主張したのは元明太上天皇だったのでしょう。

当時、唐から戻ったばかりの道慈が編纂作業に加わったことで、『日本書紀』の完成までには相当な期間を必要としていました。しかし、不比等の存命中に完成報告をしたいという強い思いから、急きょ完成時期を早めることになったのです。編纂の最終段階では、完成を急ぐあまり修正部分も十分に確認できないドタバタ作業になり、その結果チェック不足が生じ、飛鳥寺、法興寺と元興寺、斑鳩寺と法隆寺の混在など、寺号やその他の用語の不統一が残ってしまったのです。

右のような事情があったと考えれば、寺号の変更手順を次のように描くことができます。

まず、ほぼ完成していた『日本書紀』の原稿に対して、道慈の指示により、『金光明最勝王経』を踏まえて四天王寺に関する記事を追記します。ところが、四天王寺に関する記事を原稿に追記してみると、既に原稿に記載されていた飛鳥寺や斑鳩寺という地名による寺号との間で平仄が合わないことが気になります。そこで、四天王寺という法号と平仄を合わせるため、飛鳥寺、斑鳩寺の寺号を法号に変更することにします。このとき、三宝興隆の詔にある興隆という言葉を上手に組み込むことができれば、『日本書紀』の記述が一気に引き締まります。そこで、それぞれ法興寺、法隆寺という法号に変更することで、四天王寺とのバランスを図ることにしたのです。

つまり、その変更の時期は『日本書紀』編纂の最終段階ということになります。ただ、この変更は最終原稿の提出間際であったため、飛鳥寺、大法興寺、元興寺という寺号の混乱が生じたうえ、斑鳩寺については天智紀に法隆寺大火災を単純に追記したことで、斑鳩寺と法隆寺が混在することになったのです。加えて、修正結果を確認している余裕もなかったのです。おそらく、道慈の気迫に気後れした官人たちは、遠巻きに道慈の作業を見守るばかりで、修正作業のほとんどは道慈一人で進めるしかなかったものと推察します。

第二節　経路の狙い

1　経路の暗示

前節で、『日本書紀』に織り込まれた八つの経路を追跡しましたが、念のため注意点をお伝えしておきます。『日本書紀』の中には無数の経路が存在し得るわけですが、その無数の経路の中から有意なものだけを抽出してここに紹介しています。当然、紹介した経路は筆者によって選ばれた段階で既に期待される成果が決まっています。つまり、多くの経路の中から本書の筋書きに合致する経路をここに掲げているわけです。

ただし、このような事情を明らかにすることには理由(わけ)があります。それは、ここに紹介した経路は全体の一部ですが、前段階の作業でいくつもの経路を調べ、ここに紹介しない経路も本書が展開する筋書きと矛盾しない、あるいは意味を持たないことを確認しているからです。

さて、ここに紹介した経路によって暗示されるものは何でしょうか。

まず、任那の経路では、神功皇后の時代からの権益、新羅が悪者、百済は味方、任那の再興、任那回復という日本の宿願、果たせない再興ということが強く印象に残ります。

次の異常気象の経路では、仏法の興廃や権力者の専横と異常気象とが密接に関連していること、新羅からの使者との関係で「雲無くして雨ふる」という最も強烈な表現が用いられていること、さらに政治的大事件の予兆として異常気象が頻繁に現れていることが確認できました。そして、これらは『金光明最勝王経』の警告と一致するものでした。

上宮王家の経路では、仏法興隆に尽力した推古天皇の時代に厩戸皇子（聖徳太子）が聖人のように活躍し、推古天皇崩御の後は厩戸皇子の子の山背大兄王の一族が正義に殉じ、新羅と縁のある上宮王家が短命のうちに滅びました。

蘇我本宗家の経路では、四代にわたって蘇我氏が政権中枢に君臨してきましたが、仏法の興隆に尽力した馬子の時代に絶頂期を迎え、その後は次第に専横が激しくなり、破滅の道へ向かったことが示されていました。百済との関係が深かった蘇我本宗家は、まるで上宮王家を追うかのように、その二年後に滅びていきました。

寺号の経路では、四天王寺の経路によって上宮王家が新羅と関係の深いことが分かりました。このほか、四天王寺、法興寺、法隆寺の寺号の経路からは、『日本書紀』編纂過程を伝える興味深い事情が浮かんできました。

これら八つの経路を大局的に眺めれば、日本は百済とは友好な関係にあったものの、新羅とは任那を対立軸にして次第に敵対する関係になっていったことが浮かんできます。また、新羅との関係が深かった上宮王家と、百済との関係が深かった蘇我本宗家は、推古天皇崩御の後の皇位継承問題で対立し、反目が激しくなる中でともに滅亡していきました。上宮王家、蘇我本宗家の双方が相次いで滅亡したことは、日本と新羅・百済という朝鮮半島の国々との関係が希薄になっていったことを暗示しています。

そして、経路分析で特に目を引くのが日本と新羅との関係です。神功皇后の時代から新羅は日本にとって油断ならない相手でしたが、日本が維持していた任那の権益を新羅が奪ったことを強烈な対立軸とし、日本は一貫して新羅を嫌っているように描かれています。つまり、『日本書紀』は新羅こそ古来日本の宿敵であると執拗に強調しているのです。さらに、そこに仏教伝来に伴う国内の混乱、具体的には豪族間の対立、天皇の暗殺、皇位争い、新羅・百済と縁の深い名門二家の対立と滅亡などが重なっていくのです。

経路の分析によって判明した伏流水のような流れによって、『日本書紀』は何を訴えようとしているのでしょうか。

2　新羅政策と厩戸皇子の薨去

厩戸皇子の薨去が、推古紀では推古天皇二十九年（六二一）二月五日とされ、実際の薨去日より一年余り繰り上げられていました。その事情は経路分析によって明らかになったと思いますが、厩戸皇子の薨去日の繰り上げは、推古朝の新羅政策と密接に関連していたのです。

右に見てきたように、『日本書紀』は任那を対立軸の中心に据え、百済を友好国としつつ、新羅を日本の宿敵と位置付けています。一方、その新羅と厩戸皇子が秦河勝や四天王寺を介して深くつながっていることは、推古紀の記述から推察することができました。

しかし、聖人であるはずの厩戸皇子と悪の枢軸である新羅とが密接につながっていることを堂々と記述すれば、善と悪とが手を結んでいる構図になり、『日本書紀』は自己矛盾に陥ってしまいます。当然、ありのままに記述することは許されません。そこで、『日本書紀』は大胆な脚色を行います。事実として厩戸皇子と新羅とが強くつながっていても、『日本書紀』の記述のうえでは厩戸皇子と新羅との間に特別な関係がないように偽装するのです。こうすれば、『日本書紀』の記述のうえで、新羅シンパの厩戸皇子も悪の枢軸とされる新羅との共存が可能になります。

では、厩戸皇子と新羅とのつながりを隠蔽するために、厩戸皇子の薨去日が一年余り繰り上げられたということでしょうか。

そのとおりです。そのことは厩戸皇子が亡くなった直後の新羅政策の変化を見れば明確になります。

推古紀において、厩戸皇子は実際より一年余り繰り上げられた推古天皇二十九年（六二一）二月五日に亡くなったとされていますが、その二年後に日本の新羅政策は大きく転換されます。それまでの対新羅政策は交渉を中心とした平和外交でしたが、厩戸皇子の薨去から二年が経過したところで、武力行使へと正反対に転換されたのです。

もし、ここで厩戸皇子の薨去を推古天皇三十年（六二二）二月二十二日と、ありのままに記載すれば、厩戸皇子の薨去から一年で新羅への外交方針が大転換されたことになり、この方針転換がまるで厩戸皇子の薨去を待って行われたように映り、厩戸皇子は新羅シンパであると知られてしまう危険があります。また、厩戸皇子の薨去から一年で外交方針が変わったとすれば、新羅への武力行使を厩戸皇子が事前に阻止できなかったのかと疑問視される危険もあります。なにしろ、武力行使への転換は大失敗に終わりましたので、未来を予知できるはずの厩戸皇子が一年後の新羅に対する政策転換を黙認したように見えることは絶対に避ける必要があったのです。

そこで、厩戸皇子の薨去を実際よりも一年余り繰り上げ、厩戸皇子の薨去から新羅への武力行使までの期間を二年ほど確保し、厩戸皇子の薨去と新羅政策の転換とを切り離すことで、聖人としての厩戸皇子の立場を守ったのです。そこには、新羅を日本の宿敵として描く一方で、新羅シンパの厩戸皇子を聖人として描かなければならない『日本書紀』の複雑な事情があったのです。

なお、厩戸皇子が実際に亡くなった日から一年余り後の推古天皇三十一年（六二三）七月、新羅から仏像などが贈られます。これは厩戸皇子の追悼のために新羅が日本に贈ってきたと考えられますが、厩戸皇子の薨去を一年ほど繰り上げたことで、その事情も見えにくくなっています。

ところで、厩戸皇子の薨去日を一年余り繰り上げた場合、記事の前後関係に矛盾が生じる危険があり、推古紀の記述のうえで煩雑な作業が生じたのではないかと懸念されるところですが、推古紀には推古天皇三十年（六二二）の記事が一切ありません。つまり、推古天皇二十九年（六二一）の記事の直後に推古天皇三十一年（六二三）の記事が続いており、推古天皇の治世を表す「三十年」という冒頭の年次を「二十九年」と書き換えるだけで、厩戸皇子の薨去日を簡単に一年繰り上げることができます。おそらく、推古紀の執筆者・編纂者たちはこのような方法で厩戸皇子の薨去日を一年繰り上げたのでしょう。

3　経路から浮かぶ『日本書紀』の狙い

ここまでの経路分析によって『日本書紀』の狙いが浮かび上がってきたと思いますが、念のため、ここで経路分析によって判明した主な内容を整理してみます。

①　任那の権益を奪った新羅は日本にとって重大な裏切り者である
②　歴代の天皇にとって任那の権益回復は悲願となっていた
③　異常気象が新羅の使者の日本滞在中に頻発し、新羅は日本にとって長年の宿敵である
④　百済は日本にとって友好国であり、百済は任那回復に向けて努力してくれた
⑤　仏教伝来以降、異常気象が頻発するとともに、政権内部での対立・抗争が激しくなった
⑥　末法の時代に仏教が伝来したことで日本国内は大混乱が続いた
⑦　一方、仏法興隆に努めた推古天皇の時代は穏やかで、聖人（厩戸皇子）まで現れた
⑧　法興寺は蘇我本宗家を介して百済系であり、法隆寺は上宮王家を介して新羅系である
⑨　仏法興隆の象徴であった法隆寺が天智天皇九年（六七〇）四月、大火で灰燼（かいじん）に帰した

仏教伝来から天智朝の終わりまでの百二十年間、その記述の要点を整理してみると、おおよそ右のようになります。この流れの中で、『日本書紀』は何を訴えようとしているのでしょうか。正史としての『日本書紀』の隠れた目的とは何なのでしょうか。

第四章　必然の大火

第一節　秘密の扉

1　パリは燃えているか

昭和四十年代、第二次世界大戦中の実話をもとにした、『パリは燃えているか』というタイトルの洋画が公開されました。

第一次世界大戦で敗北したドイツは、戦争賠償の負担で塗炭（とたん）の苦しみに喘（あえ）いでいました。そのドイツ国民の不満がナチス・ドイツの台頭に大きなエネルギーを与えます。次第に勢いを増したナチス・ドイツは、再び戦争に突き進むことで起死回生の活路を見出（みいだ）そうとします。その危険な挑戦が世界を第二次世界大戦へと導いたのです。開戦後の早い段階ではナチス・ドイツの勢いが勝り、あっという間にヨーロッパの大部分を制圧してしまいます。ところが一九四四年六月、連合国軍によるノルマンディー上陸作戦が成功したことで、戦況は劇的に変化します。

ノルマンディーから上陸した連合国軍は次第に南下し、ナチス・ドイツが占領していたフランス各地を順次解放していきます。この状況を見たヒトラーは、パリ占領管区の司令官コルティッツ将軍に対し、「連合国側にパリを明け渡すことになった場合、パリの街を完全に破壊しろ」と命じます。

命令を受けたコルティッツ将軍は、ナチス・ドイツの敗色が濃い中で、パリを破壊することの無意味さ、罪の重さを思い、命令に従って主要な建造物に爆弾を仕掛けはするものの、最終的に破壊命令を出すことはしませんでした。コルティッツ将軍は押し寄せてくる連合国側に上手に降伏し、パリの街を破壊から救ったのです。

一方、ドイツ軍の撤退に伴って、パリの街はコルティッツ将軍によって完全に破壊されたと信じるヒトラーは、ベルリンからコルティッツ将軍に電話で確認します。しかし、このときコルティッツ将軍は既に連合国側に降伏しており、人気（ひとけ）のないパリのドイツ軍本部に捨て置かれた電話機の外れた受話器から、「パリは燃えているか。パリは燃えているか」と、ヒトラーの声がむなしく叫び続けるのでした。

今日、多くの歴史的建造物が並ぶパリの街をのんびり眺めることができるのは、このときのコルティッツ将軍の英断のお蔭と思わずにはいられません。ヒトラーの命令によって焼け落ちていたはずのパリの街が、無傷で連合国側に明け渡されたことは奇跡でした。

ヒトラーは連合国軍が迫る中で、パリの街を徹底的に破壊すれば連合国側の進軍を遅らせることができ、その間にドイツ側の態勢を整えて再攻撃するという計算があったのかもしれません。しかし、連合国軍がノルマンディー上陸作戦に成功した時点で、既にナチス・ドイツの敗色は鮮明になっていたのです。客観的に見れば、ヒトラーは破れかぶれでパリの街を破壊しようとしていたとしか思えません。

2　目的としての法隆寺大火災

天智紀によれば、法隆寺は天智天皇九年（六七〇）四月三十日の夜半過ぎ、一屋も余すことなく燃え尽きたとされています。第二次世界大戦中のパリの街が、完全に破壊しろとヒトラーから命令されながらも無傷で残ったように、このときの法隆寺も無傷だったという奇跡はないのでしょうか。

本書は、ここまで天智紀の法隆寺大火災の記述をさまざまな角度から検討してきました。その中で、天智天皇九年（六七〇）四月三十日に法隆寺で大火災があったとする史料は『日本書紀』のみであり、平安時代にはこの記事に対して疑義が提起されていたことを紹介しました。

ところが、昭和十四年（一九三九）の発掘調査において、法隆寺の南東側の平地で若草伽藍の遺構が確認されました。発掘された瓦の欠片（かけら）の状態から、若草伽藍が火災を受けていることは間違いないと判断され、法隆寺（若草伽藍）は火災に遭っており、現在の法隆寺は若草伽藍の火災の後に再建されたものであると結論されました。併せて、法隆寺の大火災を伝える天智紀の記事も正しいものと理解されることになったのでした。

一方、若草伽藍の発見から一年余り後の昭和十六年（一九四一）一月から昭和二十七年

（一九五二）五月にかけて、法隆寺では昭和大修理の一環として五重塔の解体・修理が行われました。昭和大修理では建物を単に修理するだけでなく、建物を解体する過程で詳しく状態を観察し、さまざまな知見を得ることも大きな目的になっていました。そして、この五重塔の修理の過程で、法隆寺再建に関する重要な発見が相次いだのです。

法隆寺の五重塔は心柱や側柱などが建てられた後、壁や天井などの造作が施工されるまでに、「少なくとも数十年」に及ぶ工事の中断期間があったことが判明したのです。また、その中断の後、五重塔の工事に再着手するに当たって、心柱の地中部に深刻な腐朽が発見され、その腐朽部の補修を行ったうえで工事が再開されていることも判明したのです。

法隆寺五重塔の初層の塑像や中門の金剛力士像は、和銅四年（七一一）に完成していることが『伽藍縁起』に記されていますので、仮に天智天皇九年（六七〇）四月三十日の夜半に法隆寺が完全に焼失したとすれば、焼失から四十一年で法隆寺の再建が完了したことになります。つまり、その四十一年の再建期間中に、「少なくとも数十年」の工事中断期間を確保しながら、再建工事を完成させなければならないことが明らかとなったのです。

一方、現在の法隆寺（西院）は、若草伽藍の北西二百メートルほどの位置に再建されたものであり、その敷地は北西方向から延びる小高い尾根裾を削り、その削った土砂で谷を埋めながら敷地を平らに仕上げています。今日であれば重機を使うことで造成工事を短期間で済ませることもできますが、飛鳥時代にはほとんど人力によって山裾を削り、土砂を谷に移動させ、地盤を固めていく必要があります。これらの工事には相当な人工と期間を要したと推察され、この敷地の選定や造成だけでも十年近い歳月を費やした可能性があります。敷地の造成と「少なくとも数十年」に及ぶ工事の中断期間を確保しながら、工事の全体を四十一年の期間に収めることができるのか疑問です。

また、年輪年代法による分析では、金堂や五重塔の木材は天智天皇九年（六七〇）四月三十日の法隆寺大火災よりも前に伐採された木材ばかりであり、例外として五重塔の第二層北西の隅行雲肘木に西暦六七三年と見られるものが一つあるだけです。年輪年代法の対象にできる木材は樹皮や樹皮に近い層を残した木材であり、測定対象にできた木材は全体のごく一部でしかありません。しかし、測定対象になった木材は多くないものの、これらは全体からのサンプリングと見ることができ、樹皮や樹皮に近い層が残されていなかったために測定対象にならなかった木材も、測定できた木材と同様に、ほとんど天智天皇九年（六七〇）以前に伐採された木材と推定されます。

さらに、五重塔の心柱の伐採年次が推古天皇二年（五九四）と測定され、推古天皇が三宝興隆の詔を発した年次に一致することから、創建時の斑鳩寺の心柱が法隆寺の再建に当たって転用された可能性も感じられます。もし、この見方が正しいとすれば、「一屋も余すことなく燃えた」とする天智紀の記述と完全に矛盾することになります。

これら昭和大修理から得られた知見により、少なくとも金堂と五重塔は、天智天皇九年（六七〇）四月三十日とされる大火災よりも遥か前の段階で再建に着手していなければ、物理的な矛盾が生じ、和銅四年（七一一）までに五重塔や中門が完成したという、『伽藍縁起』の記述とも辻褄が合わないことになります。

ところで、『伽藍縁起』の記述によって、五重塔の初層四面の塑像と中門左右の金剛力士像が、和銅四年（七一一）に完成したと確認できるわけですが、五重塔や中門が完成した後にも他の建築工事を続けたと考える人がいるかもしれません。すなわち、五重塔初層四面の塑像と中門左右の金剛力士像が完成した後にも金堂や五重塔の建築工事を続け、法隆寺の建物が完成したのは和銅四年（七一一）より後ではないかという見方です。

しかし、その見方は成立しません。なぜなら、中門や回廊は金堂と五重塔を囲むように設置されることから、先に中門や回廊が完成してしまうと他の工事の邪魔になります。このため、中門や回廊の工事は、中に収まる金堂や五重塔が完成した後に施工される性格のものです。また、五重塔初層の塑像や中門左右の金剛力士像は、工事中の損傷を避けるため、五重塔や中門などの建築工事が完了した後に初めて製作に着手されるものです。常識的な施工順序からすれば、和銅四年（七一一）に五重塔の塑像や中門の金剛力士像が完成したという記述の意味するところは、金堂、五重塔、そして中門、回廊の建築工事が、これより前に完了しているということなのです。つまり、法隆寺の金堂、五重塔、中門、回廊は和銅四年（七一一）までに、すべて完成していると結論することができるのです。

このように、法隆寺の解体修理に伴う建築上の知見や木材の伐採年に関する科学的データは、法隆寺が天智天皇九年（六七〇）四月三十日夜半過ぎ、大火災によって一屋も余すことなく焼け落ちたとする天智紀の記述に無理があることを明瞭に示しています。

それにもかかわらず、若草伽藍が発見され、そこに火災の痕跡が見つかったことをもって、法隆寺は天智天皇九年（六七〇）四月三十日の夜半過ぎに大火災に遭い、一屋も余すことなく燃え尽きたとする天智紀の記事がそのまま鵜呑(うの)みにされています。果たして、こういう理解で問題はないのでしょうか。科学的、客観的な知見によって示される事実から目を背け、『日本書紀』の権威に頼ることで、法隆寺の真相は解明できるのでしょうか。

たしかに、若草伽藍の遺構が確認された以上、現在の法隆寺が再建されたものであることに疑いの余地はありません。しかし、発見された若草伽藍の瓦の破片に火災の痕跡があったとしても、その痕跡の原因となった火災が、天智天皇九年（六七〇）四月三十日に発生したと確認されたわけではありません。若草伽藍の発見によって判明したのは、かつて若草伽藍があり、そこに火災の痕跡が発見されたというところまでなのです。また、再建・非再建論争のきっかけとなった、法隆寺金堂の様式が飛鳥時代の古いたたずまいを湛(たた)えているという見解は、若草伽藍が発見されたからといって意味を失ったわけではないのです。

往生際が悪いと思われるでしょうが、ここまで紹介したデータを冷静、かつ論理的に見つめれば、天智紀の法隆寺大火災記事が怪しいものであることは明白なのです。若草伽藍が発見されても、また、そこに火災の痕跡が発見されても、法隆寺大火災記事が疑わしいものであるという事実は何も変わらないのです。

◉今後の研究のために

世の中には、『日本書紀』に記されていれば、その内容に間違いはないと信じられる人がいるかもしれません。しかし、現在でも法隆寺には不可解な疑問が山積しており、今後さらに研究が進み、新しい発見が重なれば、天智紀の法隆寺大火災記事はもっと多くの矛盾を惹起(じゃっき)するでしょう。『日本書紀』が完成して千三百年以上が経過する中で、これまで法隆寺に関してさまざまな発見がありました。しかし、新たな事実の発見によって法隆寺に関する疑問や矛盾が解消されてきたわけではありません。いいえ、法隆寺に限っては、むしろ新しい事実が判明すればするほど、疑問や矛盾は増えてきたのです。もし、天智紀の法隆寺大火災の記事を正しいものとして鵜呑(うの)みにすれば、これからも関連する研究に多くの矛盾が生まれ、ますます法隆寺は不可解な寺として際立っていくことになります。

今後も真面目に研究を続け、天智紀の法隆寺大火災記事に疑問を呈する人が現れるでしょうが、「正史に書かれているのだから、天智天皇九年（六七〇）四月三十日夜半過ぎ、法隆寺が完全に焼失したことに間違いはない。それが常識だ」として排斥されるとすれば、実に残念なことです。まるで賽(さい)の河原に積み上げた石が何度も崩されるように、不毛な世界に落ち込むだけです。『日本書紀』が完成して千三百年、そろそろ天智紀の法隆寺大火災記事の謎に決着をつける時機ではないでしょうか。

実は、天智紀の法隆寺大火災記事には、『日本書紀』を編纂した当時の政権の重要な狙いが隠されています。大言壮語と思われるでしょうが、法隆寺の大火災を『日本書紀』の中で最大限ドラマチックに描くことが、執筆者・編纂者たちに課せられたミッションであり、法隆寺大火災こそが『日本書紀』最大のクライマックスなのです。

天智天皇九年（六七〇）四月三十日の夜半過ぎという法隆寺大火災記事に隠された重大な秘密に気付かない限り、『日本書紀』の理解はあり得ません。また同時に、『日本書紀』について正しい理解がなければ、天智紀の法隆寺大火災記事の謎を解くことはできません。法隆寺大火災記事に隠された秘密は、『日本書紀』を編纂した当時の政権が直面していた厳しい問題に気付かない限り、天智紀の記述だけをどれだけ弄くり回しても絶対に解明できないのです。天智紀の法隆寺大火災の記事はわずか二十四字にすぎませんが、天晴れなほど見事に後世の研究者の盲点を突いています。

3　非再建論者が落ちた陥穽

法隆寺の再建・非再建論争の過程で、非再建論者は天智紀の法隆寺大火災が間違いであることを証明するため、さまざまな角度から材料を提示しました。対する再建論者は、非再建論者の提示するそれらの材料が、『日本書紀』の記述を否定するには不十分だとして、悉く正史としての『日本書紀』の権威によって排斥しました。そんな苦しい状況が長く続いていたところに若草伽藍の発見が重なり、非再建論は完全に命脈を断たれたのでした。

非再建論の方々は、法隆寺大火災に関する天智紀の記述は間違いだという観点に立ち、その記述を覆すためにさまざまな角度から材料を探索されました。研究者の鑑（かがみ）のようなその真摯な姿勢には最大限の敬意を表します。本当に、その姿勢は立派でした。しかし、誠に申し上げにくいことですが、実は、その真面目な姿勢こそが非再建論の方々の失敗の原因だったのです。非再建論の方々は、正史である『日本書紀』に敬意を払い、真面目な姿勢を貫かれました。その姿は本当に立派でした。しかし、その真面目な取り組み姿勢こそが、思わぬ陥穽（かんせい）、すなわち落とし穴に落ちるという不幸を招いたのです。

非再建論の方々は天智紀の記述は何らかの間違いだという観点から、その間違いを裏付ける証拠を懸命に探索されました。しかし、それはほとんど意味のないことだったのです。誠にお気の毒ですが、天智紀の記述が間違いだと考えた段階で、既に結果は決まっていました。非再建論の方々は、知らず知らずのうちに、正史としての『日本書紀』の権威に圧（お）し潰（つぶ）されていたのです。

これほど冷たく尊大な言い方をすると、偉そうに何を言っているのかと激しく反駁されることは目に見えています。そのため、早めにタネ明かしをします。

法隆寺大火災を伝える天智紀の記述は間違いではないのです。あの記述は元の史料を見誤ったとか、転写する段階で誤記があったというような、事務的ミスによって生まれたものではないのです。そのため、記述が間違っているという観点からどんなに調べても、記述の間違いを裏付ける証拠は絶対に見つからないのです。

非再建論の方々は、干支を一運（六十年）間違えたのではないか、あるいは法隆寺を他の寺院と取り違えたのではないかなど、執筆・編纂上の手違いに原因があるのではないかと、さまざまな角度から天智紀の記述について検討を重ねられました。しかし、それらはすべて無駄だったのです。天智紀の法隆寺大火災の真相を解明するという観点からは、完全に方向違いだったのです。もし、非再建論の方々の作業で意義のあった点を挙げるとすれば、唯一、その方向からの努力をどれだけ続けても無駄に終わると証明できたことくらいです。

では、なぜ非再建論の方々の作業が方向違いであり、無駄だったのでしょうか。

その理由は簡単です。なぜなら、天智紀の記述は間違いではないからです。天智紀の記述は間違っているわけではないのです。天智紀の記述は間違いではないのですから、どれだけ間違いであることを裏付ける証拠を見つけようとしても、その証拠は絶対に見つからないのです。

非再建論の方々は、『日本書紀』を誠実に読み、誠実に解釈し、『日本書紀』を信じた善意の人たちだったのです。研究者として立派な姿勢であることは間違いありません。しかし、『日本書紀』を研究する姿勢としてはあまりにも善良すぎたのであり、一面的すぎたのです。もし、非再建論の方々が、『日本書紀』の権威を無視したり、否定したりするほどの乱暴者・ヤンチャ者であったなら、問題は簡単に解決していたかもしれません。研究者の鑑(かがみ)のような真面目で誠実な人たちが取り組んだからこそ袋小路に入り込み、深い落とし穴に落ちてしまったのです。研究者は真面目でなくては務まらないでしょうが、『日本書紀』に関しては、もっと不真面目な態度が必要だったのです。繰り返しますが、法隆寺大火災に関する天智紀の記述は間違いではないのです。

では、天智紀の法隆寺大火災の記述が間違いではないというならば、天智天皇九年（六七〇）四月三十日の法隆寺大火災は事実だったということで良いのでしょうか。

いいえ、天智紀の法隆寺大火災の記述は間違いではないことは確かなのですが、そうかといって事実でもないのです。実は、その記述は『日本書紀』の執筆者・編纂者たちが英知を注ぎ込んで記載した捏造なのです。完全なでっち上げなのです。『日本書紀』の執筆者・編纂者たちは周到な戦略にもとづいて嘘を記述したのであって、間違って記述したわけではないのです。記述が間違いではないために、間違っているという観点からどれだけ詳しく調べても、絶対にその証拠は出てこないのです。この法隆寺大火災記事は、綿密に仕組まれた古代史の完全犯罪なのです。

つまり、非再建論の方々は天智紀の法隆寺大火災について、何かの間違いで事実と異なる記述になったと考え、そのことを裏付ける証拠を見つけようと必死で努力されました。しかし、もともと間違いではないものについて、間違いの証拠を見つけようとしても無駄に終わるのは当然です。むしろ、『日本書紀』の執筆者・編纂者たちが捏造記事を載せたのではないかと疑い、なぜ執筆者・編纂者たちは事実と異なる怪しい記事を天智紀に記載したのかという疑問を抱き、その背後に隠された事情を探求すべきだったのです。もし、そのようにしていれば、有能な研究者の方々であるだけに数十年に及ぶ不毛な論争もなく、問題は簡単に解決していたことでしょう。

4　パスワード

では、天智紀の法隆寺大火災が執筆者・編纂者たちによる捏造であるとした場合、それは執筆者・編纂者たちによる悪戯(いたずら)だったのでしょうか。

いいえ、そんなことはありません。『日本書紀』は日本最初の正史ですから、執筆者・編纂者たちの悪戯で法隆寺大火災という重大事件を捏造することは不可能です。これほどの重大事件を捏造して正史に載せるとなれば、政権からの指示が絶対に必要です。当時の政権からの指示があって初めてこの捏造記事は掲載できるのです。

つまり、当時の政権が法隆寺大火災の記事を必要としたため、政権側から執筆者・編纂者たちに指示があり、その指示に従って執筆者・編纂者たちが知恵を絞って記事を捏造し、『日本書紀』に載せたということなのです。

しかし、当時の政権が執筆者・編纂者たちに対して、法隆寺大火災を捏造しろと具体的に指示したわけではありません。政権側は、『日本書紀』に期待するある重要な目的を彼らに明確に伝えただけなのです。その目的に合致するように執筆者・編纂者たちが検討し、『日本書紀』全体の記述を大きく改変するとともに、天智紀の法隆寺大火災記事を捏造したのです。そして、それらの改変の中で、法隆寺大火災記事は誰もが刮目(かつもく)するように、特別ドラマチックに描く必要があったのです。

では、当時の政権は何を目的として、法隆寺大火災という捏造記事を『日本書紀』に載せたのでしょうか。

本書は、ここまで天智紀の法隆寺大火災の真相を解明するため、平安時代などの文献、昭和初期の若草伽藍の発掘調査、昭和大修理、当時の外交関係のほか、『日本書紀』の記事の経路を確認してきました。その結果、既に法隆寺大火災の謎を解くための材料はすべて出揃っています。洞察力の鋭い読者であれば、とっくに真相を見抜いているかもしれません。

ただし、この法隆寺大火災の謎を完璧に解くためには重要な鍵が必要です。残る鍵は一つだけです。その鍵の存在に気付き、その鍵に込められた意味に気付くことができれば、千三百年もの間、誰も解くことができなかった法隆寺大火災の謎を簡単に、かつ完璧に解くことができます。逆に、その鍵の存在に気付くことができなければ、あるいは、その鍵の意味に気付くことができなければ、法隆寺大火災や『日本書紀』の謎は永遠に解くことができません。

パズルと同じで、分かってしまえば簡単なことですが、その鍵は千三百年もの間、そこに置かれていることに誰も気付きませんでした。その鍵は誰もが見ているところに千三百年もの間、無造作に置かれていたのです。その鍵は天智紀の法隆寺大火災記事の中に堂々と公開されています。じっとその記述を睨(にら)めば、鍵は自然に浮かんできます。その鍵が最後の謎の扉を開けるためのパスワードです。

ここまで本書が提示した材料をもとに、『日本書紀』が誰に何を訴えようとしているのかという点に気付くことができれば、パスワードも簡単に発見できます。また、そのパスワードの意味も簡単に推理できます。再度、ここに天智紀の記事を載せますので、この中から謎を解く最後の鍵（パスワード）を見つけてください。

〔天智天皇九年〕夏四月癸卯朔壬申、夜半之後、災法隆寺。一屋無餘。大雨雷震。

〔天智天皇九年〕夏四月(なつうづき)の癸卯(みづのとう)の朔(ついたち)、壬申(みづのえさるのひ)に、夜半之後(あかつき)に、法隆寺に災(ひつ)けり。一屋(ひとつのいへ)も餘(あま)ること無し。大雨(ひさめ)ふり雷(いかづち)震(な)る。

これまでの検討をもとに右の記述を睨み続ければ、すべての謎を解く最後の鍵が自然に浮かんできます。漢文で二十四字というわずかな記述です。この記述から不要なものを削っていけば、真に意味のある鍵が残ります。もし、その鍵が見つかり、その鍵が誰に何を訴えるためのパスワードなのかが分かれば、千三百年も解けなかった天智紀の法隆寺大火災の秘密を完全に解くことができます。いかがでしょうか。

ただ睨(にら)んでいるだけでは鍵が見えないかもしれません。もう少しヒントを追加することにしましょう。

第二節　編纂方針の大転換

1　道慈の帰朝

道慈は、大宝二年（七〇二）六月に遣唐使船で唐に渡り、十六年ほどの留学期間を経て、養老二年（七一八）十二月に平城京に戻ってきました。

井上薫氏の研究によって、道慈は養老四年（七二〇）五月に完成した『日本書紀』の執筆・編纂に関与したことは間違いないと見られていますが、『日本書紀』は道慈の帰国から一年余りで完成しています。この完成時期から逆算すれば、道慈は唐から戻ってすぐに『日本書紀』の執筆・編纂に参加したと考えなければなりません。しかし、このわずかな期間で、本当に道慈が『日本書紀』の執筆・編纂に参加し、さらに、『日本書紀』の記述に影響を与えることができたのでしょうか。

『日本書紀』の執筆・編纂の作業は、遅くとも和銅五年（七一二）正月の『古事記』完成直後には始まっていました。この場合、『日本書紀』の完成までに八年の歳月が費やされたことになります。研究者によっては、『日本書紀』の編纂は天武天皇十年（六八一）に開始されたと考える人までいますから、その場合、四十年ほどの歳月をかけて『日本書紀』の執筆・編纂が行われたことになります。

つまり、最短でも八年、長ければ四十年近い歳月を費やして進められてきた『日本書紀』の執筆・編纂の作業の最終段階で、唐からポッと戻ってきた道慈が加わり、残りわずか一年ほどで『日本書紀』の記述に影響を与えたというのです。井上氏の論文を認めるとすれば、このように理解するしかないのですが、このようなことが現実に起きるものなのでしょうか。

道慈が関与したとされる仏教伝来記事は、『日本書紀』の中でも特に重要な事件です。また、『日本書紀』の仏教伝来記事は、実際より十四年も遅れた欽明天皇十三年（五五二）に仏教が伝来したと改竄まで行われています。これほど大胆な変更を新入りの道慈に任せたというのでしょうか。常識的に考えれば、唐から戻ったばかりの道慈が『日本書紀』の執筆・編纂に参加することなどあり得ないのです。

加えて、当時は大宝律令によって官僚機構が一段と強化された時代であり、仏教者の道慈が錚々たる官人の中に割り込んで、官人たちが何年もかけて進めてきた『日本書紀』の執筆・編纂に参加し、それに影響を与えることなどあり得ないのです。なにしろ、『日本書紀』の執筆・編纂に従事していた官人たちは、大勢の中から選ばれた歴史や漢文の達人であったことは間違いありません。そのプライドの高い人たちが、大勢で何年もかけて切磋琢磨しながら作成してきた原稿に、少々有能だからといっても、唐から戻ったばかりの留学僧が影響を与えることなどあるはずはないのです。唐に十六年も留まっていたということは、逆にいえば日本の実情を知らないということであり、常識的に考えれば道慈が完成間際の『日本書紀』の執筆・編纂に参加し、口出しすることなど不可能なのです。常識的には、そういうことなのです。

しかし、それでも、もし本当に唐から戻ったばかりの道慈が完成間際の『日本書紀』の執筆・編纂に参加し、その作業に影響を与えるというドラマのような奇跡が起きたとすれば、その背後で何か重大な事態が進行していたと考えなければならないのです。これまでの『日本書紀』の研究、並びに道慈に関する研究で欠落していたのは、まさにこの点なのです。

道慈に関する大きな見落とし、それは『日本書紀』の完成間際に道慈が唐から戻ってきたことによって、国内で何が起きたのかという視点です。なぜ唐から戻ったばかりの道慈が、『日本書紀』の執筆・編纂に参加することができたのか。道慈は唐から何かをもたらしたのか。もし何かをもたらしたとすれば、それは何だったのか。このような視点からの研究が完全に欠落していたのです。

せっかく、道慈が『金光明最勝王経』を武器に、『日本書紀』の仏教伝来記事の執筆に関与したという卓越した洞察が発表されながら、なぜ道慈が『日本書紀』の執筆・編纂に関与することができたのかという、もう一歩先の研究に進まなかったことは不思議であり、残念なことです。もし、この点に疑問を抱いた研究者がいれば、戦後の『日本書紀』研究は大きく様変わりしていたことは間違いありません。

そこで疑問になるのが、道慈が『日本書紀』の執筆・編纂メンバーに加わることができた理由です。道慈は優秀な人材であったことは間違いないでしょうから、彼の個人的な能力によってメンバーに加えられたのでしょうか。いいえ、そんなことはあり得ません。個人的に能力の高い官人は当時いくらでもいたはずであり、道慈が少々優秀だからといって、それだけで完成間際の『日本書紀』の執筆・編纂メンバーに加えられることはあり得ません。

道慈が『日本書紀』の執筆・編纂メンバーに急きょ加えられた理由は、他の誰も持たない特別なものを唐からもたらしたということ以外に考えられません。道慈は当時の政権に影響を与える何か特別なものを唐から持ち帰り、それを政権の有力者に示したことで、急きょ『日本書紀』の執筆・編纂メンバーに抜擢されたと考えるのが最も有力な見方であり、これ以外の見方は存在しません。

では、道慈は唐から何をもたらしたために、完成間際の『日本書紀』の執筆・編纂に参加し、そこに影響を与えることができたのでしょうか。やはり、それは道慈が将来した経典だったのでしょうか。

留学僧は唐で仏教を学ぶことが主な役割であり、同時に日本で知られていない新しい経典を持ち帰ることも重要な任務となっています。仏教の導入に熱心だった当時の日本では、どれだけ有益な経典を将来するかによって留学僧としての一つの評価が決まります。そのため、道慈も唐から新しい経典を将来したことは十分に考えられます。

たとえば、『金光明最勝王経』です。この経典は当時の日本では旧訳が知られていましたが、義浄が西暦七〇三年に唐で新しい漢訳を完成させています。その義浄と同じ頃、同じ唐の西明寺に止住していた道慈が、初めてこの経典を日本に将来したと考えられています。また、この経典は天平時代に東大寺や全国の国分寺を建立する根本経典となったうえに、『日本書紀』の記述の一部は『金光明最勝王経』から流用されていると以前から指摘されています。『金光明最勝王経』が『日本書紀』の執筆・編纂に大きな影響を与えたことは間違いありません。そういう観点からすれば、道慈が『金光明最勝王経』の新訳を将来したことで、『日本書紀』の執筆・編纂メンバーに抜擢された可能性はあるかもしれません。

しかし、道慈が唐から『金光明最勝王経』を将来したからといって、それだけで道慈が『日本書紀』の執筆・編纂メンバーに加えられるかといえば、それは難しいといわなければなりません。

なぜなら、新訳の『金光明最勝王経』を将来したことで道慈が抜擢されるためには、時の政権幹部がその新しい経典の内容を理解し、『日本書紀』の執筆・編纂に欠かせないと認める必要があります。しかし、短い時間で仏典の専門家でもない官人に新訳の『金光明最勝王経』を理解してもらうことは簡単ではありません。また、仮に『金光明最勝王経』の内容を理解してもらうことができたとしても、その内容だけで『日本書紀』の編纂方針が変わるとも思えません。『金光明最勝王経』には斬新で強烈な内容があることは確かですが、たとえそうであっても、有能な官人たちが何年もかけて進めてきた『日本書紀』の編纂方針を、急に方向転換させるだけの力が『金光明最勝王経』にあるとは思えません。『金光明最勝王経』を将来したことは道慈の手柄ですが、それだけで道慈が『日本書紀』の執筆・編纂メンバーに加えられることはあり得ません。

では、『金光明最勝王経』などの経典のほかに、唐から何を持ち帰れば道慈が『日本書紀』の執筆・編纂メンバーに加えられ、さらにそこで大きな影響力を発揮することができるというのでしょうか。

2　裏情報

道慈が唐から持ち帰ったものは経典などの物的なものばかりではなかったかもしれません。道慈が唐に十六年も滞在していれば、本来の任務である仏教ばかりでなく、唐の人々の生の声を数多く耳にすることができたはずです。もしかすると、道慈は長く唐に滞在しているうちに何か特別な情報、中でも日本と唐との関係に重大な影響を及ぼす裏情報、そのような情報を耳にし、その情報を日本の政権に伝えたことで道慈が特権的な地位を獲得し、急きょ、『日本書紀』の執筆・編纂に参加することになったと考えることはできないでしょうか。

道慈が唐に渡ったときの遣唐使は三十三年ぶりに派遣されたものであり、その三十三年間、唐からの情報はほとんど日本に入っていませんでした。また、そのとき派遣された遣唐使たちは、使節としての役目を果たせばすぐに日本に戻ってしまいます。たとえば、遣唐執節使の粟田真人（あわたまひと）の場合、大宝二年（七〇二）六月に筑紫を出港し、慶雲元年（七〇四）七月には日本に帰還しています。往復の期間を含めても唐に滞在したのは二年ほどでしかありません。また、真人たちが唐に留（とど）まっていた時期、唐は高宗の皇后だった武則天（則天武后）という女性が皇帝になり、国号も周（武周）となって国内は混乱していました。真人たちがこの短い期間で唐の生きた情報や裏情報を入手することは困難だったといわざるを得ません。

一方、道慈は真人たち遣唐使と同じ船で唐に渡りましたが、十六年ほど唐に留（とど）まるうちに国号も唐に戻ります。この間、道慈は多くの人々と接触して最新情報を入手できたはずです。地道な活動を続ける中で、道慈は遣唐使たちのような公式の立場では得られない生の情報を耳にした可能性があります。

そして、在唐期間中に得た情報の中に、日本の命運に重大な影響を及ぼす情報があったのかもしれません。道慈はその情報を早く日本の政権に伝えなければならないと思ったことでしょう。しかし、唐に留学している道慈に日本への連絡手段はありません。ちょうどその時期、多治比県守(あがたもり)をトップとする日本からの遣唐使があり、道慈は県守たちが日本へ帰還する船に同乗させてもらうことにしたのです。

日本に戻った道慈は、帰還船に同乗させてくれた県守や、唐へ渡ったときの遣唐執節使(しゅうせつし)の粟田真人を頼って政権中枢に接触し、唐で入手した重大情報を伝えたのです。ただ、道慈がもたらした情報があまりにも重大であったため、容易に対応策が見つからなかった可能性はあります。幸い、道慈が帰朝した当時、政権内部では『日本書紀』の編纂が進められており、この歴史書を利用すれば、道慈がもたらした重大情報に対応することができると判断され、急きょ、道慈が執筆・編纂メンバーに加えられたのです。

このような経過でもなければ、ポッと出の留学僧が完成間際の『日本書紀』の執筆・編纂メンバーに加えられることなどあり得ないのです。

では、もしこのような推測が正しいとすれば、道慈がもたらした裏情報とはどのようなものだったのでしょうか。

3『日本書紀』の目的

『日本書紀』に関する論文などを調べてみて不思議に思うのは、意外にも『日本書紀』の編纂目的について論じたものに出会わないことです。この点については、とっくに議論が尽くされているため、改めて論じる研究者がいないということかもしれません。そこで、筆者なりに『日本書紀』の編纂目的を推測してみました。その結果が次の二つです。

当然のことですが、この二つはあくまでも筆者の推測であり、客観的妥当性を保証するものではありません。また、ここに示した目的は表向きのものであり、『日本書紀』の裏に隠された真の目的については除いています。

①国土の起源、皇統の起源を明確にすることで、日本が由緒正しい国家であると内外に示す

②大宝律令の制定に加え、漢文による正史を持つことで唐に匹敵する文化国家であると内外に示す

この二つを『日本書紀』の表向きの目的として挙げてみました。①は、『日本書紀』の内容上の根幹部分ですので妥当なところと思います。②についても、大宝二年（七〇二）に派遣された真人たち遣唐使が唐（武周）で何らかの刺激を受け、日本に戻ってから漢文で書かれた正史の必要性を強く訴えた可能性があります。

ところが、道慈が唐から戻ったことで、『日本書紀』の編纂方針は抜本的に変更されることになり、右の二つの表向きの目的とは別に、新たに秘密の目的が追加されることになったのです。

◉大宝二年の遣唐使の使命

大宝二年（七〇二）六月、三十三年ぶりに粟田真人たちが遣唐使として派遣されましたが、この遣唐使の派遣は、その前年の大宝律令の完成が大きな契機になっていることは間違いありません。なぜなら、このときの遣唐使は大宝律令の完成直後の派遣であること、遣唐執節使に任命された粟田真人は大宝律令の起草者の一人であること、唐と対等な関係を築くために当時の日本は律令制定を誇示したかったこと、できるだけ早く律令制定のことを唐に披露したかったこと、などが考えられます。

大宝律令は唐の律令を下敷きにして作成したものですが、日本独自に律令を制定したという事実は対外的に大きな意味があります。その大宝律令の起草に関与した真人がトップとなった遣唐使ですから、日本としては自信を持って送り出した使節だったといえます。

ところが、律令制定に対する唐（武周）の反応は思いのほか不評で、遣唐使たちは出鼻をくじかれた格好になり、唐と肩を並べるためには律令だけでは不十分で、少なくとも漢文で書かれた正史が必要であると痛感したのです。

唐から戻った真人たち遣唐使は、実質的に政権トップにあった藤原不比等に漢文で書かれた正史の必要性を訴えます。不比等も真人とともに大宝律令を起草した官人の一人ですから、真人の訴えはよく理解できます。不比等も急いで漢文の正史を編纂すべきと思います。しかし、その直後から文武天皇の崩御や平城京遷都など大きな出来事が続き、さらに元明天皇の指示によって万葉仮名で書かれた『古事記』の完成が先行することになるなど、漢文による正史の編纂は遅れに遅れ、『古事記』が完成するまで実質的に着手できなかったと推測されます。そして、和銅五年（七一二）正月に『古事記』が完成したとき、その『古事記』をたたき台にしながら、ようやく正史の編纂が始められることになったのです。

漢文による正史の編纂は容易なことではありませんでした。それでも中国や朝鮮の正史などを参考にしながら、また、『古事記』を巧みに取り込みながら執筆・編纂が進められ、道慈が唐から戻る養老二年（七一八）頃には、歴史書として『日本書紀』の原稿は概成していたものと推測します。

ところが、ここで大きな事件が起こります。唐に十六年ほど留学していた道慈が日本に戻り、唐で入手した最新の情報をもたらしたことで、政権内部に動揺が走ったのです。

4　埋もれていた唐の真意

もし、道慈が唐からもたらした特別な情報が契機となって、『日本書紀』の執筆・編纂メンバーに道慈が加わり、さらに、その執筆・編纂に大きな影響を与えたとすれば、道慈が与えた影響は当然『日本書紀』の中に残されていることになります。言い換えれば、『日本書紀』の記述を調べれば、道慈がもたらした情報が何であったか、帰納的に解明することはできるはずです。

しかし、『日本書紀』の完成から千三百年以上が経過していますが、『日本書紀』は『金光明最勝王経』など仏典関係の影響を受けているという指摘はあるものの、道慈が唐からもたらした特別な情報によって、『日本書紀』が影響を受けているという見方に接したことがありません。『日本書紀』を調べることで、道慈がもたらした特別な情報が何だったのかを知ることは可能でしょうか。

たしかに、『日本書紀』完成から千三百年以上が経過した今日、道慈が唐からもたらし、『日本書紀』に影響を与えた情報が何であったのか、突き止めることは難しいといわざるを得ません。しかし、道慈がもたらした情報を調べる手掛かりが全くないというわけでもありません。道慈がもたらした情報は、道慈が唐での滞在中に得たものであり、かつ当時の日本では知られていなかった情報ということになります。その観点から推理を進めれば、その情報を絞り込むことはさほど難しいことではありません。

まず最初に、道慈がもたらした特別な情報は道慈が唐で得たものであり、日本では知られていない情報であるという視点から絞り込んでみます。すると、その情報は国際関係のものではないかということがすぐに浮かびます。もし、この着眼が正しいとすれば、当時の日本外交は朝鮮半島の百済・新羅・高句麗のほか、唐、そして唐を介してごく一部の西域などに限られますので、国際関係の情報といっても、その範囲はさほど広くありません。さらに、飛鳥時代の外交としては、実質的に朝鮮半島の三国と唐（隋）に限定して考えても大きな間違いはないでしょうから、これらの国々との間で未解決の事件がなかったかを調べていけば、道慈がもたらした特別な情報が何であったかを絞り込むことは可能です。

これまでの『日本書紀』研究で、このような観点から分析が行われたことがなかったため、すぐに思い当たるものがないかもしれません。しかし、答えは本書がここまで調べた中に既にあります。日本と唐や朝鮮半島の国々との間で起きた事件で、中途半端な状態で放置された事件はなかったでしょうか。

あまりにも簡単ですね。そうです、天智天皇二年（六六三）八月、百済復興のために日本が船団を朝鮮半島に派遣し、白村江で思いがけず唐の水軍に遭遇して交戦状態となり、二日間で日本側が木端微塵に粉砕された白村江の戦いがありました。偶発的に起きた戦いではありましたが、この事件は大国の唐に対して小国の日本が戦いを仕掛けた格好になってしまい、この事件を口実に唐が日本に攻め込んできても文句の言えない状況を、日本自らが招いてしまったのです。また、この事件は外交的にきわめて重大であったにもかかわらず、日本と唐の間で公式の処理が曖昧なまま、数十年間、ずっと放置されていたのです。

たとえば、白村江の戦いの六年後の天智天皇八年（六六九）、日本は河内直鯨（かふちのあたひくぢら）たちを遣唐使として派遣しました。このときこそ白村江の戦いの処理について唐と公式に話し合う絶対のタイミングであり、実際に話し合いが行われた可能性があります。しかし、唐が高句麗を平定したことを祝うために日本は遣唐使を派遣してきたと正史に記録しながら、唐は両国間で白村江の戦いに関する外交的な交渉があったという記録を残していません。また、日本側の史料にも、鯨たちを派遣した目的が残されていません。

実は、唐側に史料が残されていない背景には、白村江の件を蒸し返したくない唐の国内事情があり、そのことが原因で白村江の件に関する双方の話し合いの事実は伏せられた可能性があるのです。一方、日本側も威張れる話ではないので、鯨たち遣唐使を派遣した目的を記録していません。

また、鯨たち遣唐使の派遣から三十三年後の大宝二年（七〇二）六月、日本が粟田真人をトップとして遣唐使を派遣したとき、日本側には白村江の件について、改めて公式に唐と話し合う用意があったと考えます。しかし、真人たちが到着した当時の唐は、たまたま高宗の皇后だった武則天（則天武后）が皇帝となり、国号も唐から周（武周）となっていたため、相手側を正式な唐と見なすことができず、真人たち遣唐使は白村江の件について話し合うことができなかったのです。また、唐側の詳しい事情を知ることもできないまま、真人たちは日本に帰国したのです。つまり、このとき唐側（武周）から真人たち遣唐使に対して特に動きがなかったことで、日本側は白村江の件を過去のことと理解したのです。

このような事情により、天智天皇二年（六六三）の白村江の戦い以来、道慈が唐から帰朝するまでの五十五年間、日本と唐との間で白村江の戦いに関する外交的な話し合いが表向き曖昧になっていたのです。

ところが、道慈の置かれた状況は違いました。真人たち遣唐使が二年にも満たない期間で表敬外交に終始して帰国する一方、道慈は十六年も唐に留まって遣唐使たちでは得られなかった多くの生情報を耳にします。それらの中に白村江の戦いに関するものや、もしかすると天智天皇八年

（六六九）に派遣された鯨たち遣唐使に関する不幸な情報があったのかもしれません。

また、道慈の在唐期間中には、権勢を揮（ふる）っていた武則天（則天武后）が交代して中宗の代となり、これに合わせて周（武周）という国号も唐に復帰し、唐は本来の落ち着きを取り戻します。唐が武則天時代の混乱を乗り越えて落ち着きを取り戻したとき、白村江の件について日本から公式のお詫びがなされていないということが、唐の一部で問題になったのかもしれません。なにしろ、唐側には白村江の件を蒸し返したくない事情があり、日本と唐との間の水面下で話し合いが行われていたとしても、そのことは唐の国内では秘密にされ、曖昧にされていた可能性があるのです。

白村江の戦いは偶発的に起こり、わずか二日で日本側の大敗で決着しました。しかし、国という立場で考えれば、小国の日本が大国の唐と戦ったわけです。日本側に大きな被害が出たとはいえ、唐の威信を大きく傷付けたことは確かであり、唐側にも人的・物的被害がなかったとはいえません。

おそらく、道慈は十六年の在唐期間中に、白村江の戦いに関する唐側の一部に残るこのような不満を耳にする機会があり、放置しておけば、将来、日本と唐との間で重大なトラブルに発展する危険があると心配したのです。道慈はそのことを早く日本に伝えたいのですが、結局、養老二年（七一八）十二月に道慈自身が帰国するまで、伝える手段はなかったものと思われます。

道慈は日本に戻ってすぐに往路の遣唐使船で同行した真人に面会し、再会の挨拶もそこそこに、白村江の件について唐側の一部に残る不満を伝えたのです。正三位となっていた真人も事態の重大性を認識し、道慈から得た情報を藤原不比等や元明太上天皇に伝え、日を置かないうちに元明太上天皇、不比等、真人、そして道慈の四人で対策会議を開くことになったと想像します。

後の章でご説明しますが、元明太上天皇、不比等、真人の三人は、この頃ある事情から首皇子（将来の聖武天皇）の即位や即位後の治世に対する懸念材料に対してきわめて敏感になっており、道慈がもたらした情報に三人は大きな衝撃を受けたのです。

5　執筆・編纂方針の大転換

道慈が情報をもたらしたとき、元明太上天皇、不比等、真人、そして道慈の四人で検討を行います。もし、この問題を放置すれば、首皇子が天皇に即位した後に大きな問題に発展する危険があり、今のうちに対策を講じておかなければならないと四人の思いは一致します。しかし、道慈を除く三人は高齢になっており、なかなか名案が浮かびません。ただ、この検討の過程で、道慈は日本が先進国の唐を意識して漢文の歴史書を編纂している最中であることを知ります。

そこで道慈は提案します。「その歴史書の中で、五十年余り前に白村江で偶発的に唐と戦うことになった日本の立場を護り、唐側の誤解を解く説明ができないか、最大限の努力をしてみたい」と。つまり、編纂中の歴史書を利用して日本の立場を護るため、歴史書の記述を大幅に書き換えることを許してもらえないかと道慈は訴えたのです。

これを聞いた三人は、日本の危機を救うため、また首皇子の将来を守るため、道慈の提案を受け入れ、歴史書の編纂方針を抜本的に変更するすべての権限を道慈に与えることに同意したのです。

そして早速、それまで歴史書の執筆・編纂に携わってきたメンバーに事情を伝え、以後は道慈の指揮の下で作業を行うように命じたのです。もちろん、元正天皇にも事前に説明し、了解を得たうえで執筆・編纂の方針が大転換されたことは、いうまでもありません。

ではこのとき、道慈は唐の誤解を解消し日本を護るために、どのような方針で歴史書の改変に臨んだのでしょうか。

◉朝鮮三国の混乱

ここで、道慈の執筆・編纂の方針を理解するため、七世紀中盤から終盤にかけて、唐と朝鮮三国との歴史の要点を再確認しておきます。

七世紀中盤、唐は国境を接する高句麗との間で衝突を繰り返していました。同じ頃、新羅は百済と頻繁に小競り合いを起こしていました。このとき、唐と高句麗の戦いを遠目に見ていた新羅は唐に対して、「高句麗を陥落させるにはまず百済を攻撃すべき」と助言します。この助言の裏には、新羅が手を焼いている百済を唐の力で滅ぼすことができれば、新羅にとって有利だとの思惑が隠されていたのですが、唐は高句麗との膠着状態を打開するために新羅の助言をそのまま受け入れ、まず百済を滅ぼし、そのうえで高句麗を背面から攻撃するという作戦を実行することにしたのです。

新羅が提案した作戦は見事に成功し、唐は西暦六六〇年に百済を陥落させ、その後、高句麗への攻撃を本格化します。

一方、唐によって滅ぼされた百済では復興運動が起こり、百済復興を目指して活動を続ける中で日本に支援を求めます。そして西暦六六三年、日本は百済復興運動の支援のため百済に船団を派遣します。しかし、日本の船団が支援に向かった白村江で、思いがけず唐の大船団と遭遇し、ひどい敗北を喫します。この白村江の戦いで日本は大損害を被ると同時に、唐との間で外交上の大きなしこりを残すことになったのです。

唐は白村江での日本との戦いをものともせず、当初からの狙いであった高句麗への攻撃を続け、西暦六六八年に高句麗を陥落させます。これによって唐の朝鮮半島政策は一応の決着を見たわけです。

ところが、その二年後の西暦六七〇年、これまで唐と友好関係にあった新羅が突然唐を裏切り、唐軍に攻撃を仕掛けてきたのです。そして、西暦六七六年には唐の水軍が新羅軍に撃破されるという事態に至り、以後、唐は朝鮮半島から長く手を引いてしまうのでした。

道慈は、朝鮮半島における右のような唐と朝鮮三国との経過に目をつけ、外交的に日本を護る手立てはないものかと思案したのです。

◉新羅の裏切りという奇貨

唐が新羅に上手に利用されて百済と高句麗を滅ぼし、西暦六七〇年には逆に新羅に裏切られ、最終的に朝鮮半島から追われる結果となったことについて、唐は心底から新羅を恨んでいるであろうし、その恨みは、日本が白村江で唐軍と偶発的に戦ったときより遥かに大きいと道慈は考えます。そしてこのとき、日本の立場を護るため、唐を裏切った新羅が利用できると道慈は閃いたのです。日本と唐が白村江で衝突しながら双方でその処理を曖昧にした事情を暗示するため、道慈は新羅を利用した壮大な物語を『日本書紀』に盛り込むことにしたのです。

西暦六七〇年、唐はそれまで友好的だった新羅に裏切られましたが、実は日本も新羅に裏切られてきた長い歴史があり、日本が思いがけず白村江で唐の船団と戦うことになった事情も、背景には新羅の裏切りがあったという壮大な筋書きを描いたのです。

具体的には、「日本は神功皇后の時代から数百年の間、百済の力を借りながら朝鮮半島南部の任那と呼ばれる地域に権益を確保し、維持してきた。しかし、新羅は日本を裏切って任那を掠め取った。一時は新羅を援護するために任那から精鋭を派遣したことがあったにもかかわらず、新羅は日本を裏切った。このような経過で、新羅は日本にとって悪辣な裏切り者となった。任那の権益回復は歴代天皇の宿願となり、天皇交代のたびに任那問題は引き継がれてきた。

そんな折、新羅に攻撃されているので助けて欲しいと百済から必死の要請があり、日本は任那に対する百済のこれまでの恩義に照らし、新羅を討って百済を救うことを決めた。しかし、新羅を討つために船団を百済に派遣したところ、白村江で思いがけず唐の大船団と遭遇し、偶発的に武力衝突に発展してしまった。日本は当初から唐と戦うつもりなど毛頭なく、あくまでも新羅を討つために船団を向かわせただけである。しかし、そこに偶々唐の船団が現れたために衝突が起きてしまった。いわゆる不可抗力だった」と。

事実がどのようなものであったのか正確には分かりません。もしかすると、任那に関する一連の記述は道慈の捏造という可能性もあり得ます。とにかく、道慈は右のような物語を強調することで、「日本も新羅に裏切られてきた。その点は西暦六七〇年に新羅に裏切られた唐と同じである。日本にとっても唐にとっても共通の裏切り者は新羅であり、新羅こそがすべての問題の元凶である」と訴えることで、日本の立場を正確に伝えようとしたのです。

しかし、「たとえ百済を救うため、あるいは裏切り者の新羅を攻撃するためとはいえ、朝鮮半島に出兵すれば、唐軍と衝突する危険があることは誰にでも予測できるわけで、唐が百済に駐留している最中に、なぜ日本が朝鮮半島に出兵したのか。なぜそのような軽率な行動を起こしたのか。また、なぜ衝突後の処理について双方の間で曖昧にしたのか。これらについて納得できる理由を示さない限り、唐の誤解は解消されないであろう。しかし一方で、日本は小国とはいえ、国際関係の中で独立国としての存在をアピールしており、相手が大国の唐であろうと日本は独立国として対等の地位を維持しなければならない」と、道慈は考えます。

そこで、道慈は、当時の日本が激しい混乱状態にあって適切な判断ができる状況になかったという説明を、『日本書紀』の中に織り込むことにします。具体的には、「欽明天皇の時代に仏教が伝来したが、この仏教の伝来は末法の始まりの年に当たり、法力の衰えた仏教が伝来したばかりに、豪族同士の激しい争い、疫病の流行、天皇の暗殺、皇位継承争いなど、次々と不穏な事件が起こり、国内に大きな混乱が生じた。その混乱の中で、新羅や百済との窓口になっていた上宮王家と蘇我本宗家が滅び、外交チャネルも失った。また、百済への出発の直前、遠征途上で斉明天皇が崩御し、混乱の中で天智天皇が即位した」という事情を前面に打ち出すことにしたのです。すなわち、白村江の戦いが起きたのは末法に入ったばかりの仏教が伝来し、それによる混乱が続く中で斉明天皇が崩御し、後継の天智天皇が即位したばかりの混乱期であったことを強調しようとしたのです。

しかし、それでも唐の誤解を解消し、日本の立場を護るためには厳しい可能性があり、これでは不十分かもしれないと道慈は不安になります。

実際には、天智天皇八年（六六九）に河内直鯨（かふちのあたひくぢら）たちを遣唐使として派遣したとき、白村江の件に関する処理について日本と唐との間で話し合いが行われ、水面下では決着がついているはずです。しかし、その事実は唐の国内事情によって曖昧にされ、公表もされていません。もし、唐が白村江の件について処理済みであることを忘れ、改めて日本に責任を問うような事態になれば、白村江の件は決着がついているという証拠が日本に残されていないため、日本は厳しい立場に追い込まれる危険があります。

そこで、日本と唐の間でどのような事態が起きても、日本が反論できる材料を準備しておく必要があると考え、道慈は新たに『日本書紀』に大胆な変更を加えることを決断します。

その第一は、天智天皇が正式に即位する時期を斉明天皇の崩御直後ではなく、唐が高句麗を滅ぼした天智天皇七年（六六八）まで繰り下げ、白村江の戦いの頃、中大兄皇子が称制という形で暫定的に政務を行っていたことにしたのです。こうすることで、仮に唐側から不当な要求があった場合でも、称制のことを緩衝材にして、日本の立場を少しでも護ることができると道慈は考えたのです。

しかし同時に、「この消極的な筋書きで唐を納得させることは難しいであろう。そもそも、白村江の処理を曖昧にした原因は唐側にあり、そのことを唐に気付かせる必要がある。しかし、そのためには、過去の経緯を知らない唐の目を覚まし、唐を絶句させる痛烈な一撃が必要だ」と、道慈は思うのでした。

◉切り札

道慈は、白村江の件で日本の立場を護るためには、当時の日本と新羅の関係、日本と百済の関係、百済と新羅の関係、さらに唐と新羅の関係を、唐側に正確に理解してもらうことが必要であると考えます。そこで、「日本と新羅の対立は嘗て新羅が日本を裏切ったことに根本的な原因があり、それは新羅の悪辣な本性によるものである。白村江の戦いの根源的な原因は新羅にあり、唐が白村江の処理を曖昧にした原因も新羅にある。日本と唐はともに悪辣な新羅に裏切られた被害者であり、そのことは天も認めている」という流れで、異常気象などを利用しながら、『日本書紀』の記述を通じて当時の状況を暗示することにしたのです。

そのうえで、西暦六七〇年、新羅が唐を裏切ったことに対する天の怒りを表すため、道慈はある大胆な工作を『日本書紀』に加え、もし唐が日本に不当な要求をしてきた場合、唐を絶句させるための切り札とすることにしたのです。

第三節　天智天皇九年（六七〇）四月三十日

1　出揃った状況証拠

法隆寺については、『日本書紀』にその創建はもちろん、再建の経緯も記載されていません。前章で確認したように、わずかに推古天皇十四年（六〇六）に厩戸皇子が勝鬘経を講じ、岡本宮で法華経を説いたとき、推古天皇から播磨国の水田百町を賜わり、厩戸皇子はそれをそのまま法隆寺（斑鳩寺）に納めたと記載されているだけです。法隆寺が仏教興隆の先進的な立場にあることを思えば、推古天皇二年（五九四）二月、三宝興隆の詔が発せられた頃に法隆寺の創建が開始され、それから十二年後の水田百町の施入の頃までに法隆寺は概成していたと考えられます。また、法隆寺の創建に厩戸皇子が深く関わっていたことも間違いないでしょう。

この法隆寺への水田百町の施入記事の後、法隆寺（斑鳩寺）は皇極二年（六四三）の山背大兄王の襲撃事件で一族が逃げ込んだ場所として登場し、天智天皇八年（六六九）是冬の条で、「時に、斑鳩寺に災けり」として登場します。そして、その翌年の天智天皇九年（六七〇）四月三十日、

「夜半之後、法隆寺に災けり。一屋も餘ること無し。大雨ふり雷震る」と記述されるのです。

以上が『日本書紀』から直接読み取れる法隆寺に関する経路でしたが、『日本書紀』の他の記述から間接的に得られる情報がありました。それは、前章第一節の四天王寺の経路、並びに上宮王家の経路で確認したとおり、厩戸皇子（聖徳太子）は新羅との縁が深い人物であるということです。法隆寺の創建に関与した厩戸皇子が新羅と縁が深いということは、法隆寺が新羅と縁のある寺であることを意味しています。

なぜ、『日本書紀』が直接的に厩戸皇子と新羅とのつながりを伝えないかについては、既に説明したとおりですが、聖人として描かれる厩戸皇子と悪辣な裏切り者として描かれる新羅がつながっているとなれば、『日本書紀』の筋書きが複雑になりすぎるという事情がありました。このため、法隆寺が厩戸皇子とつながっていること、また厩戸皇子が新羅とつながっていることを示す記述はできる限り排除されたのです。しかし、厩戸皇子と新羅は実際に結び付き、厩戸皇子と法隆寺も強くつながっています。このため、法隆寺は厩戸皇子を介して新羅とつながっている事実は、『日本書紀』の中で自然に滲み出ています。

では、法隆寺と新羅が厩戸皇子を介してつながっているとなれば、法隆寺の大火災は法隆寺と新羅とのつながりが関係しているということなのでしょうか。

法隆寺は大火災によって一屋も余すことなく燃え尽き、大火災の後には大雨が降り、大地を震撼させるほどの雷が鳴ったとされています。その大火災があったのは、月明りのない天智天皇九年（六七〇）四月三十日の夜半過ぎです。燃え方の激しさ、大雨、雷、大地の震動、月のない漆黒の晦の深夜、あまりにも材料が揃いすぎています。この派手な演出は、法隆寺大火災が悪辣な裏切り者として描かれる新羅と無関係ではないことを示しているのではないでしょうか。

◉証明方法の限界

右のとおり、天智天皇九年（六七〇）四月三十日夜半過ぎの法隆寺大火災の記事は、事実をできるだけ正確に記述する歴史書としての誠実さよりも、むしろ火災をできるだけドラマチックに描こうとする執筆者・編纂者たちの作為が強くはたらいています。どんなに贔屓目に見ても、度を越した演出としか思えません。この不真面目で不可解な記事が執筆者・編纂者たちの捏造であることを証明するには、どうすれば良いのでしょうか。

第一の方法は、若草伽藍とその周辺の全面的な発掘調査を行い、天智天皇九年（六七〇）四月三十日に火災は起きていなかったという証拠を見つけることです。ただし、この方法は莫大な費用と時間がかかるうえに、確実に証拠が得られるという保証もありません。そういう観点からすれば非現実的で危険な方法です。

第二の方法は、文献史料を徹底的に調べ、法隆寺（若草伽藍）の火災は天智天皇九年（六七〇）四月三十日ではなく、別な時代であった、あるいは大火災はなかったという証拠を見つけることです。しかし、この方法は再建・非再建論争の過程で徹底的に行われており、再度調査を行ったところで新たな成果は期待できません。また、法隆寺大火災の記事が間違いではなく、執筆者・編纂者たちの捏造であるということになれば、そもそも文献史料による証拠調べには限界があります。

第三の方法は、建築物としての法隆寺を徹底的に調べ、工事開始から完成までの経過を厳密に導き出す方法です。これについては第一章で昭和大修理を紹介しましたが、金堂・五重塔に用いられている木材の伐採年のほか、五重塔の心柱の腐朽や初層の側柱の風蝕に関する重要な知見が得られています。

金堂・五重塔に用いられている木材の伐採年の分析により、天智天皇九年（六七〇）より古い木材がいくつも発見される一方で、それより後に伐採された木材は一本しか見つかっていません（後世の補材を除く）。このことから、法隆寺が天智天皇九年（六七〇）に全焼し、その後に再建が開始されたとする見方が成り立たないことは明らかです。

また、五重塔の心柱の腐朽や初層の側柱の風蝕の発見により、再建工事期間中に少なくとも数十年に及ぶ工事の中断期間があったことが明らかになっており、天智天皇九年（六七〇）より前に再建工事に着手していなければ、『伽藍縁起』が伝える和銅四年（七一一）までに、法隆寺の再建工事を完了することは不可能ということも判明しています。

昭和大修理で得られた知見は科学的、かつ客観的なものであり、法隆寺再建の事情を明らかにする基本的な知見です。本来、これらの知見は法隆寺の再建過程を検討するうえで、最も重視されるべき信頼性の高い知見です。この法隆寺の木材の伐採年、五重塔の心柱の腐蝕、五重塔の側柱の風蝕、工事の中断期間という工程上の矛盾をもって、天智紀の法隆寺の大火災はなかったと断定することは十分に可能です。それにもかかわらず、そのように判断する研究者は少なくとも表面には見えません。なぜでしょうか。

おそらく、断定を躊躇する理由の一つは、五重塔の心柱の腐朽や側柱の風蝕に関する知見は建築の専門家によるものであり、建築の専門家以外の人たちを納得させるうえで力不足という事情があるかもしれません。この問題を解決するためには、木造建築の専門家が声をそろえて主張することに加え、少なくとも心柱の腐朽と側柱の風蝕について試験体を製作して実験を行い、専門外の人にも分かる明確なデータを示すことが望まれます。この実験には数十年の期間を要し、さらに環境条件等を千三百年ほど前と一致させるという難しさがありますが、論より証拠として一つの重要な情報を提供してくれるはずです。

そして、断定を躊躇する最大の理由は、木造建築に関して科学的な観点からどれだけ説明しても、「しかし、『日本書紀』に天智天皇九年（六七〇）四月三十日の夜半、法隆寺は一屋も余すことなく燃え尽きたと書いてあるじゃないか」と反論されれば、説明に窮してしまうことです。仮に建築学の知見が十分に理解されたとしても、火のない所に煙は立たぬの譬（たと）えのとおり、正史に記載されているとなれば、その記述には何らかの意味があると誰しも考えます。科学的にどれだけ明らかになっても、『日本書紀』の記述がある限り、天智紀の記事を否定し、法隆寺の再建工事は天智天皇九年（六七〇）四月三十日以前から始まっていたと主張するだけの自由がないのです。科学的知見を無視する一方で、『日本書紀』の記述を否定できない現実、これが正史という『日本書紀』の権威の恐ろしさです。

天智紀の法隆寺大火災記事は捏造であるという科学的な証拠をどれだけ並べても、誰もが絶句する動かぬ直接証拠を突きつけない限り、再建・非再建の大論争と同様に、天智紀の法隆寺大火災記事が捏造であるとは認めてもらえないのです。科学的な知見によって矛盾が明らかになっても、天智紀の法隆寺大火災記事がいつまでも亡者のように付き纏ってくるのです。

実は、法隆寺の研究が混乱している原因は、『日本書紀』の完成以来、天智紀の法隆寺大火災記事に対する姿勢が間違っていたことにあります。これまで、法隆寺大火災記事は「事実である」、あるいは「間違いである」という二者択一で議論されてきました。しかし、その議論の仕方そのものが根本的に間違っていたのです。これまでの議論は、まるでシェークスピアの『ハムレット』の有名な台詞、“To be, or not to be, that is the question.”と同じで、問題を極端に矮小化したことによって、その本質を見誤ってしまったのです。

本来、天智紀の法隆寺大火災記事が怪しいと感じられた段階で、「事実か、間違いか」の二者択一に陥るのではなく、なぜ『日本書紀』は法隆寺大火災という怪しい記事を載せたのかと、疑問の矛先を『日本書紀』自体に向けるべきだったのです。結局、『日本書紀』の権威に幻惑され、『日本書紀』を疑ってみるという基本的な手順を疎かにした結果、法隆寺と『日本書紀』の研究はとんでもない方向に進み、千三百年も道草をしてしまったのです。

2　自白

もし、法隆寺大火災に関する天智紀の記述が誤写や見落としなど、悪意のない事務的ミスによるものであれば、そのミスを逆に追うことで訂正できる場合があります。しかし、故意に捏造された記述となれば、ミスを訂正する一般的な方法で対処することは不可能です。また、『日本書紀』が扱う時代は史料が乏しく、他の史料との比較対照によって確認することもほとんどできません。

加えて、『日本書紀』が正史という権威に満ちた歴史書であることも事態を厳しくしています。たとえば、法隆寺大火災の前年の是冬の条にも火災記事があり、半年ほどのうちに二回の火災記事が載っていることは異常であるうえに、その二つの火災記事で斑鳩寺と法隆寺の寺号が混用されるという不可解さも重なっています。通常であれば、これら二つの火災記事は重複であろうと見なされ、さらに斑鳩寺とすべきところを法隆寺と記した記事が錯誤による追記であろうと判断され、無視される可能性が高いのです。

このように、これまでの研究によって、天智紀の法隆寺大火災記事が捏造であることを示す状況証拠は十分に揃っているのです。ところが、『日本書紀』が権威という堅固な鎧に守られているために、法隆寺大火災記事を捏造と断定するだけの決め手に欠けるのです。天智紀の法隆寺大火災記事が捏造であることを示すためには状況証拠だけでなく、権威の鎧を突き破る直接証拠が必要なのです。

では、このような場合、どのように対処すれば良いのでしょうか。

実際の犯罪捜査であれば、得られた状況証拠を丹念に積み上げることで犯罪を立証できる場合があります。しかし、一般的に状況証拠だけで犯罪を立証することは容易ではありません。特に、相手は正史の『日本書紀』です。どんなに科学的な証拠を並べても、多くの人は正史に嘘が載っていることを心情的に受け入れようとはしません。

このような場合、実際の犯罪捜査であれば容疑者の自白が重要な意味を持ちます。もし、『日本書紀』自身に、天智紀の法隆寺大火災記事が捏造であると語らせることができれば、それが最良の方法です。ここまで積み上げた状況証拠に加え、『日本書紀』の自白があれば、捏造を立証することは可能です。

では、もの言わぬ『日本書紀』に自白させるとはどういう意味でしょうか。『日本書紀』に自白を迫ることなどできるのでしょうか。

もちろん簡単ではありません。しかし、次の手順で確認を進めれば、『日本書紀』の「自白」を得ることは不可能ではありません。また、ここまでの検討でこれらの手順は相当に進んでおり、もう一歩というところまで来ています。

〔第一段階〕『日本書紀』は、仏教伝来の年次、厩戸皇子の薨年、天智天皇の即位年などで改竄を行っているうえに、異常気象などによるさまざまな演出を加えており、必ずしも歴史的事実を忠実に記述したものでないことが明らかである。これらの改竄や演出は白村江の戦いに関する日本の立場を護ることを意図して行われたものであり、少なくとも神功皇后摂政紀から天智紀までの間に、

多く改竄や演出が織り込まれている。……『日本書紀』の権威の否定

〔第二段階〕　白村江の戦いに関する日本の立場を護（まも）ることを意図して行われた改竄や演出は、執筆者・編纂者たちが勝手に行ったものでなく、当時の政権の意向を踏まえて行われたものである。……『日本書紀』の秘められた目的

〔第三段階〕　仮に、天智紀に記された法隆寺大火災記事が、『日本書紀』の文脈のうえで前後と無関係で孤立したものであれば、その記事は執筆者・編纂者たちの悪戯（いたずら）である可能性は否定できない。たとえば、前年の是冬の条にも火災記事があり、寺号も斑鳩寺と法隆寺が混在している。この周到さに欠ける点から推測すれば、執筆者・編纂者たちの悪戯という可能性もゼロではない。

しかし、『日本書紀』の執筆者・編纂者たちは日本最初の正史の編纂に関与できることを名誉に思い、史実をできるだけ正確に後世に伝えたいという高いモラルを持って取り組んでいたはずである。そういう真面目な人たちが、法隆寺大火災という派手な捏造を『日本書紀』に載せるとすれば、それは悪戯ではなく、組織的な犯行と考えなければならない。当然、その組織的な犯行の背後には当時の政権の意向がある。……『日本書紀』の秘められた目的

〔第四段階〕　天智紀の法隆寺大火災記事が当時の政権の意向を踏まえた捏造であるとすれば、その捏造は白村江の戦いに関する日本の立場を護るために行われた他の改竄や演出と同一線上にあるはずである。……『日本書紀』に秘められた目的の一貫性

〔第五段階〕　このため、もし天智紀の法隆寺大火災の記事が、白村江の戦いに関する日本の立場

を護るために行われた一連の改竄や演出と軌を一にするものであると証明することができれば、法隆寺大火災の記事は捏造と結論できることになる。……『日本書紀』に秘められた目的の完結

つまり、これまでの検討で状況証拠は十分に揃っていますので、残るは『日本書紀』の自白だけということになります。たとえ、『日本書紀』が黙秘権を行使しても、既に『日本書紀』の記述そのものが供述調書となっています。『日本書紀』の記述をもとに、法隆寺大火災記事が白村江の戦いに関する日本の立場を護るために行われた、一連の改竄や演出と軌を一にするものであると示すことができれば、それは『日本書紀』の自白であり、天智紀の法隆寺大火災記事が捏造であることの証明になるのです。

◉天の意思

百済を救うため、日本は朝鮮半島に船団を派遣しました。しかし、天智天皇二年（六六三）八月二十七日、思いがけず白村江で唐の大船団と遭遇し、偶発的な戦いに発展する事態となりました。戦いは二日間で決着し、日本側の大敗北に終わりました。ところが、唐はその戦後処理に関する日本との話し合いを曖昧にしたまま、歳月が過ぎてしまいました。水面下では話し合いが行われたはずですが、そのことは唐側の事情で曖昧にされたのです。そこで、白村江の戦いに関する日本の立場を護るため、道慈は『日本書紀』にさまざまな改竄や演出を織り込んだのです。

ここで、もし天智紀の法隆寺大火災の記事が、日本の立場を護るために織り込まれた一連の改竄や演出と軌を一にするものであると示すことができれば、法隆寺大火災記事は捏造であると証明できることになります。

では、法隆寺が新羅と関係があるというところまでは、『日本書紀』の記述から読み取ることができましたが、法隆寺大火災記事が、日本の立場を護るために行われた一連の改竄や演出と軌を一にするものであることを示すには、どうすれば良いのでしょうか。

いよいよ大詰めに近づいてきました。その点については、次のような観点から分析することで可能となります。

まず、法隆寺大火災の後に大雨と大地を揺るがすほどの雷が鳴ったと記述されている点に着目します。法隆寺大火災に続いて雷のことが記載されているため、多くの人は落雷が原因で火災が発生したと誤解しています。しかし、記述の順序や前後とのつながり具合から、まず大火災があり、その後に大雨が降り、大地を揺るがすほどの雷が鳴ったと考えるべきです。

法隆寺の立派な建物が一屋も余すことなく燃え尽きたと主張するのであれば、少なくとも空気は十分に乾燥していたはずであり、火災の前に大雨が降って湿っていたとすれば、立派な伽藍が一屋も余すことなく燃え尽きることは難しいと考えなくてはなりません。もし、最初に火災が発生し、建物が燃え尽きた後に大雨が降り、雷が鳴ったということであれば何とか辻褄（つじつま）が合います。

つまり、大雨と大地を揺るがす雷は火災の原因として記載されたのではなく、法隆寺大火災に強烈なインパクトを与えるために加えられた演出であると見抜く必要があるのです。『日本書紀』には、欽明紀から皇極紀までの間に異常気象が何度も現れていましたが、それらの異常気象が天の怒りを表していたことを思い出してください。法隆寺大火災の場面での大雨や大地を揺るがす雷はそれらの異常気象と同じ性格のものなのです。

では、法隆寺大火災の後、大雨と大地を揺るがす雷を異常気象として配することで、天智紀は何を狙ったのでしょうか。

大雨と大地を揺るがす雷は、他の異常気象と同様に天の意思の表徴(ひょうちょう)なのです。雨は天から降り、雷も天から落ちます。すなわち、法隆寺が大火災で一屋も余すことなく燃え尽きた後に大雨と雷があったということは、法隆寺の大火災が天の意思によるものであることを示しているのです。新羅と関わりのある法隆寺が一屋も余すことなく燃え尽きたことで、天が新羅の裏切りに最大限の怒りを表しているのであり、日本と新羅の関係の終焉(しゅうえん)を意味しているのです。

たしかに、法隆寺が新羅と関わりのあることは理解できました。また、天智紀の記述で大雨や大地を揺るがす雷はドラマチックで強く印象に残り、それが天の意思だといわれれば、そうかもしれないと思います。しかし、それだけで法隆寺の大火災が新羅との関係の終焉を意味する表徴であるとするには、飛躍があるように思います。この点はどのように理解すれば良いのでしょうか。

3　完全犯罪を解く鍵

本書は、法隆寺の大火災をできるだけドラマチックに描くことが、『日本書紀』の重要な目的だったと何度も述べてきました。神功皇后摂政紀から天智紀までの間に数々の改竄や演出がありましたが、その集大成に当たるものが法隆寺大火災なのです。そのことは、天智紀の法隆寺大火災記事の中に組み込まれたパスワードが見つかり、そのパスワードの意味が解明されれば、簡単に理解することができます。

ただ、そのパスワードが簡単に見つからないうえに、難解なのです。千三百年の間、そのパスワードの存在に誰も気付かなかったからこそ、法隆寺研究は当初から方向を誤ったのです。完全犯罪ともいえるほど、『日本書紀』の執筆者・編纂者たちの工作は巧妙だったのです。

それでは、その鍵となるパスワードを見つけることにしましょう。天智天皇九年（六七〇）の法隆寺大火災記事は短く、原文は「夏四月癸卯朔壬申、夜半之後、災法隆寺。一屋無餘。大雨雷震。」と二十四字しかありません。この記述の中にパスワードが組み込まれています。この記述から無駄な演出を取り除き、さらに少しずつ無用なものを削ぎ落していくと、最後に残るものがあります。それがパスワードです。

また、そのパスワードには重要な意味が込められています。執筆者・編纂者たちがそこに込めた真意に気付くことができるかどうか、それが千三百年もの間、固く閉ざされてきた扉を開くための最後の試練です。

これまで、そこに扉があることさえ誰も知らなかったのです。ましてや、その扉を開ける鍵がわずか二十四の漢字の中に公開されているとは誰も気付きませんでした。もし、そのパスワードを発見し、その意味が解明できればミレニアムな発見となります。

そのパスワードを見つけるための最終ヒントは、なぜ法隆寺が天智天皇九年（六七〇）四月三十日の夜半過ぎに焼失しなければならなかったのかという点です。

もし、法隆寺の大火災が事実であれば、その日付は事実にもとづくため動かしようがありません。しかし、大火災記事が捏造であれば、焼失した日付を執筆者・編纂者たちが恣意的に決めることができます。恣意的に決めることができるということは、その日付に執筆者・編纂者たちが最大限の意味を込めることができるということなのです。

実は、法隆寺の秘密の扉を開けるパスワードは、天智天皇九年（六七〇）の箇所に記載された二十四字の冒頭、「夏四月癸卯朔壬申」になります。すなわち、天智天皇九年（六七〇）の四月三十日、これがパスワードなのです。そして、このパスワードの年月日の意味が理解されたとき、法隆寺大火災に関する『日本書紀』の秘密の扉は完全に開放されるのです。

では、「夏四月癸卯朔壬申」、すなわち天智天皇九年（六七〇）四月三十日がパスワードだと教えてもらいましたが、このパスワードをどのように使えば扉が開くのか分かりません。どうすれば良いのでしょうか。

たしかに、パスワードを教えられても、その使い方が分からなければ無意味かもしれません。しかし、執筆者・編纂者になったつもりで考えれば、そのパスワードの意味は自然に分かります。執筆者・編纂者たちが日本と唐、唐と新羅とを結び付ける魔法のパスワードとして「天智天皇九年（六七〇）四月三十日」を選んだとすれば、彼らはこの年月日にどのような思いを込めたのでしょうか。

さあ、扉を開けることができるかどうか、あと一息というところまで来ています。

4　唐を裏切った新羅

七世紀後半、高句麗を攻め滅ぼそうとした唐は新羅の助言を素直に受け入れ、まず百済を滅ぼし、次に高句麗を攻めるという手順で作戦を実行します。新羅の助言は実に効果的で、唐は西暦六六八年に高句麗を陥れることに成功しました。ところが、その二年後の西暦六七〇年、思いがけないことが起こります。突然、新羅が唐を裏切り、唐軍に攻撃を仕掛けてきたのです。

驚いたのは唐軍で、高句麗陥落のための戦略を助言してくれた新羅が、まさか裏切ってくるとは夢にも思っていませんでした。そういう意味で、新羅の戦略は今回も効果的でした。不意を衝かれた唐軍は防戦一方となり、西暦六七六年には唐の水軍が新羅軍に撃破されるという事態にまで発展し、以後、唐は長く朝鮮半島から手を引いてしまいます。つまり、新羅が唐を裏切った劇的な年が法隆寺の大火災と同じ西暦六七〇年なのです。

では、四月三十日は何を意味するのでしょうか。

念のため、新羅が唐を攻撃した時の様子を、朝鮮の正史である『新羅本紀』文武王で確認してみます。すると、西暦六七〇年四月四日、新羅軍は当時高句麗の滅亡によって唐の配下に組み入れられていた靺鞨（まっかつ）軍に攻撃を仕掛け、敵対姿勢を明らかにしたことが記されています。その後、唐と新羅の戦いは一層激しくなり、六年後に唐の水軍が新羅軍によって撃破され、唐は朝鮮半島から撤退してしまいます。このように、新羅が唐を裏切った日が西暦六七〇年四月四日だったのです。

つまり、『日本書紀』の執筆者・編纂者たちが法隆寺大火災を天智天皇九年（六七〇）四月三十日に設定した理由は、新羅が唐を裏切って靺鞨軍を攻撃した日が西暦六七〇年四月四日であったことにあり、同じ西暦六七〇年四月に新羅と縁の深い法隆寺が大火災で一屋も余すことなく焼失し、さらに大雨と大地を揺るがす雷が鳴ることで、新羅が唐を裏切ったことに対する天の激しい怒りを表現したのです。法隆寺が大火災によって一屋も余すことなく焼失したことで、天が新羅に対する最大限の怒りを表し、同時に、その裏で唐に対する同情を示したのです。

では、法隆寺の大火災は三十日ですから、新羅が唐を裏切ったとされる四日とは違います。この点はどう理解すれば良いのでしょうか。

本来、『日本書紀』の執筆者・編纂者たちにとって、四日という日付まで一致させることは難しいことではありませんでした。しかし、彼らは月を一致させれば十分と考え、日付まで一致させる必要を感じなかったのです。むしろ、別の理由で三十日を採用したのです。

実は、『日本書紀』にはいくつかの火災記事が記されていますが、そのうち月の末日である晦（つごもり）に火災があったとする例は、天智紀の法隆寺大火災のほかに二つあります。一つは、敏達天皇十四年（五八五）三月三十日です。物部守屋が仏教導入に反対して蘇我馬子が祀っていた仏像や仏殿に放火し、燃え残った仏像を難波の堀江に廃棄した日です。なお、このとき敏達紀では「雲無くして風ふき雨ふる」という最も忌み嫌った表現が添えられています。

二つ目は、大化三年（六四七）十二月の晦で、孝徳紀に「皇太子（中大兄皇子）の宮に災けり。時の人、大きに驚き、怪しむ」と記されている火災です。なお、ここでは晦と記すのみで、二十九日なのか三十日なのか記されていません。この晦という表記は、大の月か小の月かを確認しないまま孝徳紀に記載された印象があり、この「晦」は、『日本書紀』編纂時に時間がない中で、暦を確認しないまま急きょ追記された可能性が感じられます。

これら二つの火災は、そこに添えられた「雲無くして風ふき雨ふる」や、「時の人、大きに驚き、怪しむ」という意味深長な言葉によって不気味さを演出しています。つまり、『日本書紀』は火災が月の末日である晦に起きることで、より不気味さを強調しようとする傾向があり、法隆寺大火災が四月三十日という晦に設定された事情も、不気味な印象を与える演出の一つと考えられるのです。

では、なぜ晦の火災が不気味さを増すことになるのでしょうか。たしかに、月明かりのない漆黒の闇が不気味であることは間違いありませんが、なぜ晦に拘るのでしょうか。

その理由は、やはり『金光明最勝王経』にあります。実は、『金光明最勝王経』四天王護国品に、「仏の姿を見たければ月の八日、または十五日（の夜）、白い布に仏の姿を描き、木膠をもって装飾しなさい」とあり、上弦の月、または満月が縁起の良い夜として指定されているのです。これをウラ読みすれば、月の見えない晦は最悪の夜ということになります。すなわち、不可解な火災の日付が月の見えない晦に集中する理由は、晦の夜が上弦や満月の夜に比べて暗く沈んでいることで不気味さを一層掻き立てるからなのです。このため、法隆寺の大火災も四月四日ではなく、四月三十日の夜半という設定になったのです。

◉唐への一矢

ところで、法隆寺の大火災が西暦六七〇年四月に起きたとすることで、この記事が唐に対しても う一つ重要な意味を伝えている点を見逃してはなりません。

前年の天智天皇八年（六六九）、日本は河内直鯨（かふちのあたひくぢら）たち遣唐使を派遣しましたが、その遣唐使たちが白村江の件について唐と話し合っていた最中、新羅が突然唐に攻撃を仕掛けてきたのです。この思いがけない事態に唐は狼狽し、日本が送った遣唐使との話し合いを中断してしまったのです。つまり、法隆寺大火災を天智天皇九年（六七〇）四月に設定したことにより、その経緯を言外に匂わせているのです。

天智紀の法隆寺大火災記事は、これまでの千三百年間、その真意が理解されず、法隆寺研究や『日本書紀』研究に大きな混乱をもたらしてきました。しかし、この記事が天の怒りによって新羅の悪辣さを強調するとともに、日本も唐と同じように悪辣な新羅の被害者であることを主張し、併せて、唐に対する日本の同情を示すための捏造だったのです。そして同時に、この記事は唐側に対して日本が派遣した鯨たち遣唐使が、当時唐に滞在していたことを思い出させるための引き金にもなっていたのです。

白村江の戦いに関する日本の立場を護るために生み出された法隆寺大火災記事は、『日本書紀』執筆者・編纂者たちの叡智の結晶だったのです。彼らは、日本を護るため、また首皇子の無事な即位と治世の安定を図るため、『日本書紀』に捏造や改竄、そして派手な演出を加えることは正義と信じていたのです。

なお、調べた限りでは、西暦六七〇年四月、新羅が唐を攻撃した件について、中国の正史に該当記事を見つけることができませんでした。屈辱的な事件であったため、唐は国内的に秘密にした可能性があります。唐にとっては蒸し返したくない忌まわしい事件だったことは間違いありません。

第四節　『日本書紀』を書き直した道慈の決意

1　仏教への志

大宝二年（七〇二）六月、道慈は当時最高の学問とされていた仏教を学ぶため、粟田真人をトップとする遣唐使船に同乗させてもらい、唐に向けて出発しました。留学僧の在唐期間は長ければ二十年ほどであり、三十歳ほどの道慈も留学が長期になることを覚悟して日本を出発しました。道慈が日本を出発するとき、文武天皇は二十歳であり、留学を了えて日本に戻った後は、文武天皇の治世下で仏教興隆に努めるという未来に、道慈は微塵も疑いを抱きませんでした。

唐に着いてからの道慈は、当時、仏教研究の最高峰に位置付けられる西明寺に止住し、日々勉学に勤しんだものと想像されます。留学の費用は日本や唐によって賄われており、留学僧たちは国のために学び、帰国してからは国のために働くことが当然の責務であり、自分に課せられた使命を自覚することで、高い士気を維持したものと思われます。もちろん、留学僧の中にはできるだけ多くの経典を持ち帰ることで、帰国後に高い地位を得たいと考える野心家もいたでしょうが、道慈はあくまでも学問僧として国に貢献できるよう、誠実に努力を続けたものと推測します。

そんな地道な努力を何年も続けるうちに、道慈は思いがけない情報を耳にします。それは、日本と唐の間で起きた白村江の戦いに関するものでした。

天智天皇二年（六六三）八月、日本は百済支援のために朝鮮半島に船団を送ったのですが、日本の船団は白村江で唐の大船団と遭遇し、木端微塵に粉砕されてしまいました。道慈にとってこの事件は生まれる前のことであり、意識にのぼることはありませんでした。ところが、この事件について問題視する人たちが唐の一部に残っていることを知ったのです。

道慈は仏教の留学僧であって官人ではありません。また、白村江の事件は四十年以上も前のことであり、道慈が詳しい事情を知るわけもなく、表向き無関心を装っていました。しかし、内心では、白村江の戦いの処理に決着がついていないとすれば、将来の日本と唐との間でこの問題が仇となり、双方の関係は厳しいものになると感じるのでした。

道慈が見たところ、白村江の戦いは日本が唐に敗れただけにとどまらず、その処理について日本と唐の間で曖昧なまま数十年が経過しているのです。このため、道慈は白村江の問題が将来の日本に悪影響を与えるのではないかと心配し、何か良い打開策はないものかと思案したのです。

◉唐の弱み

道慈は白村江の戦いについて調べるうちに、ある不思議な事実に気付きます。唐の一部には白村江の戦いを問題視する根強い意見はあるものの、国としての唐は日本に対して白村江の戦いの件で、これまで一度も公式に話し合いを要求したことがないのです。たしかに、白村江の件で日本が唐と積極的に話し合おうとした様子も見えませんが、一方の唐も日本に対して話し合いを要求するような動きは一度もないのです。

なぜ、白村江の件は双方の間で中途半端な状態で放置されているのか、あるいは白村江の件はとっくに水面下で処理が終わっているのかと、道慈は思い巡らします。そして、詳しく調べていくうちに、道慈は白村江の件について唐には大きな弱みがあることを発見します。その弱みのため、唐は白村江の処理を曖昧にしていると気付いたのです。

西暦六六三年、百済の復興運動を支援するため、日本は朝鮮半島に船団を派遣し、新羅を攻撃しようとしました。ところが、思いがけず白村江で唐の大船団に遭遇し、戦闘に発展しました。唐も日本と交戦することになるとは思っていなかったでしょうが、唐にとって高句麗を陥れることが先決であり、大事の前の小事、些細なことで日本に拘泥している暇はありませんでした。

そして、唐が高句麗を陥落させてから二年後の西暦六七〇年、日本が高句麗攻略を祝うことを口実にして河内直鯨（かふちのあたひくぢら）たち遣唐使を派遣してきました。このときこそ、唐にとって白村江の件について日本と話し合う絶好のチャンスであり、日本も話し合う用意をして遣唐使を派遣したのでした。

ところが、時あたかも鯨たち遣唐使が長安に滞在していた西暦六七〇年四月、新羅が唐を裏切り、新羅軍が唐軍を攻撃するという予想もしない事態が起こり、唐は大慌（おおあわ）てしたのです。

七年前の西暦六六三年八月、新羅を討つために日本が船団を派遣したとき、新羅と連合を組んでいた唐は新羅のために日本の船団を撃破しました。ところが、西暦六七〇年四月の今、新羅が唐を攻撃するという真逆の事態に陥っているのです。唐としては、白村江の処理について話し合うため、日本から派遣された目の前の鯨たち使節に対し、白村江の戦後処理の問題を厳しく追及したいところですが、その矢先、信頼していた新羅に唐は裏切られたのです。この事実は、国内的には政権の大失態として映り、国際的には唐という大国の面子（めんつ）を台無しにするものです。このようなタイミングで日本の使節に唐の慌てぶりを知られるわけにはいきません。唐としては表向き平静を装う必要がありました。

仮に、ここで唐が鯨たちに対して、「白村江の件で戦後処理はどのようにしてくれるのか」と問い質(ただ)したとすれば、鯨たちから「貴国が新羅に裏切られたという情報を耳にしました。貴国は新羅と戦っておられるようですが、状況はいかがですか」と逆に質問される危険があり、そうなれば唐の立場がありません。七年前に日本が新羅を攻撃するために派遣した船団を唐の大船団が木端微塵に粉砕し、唐は新羅を救ったのです。しかし、そのとき助けた新羅に唐は完全に裏切られ、今まさに新羅から攻撃を受けているのです。

この状況において、新羅を討とうとした日本に対して唐側から戦後処理を求めることは、とんでもない時代錯誤です。仮に、唐が日本に対してどんなに大きな不満を持っていたとしても、今は白村江の件を問い質すタイミングではありません。その件を持ち出せば大国として恥の上塗りになります。このため、唐は表向き白村江の件を不問にせざるを得なかったのです。

おそらく、道慈は右のような事情を早い段階で把握したのでしょう。しかし、白村江の件については国内の事情で一旦は不問にしたものの、将来、改めて唐が日本に戦後処理を要求してくる可能性はゼロではありません。歳月が経過し、もし唐が白村江の件で日本に戦後処理を要求してきた場合、処理が終わっているという証拠が残されていないだけに、日本の立場は極端に悪くなる危険があります。早めに唐に対して釘を刺しておかなければ、将来、日本は唐から強い圧力を受ける危険があると道慈は心配したのです。

日本に帰国してすぐに道慈は唐の事情を政権幹部に伝え、偶々(たまたま)編纂中だった正史の中で対処することになりました。もし将来、唐が白村江の戦後処理の問題で日本に何らかの要求をしてきた場合、

『日本書紀』の記述をきっかけに新羅の裏切りの件を持ち出し、唐が自ら白村江の件を曖昧にした事実を主張できるように工夫したのです。このように準備しておけば、仮に唐が不当に戦後処理を要求してきた場合でも、間違いなく唐を絶句させることができると道慈は計算したのです。

つまり、新羅と関わりの深い法隆寺について、西暦六七〇年四月に大火災で炎上する様子をできるだけドラマチックに描くことで、唐に新羅の裏切りを思い出させると同時に、日本が唐の味方であることを示すのです。また、鯨たち遣唐使の消息について唐に無言の質問を投げかけ、白村江の件を曖昧にした原因が唐側にあることを示唆するのです。

道慈は、新羅の件を蒸し返したくないという唐の弱みを見抜き、『日本書紀』の記述の中で新羅を悪の枢軸として描き、さらに法隆寺大火災という派手な捏造記事を天智天皇九年（六七〇）四月の条に載せることで、日本の立場を護るための総仕上げをしたのです。唐で十六年ほど留学した道慈にとって帰国後の最初の大仕事だったのです。

2『日本書紀』を書き直した道慈

井上薫氏が、『日本書紀』の仏教伝来の記述に道慈が関与したとする論文を発表したのは太平洋戦争中のことでした。この論文について反対する見解を見たことがありませんので、多くの『日本書紀』研究者が、その卓抜な洞察を高く評価しているものと拝察します。

一方、「記紀で研究する前に、記紀を研究しなければならない」という坂本太郎博士の言葉が、昭和三十九年（一九六四）の文献に載っています。この言葉は、「本来なされるべき記紀研究が一向に進んでいない」という嘆きに聞こえますが、井上氏の論文を読むとき、坂本博士が期待していたのは井上氏のような研究ではなかったかと想像します。

しかし、井上氏は、『日本書紀』に対する道慈の関与は仏教者の立場からのわずかなものだったというニュアンスで述べておられますが、『日本書紀』の編纂における道慈の存在に気付くことができたのであれば、その着眼を足掛かりに、『日本書紀』のさまざまな研究に派生させることができたはずであると残念に思います。戦時中ということが影響しているのかもしれませんが、少し時代が違っていれば、道慈についてもっと大胆な展開があり得たと想像します。

本書は、『日本書紀』の完成間際に唐から戻ってきた道慈が、その執筆・編纂に参加できたのはなぜかという疑問を発端に、白村江の戦いに関する『日本書紀』の隠れた狙いを発見し、天智紀の法隆寺大火災は捏造であることを突き止めました。この過程で分かったことは、道慈が仏教伝来の部分にとどまらず、『日本書紀』の広い範囲の執筆・編纂に関与した可能性が高いということです。

たとえば、任那に関する記述です。白村江で唐と交戦してしまい、その処置について双方で曖昧にした日本側の立場を護（まも）るため、道慈は『日本書紀』に任那に関する一連の記述を盛り込むことにしました。その任那は神功皇后摂政紀を起点に、推古紀まで何度も歴史の中心軸として登場します。任那に関する一連の記述が道慈による全面的な捏造であるとは断定できないまでも、少なくとも道慈によってさまざまな捏造や改竄、さらに演出が加えられたことは間違いないでしょう。

また、欽明紀から皇極紀にわたる異常気象や異常現象についても、『金光明最勝王経』の内容に沿うものであり、道慈の意向が色濃く反映されています。おそらく、道慈が自ら執筆したものと推測します。

つまり、道慈が『日本書紀』の執筆・編纂に加わった時点から『日本書紀』の編纂方針が大きく方向転換されると同時に、その執筆・編纂の主導権は道慈の手に移ったのです。道慈が執筆・編纂に参加した頃、『日本書紀』の原稿はほぼ出来上がっていたと想像しますが、道慈は任那の記述が始まる神功皇后摂政紀から法隆寺大火災を記載する天智紀までの記述を抜本的に変更し、全体として辻褄が合うように大幅に加除修正したのです。

仏教伝来を本来より十四年も繰り下げ、欽明天皇十三年（五五二）としたこと、聖徳太子の薨年（こうねん）を一年余り繰り上げたこと、その命日を玄奘（げんじょう）と同じ二月五日としたこと、天智天皇の即位を七年近くも繰り下げたこと、そして法隆寺大火災を捏造したこと、その発生を天智天皇九年（六七〇）四月三十日夜半過ぎに設定したこと、これらはすべて道慈が行ったと考えて間違いありません。また、四天王寺に関する記事の追加をはじめ、法隆寺や法興寺の寺号の変更も道慈が行ったのです。これらのほかにも多くの部分で道慈の手が加えられ、最終段階における『日本書紀』の執筆・編纂が進められたのです。

では、道慈が『日本書紀』の執筆・編纂に加わったとき、それまで執筆・編纂に関与していた官人たちはどのように対応したのでしょうか。

おそらく、官人たちは道慈の修正作業を傍観するしかなかったはずです。なぜなら、道慈が『日本書紀』の執筆・編纂の作業に参加することは、道慈自身が元明太上天皇、元正天皇や藤原不比等に直訴して認められたことであり、全責任は道慈にあります。このため、道慈が官人たちに頼ることはありません。また、一方の官人たちも、突然乱入してきた道慈の思いや動きが予測できません。政権幹部の了解を得ているということもあり、官人たちは下手な口出しはできず、ただ大人しく道慈の指示に従うことしかできなかったのです。

また、道慈が『日本書紀』の原稿を確認し始めたとき、道慈には鬼気迫るものがあったはずです。このような状況では、どんなに優秀な官人たちでも口出しはできません。遠巻きに道慈の作業を見守るしかないのです。結局、道慈は『日本書紀』の修正作業を、道慈の責任において、ほとんど一人で行ったものと推測します。

ところが、その作業の途中で重大な情報がもたらされます。ここまで『日本書紀』の編纂を背後で主導してきた不比等が、余命幾ばくもないと判明し、『日本書紀』の完成を急ぐことになったのです。予想外の厳しい状況になりましたが、それでも道慈は一人でやり遂げなくてはならなかったのです。その結果、寺号に大混乱が生じたほか、中大兄皇子について皇太子と修正すべき部分を天皇としたまま見落とすなど、確認が十分にできないうちにすべての作業を終了しなければならなかったのです。

つまり、『日本書紀』の執筆・編纂に道慈が参加した時点から、道慈がほとんど一人で神功皇后摂政紀から天智紀までの修正作業を行ったのです。

3　長屋王(ながやのおおきみ)との絶縁

では、唐に十六年ほども留学した後、帰国したばかりの道慈をここまで大胆に突き動かした原動力は何だったのでしょうか。道慈は唐から戻った途端、日本の政治の前面に躍り出てしまったのですが、それほどの度胸を道慈はどのように獲得したのでしょうか。

そこには、国に対する道慈の強い思いがあったと推測します。道慈は、文武天皇が早世したことに伴い、若くして皇太子となった首(おびと)皇子が無事に即位し、その治世が円満であることを心から願っていたのです。「国王が正法を行えば国は穏やかに治まる」という『金光明最勝王経』の記述そのままに、道慈は純粋に仏法の力によって国が安定して栄えていく過程を、首皇子が即位する未来に描いたのです。

今日、仏教関係者以外に仏典を研究する人はほとんど見受けられませんが、少なくとも近代に入るまで、仏教は多くの僧などを介して日本社会に深く浸透し、仏典の記述はすべてお釈迦様の言葉と信じられていました。一つの例として、鎌倉時代の日蓮は元寇を契機とする国内の混乱を目の当たりにし、『法華経』にこそ混迷を打開する方途が記されていると信じ、その布教に死力を尽くしました。

唐で学んだ道慈も、『金光明最勝王経』に描かれる世界を信じ、その理想国家を首皇子の下で実現しなければならないと決意していたのです。今日的な感覚からすれば、道慈の真剣な姿勢は異常に見えるかもしれませんが、この道慈の信念こそがその後の日本社会に大きな影響を与えたのです。

その道慈の揺るぎない真摯な姿勢は、『懐風藻』に残る道慈の次の漢詩からも窺うことができます。

五言。在唐奉本國皇太子。一首。
三寶持聖徳。百靈扶仙壽。壽共日月長。徳與天地久。

五言絶句。唐に在りて本国の皇太子に奉る。一首。
仏法僧の三宝が聖徳の皇太子を支え、百霊が末永い長寿を保ち、寿命が日月とともに長く、徳が天地とともに久しからんことを祈る（現代語訳筆者）

この詩の内容は、文武天皇が若くして崩御したことを踏まえ、首皇子が父と同じ運命を歩むことがないように、皇太子の首皇子の健康と長寿を祈っていると考えますが、詩の内容に深入りする前に、この詩が在唐中に作られたとされる点について確認しておきます。

まず、筆者の現代語訳では皇太子を首皇子（後の聖武天皇）としていますが、この詩で皇太子とされる人物が誰であるかを確認しておくことは重要です。

道慈が渡唐したのは大宝二年（七〇二）六月のことで、このとき文武天皇は即位から六年目、若干二十歳でした。前年に生まれた首皇子は二歳で、皇太子は不在という状況でした。また、慶雲四年（七〇七）六月に文武天皇が崩御した後は、元明天皇、元正天皇と女帝が二代続きますが、二人が立太子されたことはありません。そうなれば、この詩に登場する皇太子は首皇子ということになります。しかし、首皇子が立太子されたのは和銅七年（七一四）六月であり、当時唐に留学していた道慈はこの事実を知りません。

　もし、本当にこの詩を標題のとおり在唐中に道慈が作ったとすれば、養老元年（七一七）に派遣された多治比真人県守（たぢひまひとあがたもり）たち遣唐使が唐に到着したとき、文武天皇は崩御し、元明天皇、そして元正天皇が即位し、道慈が唐に渡る直前に誕生した首皇子が皇太子に立ち、次期天皇に予定されていると知らされたことになります。

　しかし、長期にわたって唐に留学し、首皇子についてほとんど何も知らない道慈が、在唐中に皇太子の長寿と平和な未来を祈るということに唐突な印象があり、腑に落ちません。仮に道慈が在唐中に何らかの情報を得て、皇太子の様子について詳しいことを何も知らないまま詩を作ったとすれば、それはほとんど偽善であり、不誠実で形式的なものといわなければなりません。道慈の真面目な人柄を考えれば、この詩はむしろ道慈が日本に戻ってから作ったと考える方が素直です。なぜなら、この詩は首皇子に皇位を引き継ぐため、元明天皇と元正天皇が必死で皇位を守り続けている様子を目の当たりにして、初めて意味を持つ詩だからです。

　また、誰に向けてこの詩を作ったのかということも疑問です。在唐中に作ったとすれば、誰に向けて作ったのでしょうか。あるいは、誰に見せることを想定して作ったのでしょうか。そう考えていくと、やはりこの詩は日本に戻り、新たに造営された平城京に入り、自分が活躍すべき新時代を実感し、首皇子の動静も知った後に作ったと考えるべきです。

ところで、この詩とは別に、『懐風藻』に道慈の詩がもう一つ載っています。その詩の序文は長屋王が主催する詩宴への招待を、道慈が丁寧に断る内容となっています。道慈が長屋王の招待を断っているその文面から推測すれば、道慈は長屋王との接触を避けている可能性があります。拙著『猿丸と人麻呂』で明らかにしたとおり、長屋王は、当時、首皇子の即位を阻む最大のライバルでした。そのことを思えば、首皇子の無事な即位を強く願う道慈としては、首皇子のライバルである長屋王との関係が深まることは避けておきたいところです。そこで、道慈は右の詩を長屋王に示すことで、自分は首皇子の無事な即位を願っており、長屋王に近づくことはできないと婉曲（えんきょく）に伝えていると推測されるのです。

つまり、右の詩は在唐中とはなっていますが、実は日本で作った詩であり、長屋王との接触はできるだけ避けたいと暗に訴えているのです。ただ、この詩を日本に帰国してから作ったといえば長屋王との関係に角が立つことになるため、唐にいた頃から皇太子のことを案じていたと記し、長屋王の心証を害さないように配慮したのです。そして、たとえ長屋王と袂（たもと）を分かつことになっても、自分は首皇子を支えていく使命があるという覚悟を、この詩で長屋王に伝えたものと推測します。

帰朝後の道慈の活躍を思えば、道慈は秀でた才能を持ち、唐で『金光明最勝王経』のほか多くのことを学び、聖武天皇を支えるために努力を惜しまなかった人物と見ることができます。その道慈の気迫が長屋王にプレッシャーを与え、背後から聖武天皇を護っていたのでしょう。

なお、余分なことかもしれませんが、道慈のこの真面目な性格は、後に唐の留学から戻る玄昉と相容れないものだったと想像します。

◉道慈の後援者

道慈は優秀な留学僧であり、加えて、聖武天皇の時代の日本に大きな影響を与えた『金光明最勝王経』を将来しました。しかし、たとえ優秀な留学僧とはいっても、唐から戻ったばかりの道慈の意見が簡単に政権幹部に受け入れられることはありません。そんなとき、道慈に力を貸してくれたのが唐へ渡るときの遣唐執節使、粟田真人であったと想像します。

真人は、大宝律令の編纂を通じて藤原不比等とつながりがあり、また、原『古事記』の編纂を通じて元明天皇とも直接の接触がありました。このお蔭で、道慈が伝えた白村江の戦いの重大性を真人が理解すれば、ダイレクトに政権上層部につなげることができたのです。

道慈が唐から戻った養老二年（七一八）、既に元明天皇は譲位し、元正天皇の時代となっていましたが、このとき元明太上天皇と不比等にとって、孫の首皇子を次期天皇に無事に即位させることが最大の使命となっていました。当時の二人は、首皇子の治世を脅かす懸念材料はすべて排除しなければならないという強い気持ちでいっぱいでした。そういう最中に、五十年以上も前に起きた白村江の戦いの処理が曖昧に放置され、首皇子の治世に重大な影響を及ぼす危険があるという道慈の情報は、二人にとってきわめて深刻でした。そのため、二人が直ちに対策を打つように指示したことは容易に想像できます。

おそらく、道慈がもたらした情報の重要性と、『日本書紀』編纂における大活躍によって、道慈は元明太上天皇、元正天皇、不比等たち政権中枢の信頼を獲得し、首皇子が聖武天皇として即位した後、政権のブレーンの一人として活躍することになったのでしょう。

その献身的な活躍のお蔭で、白村江の件が唐との間で外交問題として表面化することもなく、また、千三百年の間、誰も天智紀の法隆寺大火災記事を捏造と見抜けなかったのです。『日本書紀』の執筆・編纂における道慈の活躍は、その後の日本の歴史に大きな影響を与えました。今日、研究者以外に道慈の名を知る人はほとんどいないでしょうが、隠れた存在でありながら大きな仕事を成し遂げた人物として、道慈の名は日本史に刻んでおかなければなりません。

第五節　痛々しい法隆寺

1　新たな謎

多くの人は、『日本書紀』に改竄や捏造、演出があるという事実を容易に受け入れられないかもしれません。誤謬や誤解が描く世界は甘味であり、真実が突きつける現実は過酷です。しかし、誤謬や誤解は麻薬のようなもので、神経を鈍らせ、蝕んでいきます。学問は常に真実を追究する姿勢が要求されるものであり、その厳しい姿勢が学問の根幹を支えています。

今日まで、法隆寺は謎が謎を呼ぶ不可解な寺でした。その原因の大部分は、天智紀の法隆寺大火災を事実と信じたところにありました。しかし、『日本書紀』が改竄と捏造、演出に満ち、天智紀の法隆寺大火災が捏造であると確認できれば、法隆寺の理解は一変するはずです。これまで謎とされてきた問題が簡単に解け、逆に、これまで気付かれなかった新しい問題が表面化するのです。しかし、事実認識に誤りがなければ、新しい問題が生じても無理なく解くことができるはずです。

そして、天智紀の法隆寺大火災が捏造と判明したことで、法隆寺に関する疑問も新しいステージに進むことになります。今の段階で、法隆寺の火災や再建に関する謎を整理すると次のようになります。

①昭和十四年（一九三九）の若草伽藍の発掘調査で見つかった火災の痕跡はいつのものか
②法隆寺の再建はいつ、誰によって開始されたのか
③なぜ、若草伽藍の場所は放棄され、新たな敷地で再建されることになったのか
④法隆寺の再建工事には少なくとも数十年の中断があったが、なぜ、再建工事が中断されたのか
⑤中断された再建工事は、いつ、どのような事情で再開されたのか
⑥中断の後、再建のための費用は誰が負担したのか

⑦なぜ、中門の柱は五本なのか
⑧なぜ、五重塔の相輪に大鎌が掛けられているのか
⑨なぜ、中門や回廊の柱がエンタシスのように中央部が膨らんでいるのか
⑩なぜ、再建された中門と回廊が金堂と五重塔のみを外部から隔離するように囲っているのか
⑪なぜ、法隆寺の中門は出雲大社の社殿や元興寺極楽坊と構造が似ているのか
⑫なぜ、法隆寺の再建について、一切史料が残されてないのか

ここに掲げたものは、法隆寺の謎として以前から知られていますが、天智紀の法隆寺大火災が捏造と判明した今、これらのうち①〜④の謎は次のように簡単に説明することができます。

2　若草伽藍の黒雲

斑鳩寺（若草伽藍）が火災に遭っていることは、昭和十四年（一九三九）十二月に行われた発掘調査で赤色焼瓦や木炭破片が出土したことから間違いないとされました。その結果、若草伽藍が焼けた火災は天智紀が記す天智天皇九年（六七〇）四月三十日のものであると信じられ、天智紀の法隆寺大火災記事を否定しようとする研究者は姿を消しました。しかし、その記事が捏造と確認された以上、いつまでも天智紀の記述を信じ、そこに拘泥することは許されません。もう一度、千三百年ほどの歳月をさかのぼり、若草伽藍はいつ火災に遭ったのかという、基本的な疑問と向き合うことが求められます。

ところで、天智紀には法隆寺大火災の直前の天智天皇八年（六六九）是冬の条に、斑鳩寺で火災があったと記されています。このため、若草伽藍の火災の痕跡はそのときの火災ということも考えられます。しかし、天智天皇八年（六六九）是冬の火災が原因で若草伽藍が放棄され、現在の位置に再建されたとした場合、やはり天智天皇九年（六七〇）四月の大火災と同様に、木材の伐採年や再建工事のための期間を確保できないという矛盾を解決することができません。このため、若草伽藍再建の契機は、天智天皇八年（六六九）是冬の火災ではないと結論することができます。

では、若草伽藍再建の契機となる火災はあったのでしょうか。

これまでほとんど無視されていましたが、天智紀が伝える二つの火災とは別に、若草伽藍で火災が起きていたことは『日本書紀』に記されています。ただ、それは火災と明示的に記されていないため、火災が起きていたとは気付かれなかったのです。その火災は、あの凄惨な事件の最中に起きました。

皇極天皇二年（六四三）十一月、山背大兄王とその一族は斑鳩宮で巨勢徳太たちの襲撃を受けます。このとき、一旦は生駒山に逃れたものの、数日後に一族は斑鳩寺（法隆寺）に身を隠します。しかし、そこもすぐに発見され、軍兵たちに包囲されて身動きできなくなります。追い詰められた山背大兄王は一族で自経する途を選ぶのですが、皇極紀は「終に子弟・妃妾と一時に自ら経きて倶に死せましぬ。時に、五つの色の幡蓋、種種の伎楽、空に照灼りて、寺に臨み垂れり。衆人仰ぎ観、稱嘆きて、遂に入鹿に指し示す。其の幡蓋等、変りて黒き雲に為りぬ。是に由りて、入鹿見ること得るに能はず」と、その様子を伝えています。

ここで注目すべきは入鹿が見たという黒雲です。『補闕記』や『伝暦』によれば、山背大兄王たちが身を隠したのは塔とされていますので、斑鳩寺の五重塔に身を隠したということになりますが、自経に当たって山背大兄王は五重塔に火を放ったのです。入鹿には黒雲にしか見えなかったとされるその黒雲は、実は山背大兄王が放った火によって五重塔が燃えるときに立ち上った黒煙のことなのです。ただ、皇極紀は山背大兄王一族が極楽に向かう様子を荘厳に描くため、立ち上る黒煙を五色の幡蓋と種々の伎楽に見立て、それらが斑鳩寺から天に伸びると華麗に表現したのです。皇極紀は入鹿が見た黒雲という記述によって、斑鳩寺の五重塔が火災に遭っていたことを暗示していたのです。

こうして、五重塔の黒煙とともに上宮王家は滅んだのですが、『補闕記』、『伝暦』によれば、このとき一族の二十数名が亡くなったとされています。五重塔の内部は家臣を含めて数十人が隠れるには狭く、むしろ隠れるとすれば金堂がふさわしいと思われます。このため、『補闕記』、『伝暦』の記述をそのまま信じて良いものか多少の躊躇があります。しかし、証拠がない以上、ここは伝記に従って五重塔が火災に遭ったと考えておくことにしましょう。

もちろん、今日のような消火体制はありませんから、ほとんど自然鎮火を待つような状況だったでしょうが、五重塔の一部が燃えたものの、心柱までの被害は免れたと推測します。その理由は、今日の法隆寺五重塔の心柱の伐採年が西暦五九四年と推定されており、斑鳩寺創建当初の五重塔の心柱が被害を受けずに残り、現在の法隆寺五重塔に転用されたと考えられるからです。

つまり、斑鳩寺の五重塔は皇極天皇二年（六四三）十一月、山背大兄王自身が放った火によって黒煙を上げながら燃え、このときの火災が発掘調査で見つかった若草伽藍の火災の痕跡をもたらしたと推察されるのです。

3　再建の着手

皇極紀の記述によって斑鳩寺（若草伽藍）の火災の時期を、皇極天皇二年（六四三）十一月と特定できました。すると次に、燃えた若草伽藍はいつ再建に着手されたのかという問題に行き当たります。

この問題については、『伽藍縁起』が重要な事実を提示しています。第一章で、『伽藍縁起』に食封（じきふ）に関する記述があることをご紹介しましたが、天智天皇九年（六七〇）四月の法隆寺大火災が捏造であると判明し、さらに若草伽藍が皇極天皇二年（六四三）十一月に火災に遭っていると分かったことで、ようやく『伽藍縁起』の食封の記述の意味が理解できることになります。

食封に関する『伽藍縁起』の記述を、『内閣文庫所蔵史籍叢刊古代中世篇』から引用してご紹介しますので、確認していきましょう。

合食封三佰戸
右本記云又大化三年歳次戊申九月廿一日己亥許世徳陀高臣宣命納賜己卯年停止

合わせて三百戸の食封について、原本によれば、大化三年（六四七）戊申の歳の九月二十一日、許世徳陀高臣の宣命によって納賜されることになり、己卯の年に停止された（現代語訳筆者）

内容に踏み込む前に、ここに示された年次と干支の表記を確認しておきます。

まず、ここに「大化三年歳次戊申」とあり、大化三年（六四七）の干支を戊申（つちのえさる）と表記しています。ところが、大化三年（六四七）の干支は丁未（ひのとのひつじ）であり、戊申に当たるのは翌年の大化四年（六四八）になります。つまり、この『伽藍縁起』に記載された年次と干支の間に齟齬（そご）があります。

このような場合、大化三年という年次と戊申という干支のどちらを採用すべきかということになるのですが、当時、年次表記には主に干支が用いられていたこと、漢数字は誤記や読み間違いを起こし易（やす）いのに対し、干と支の組み合わせの干支は複雑なだけに、比較的間違いが起こりにくいと考えられることから、この表記は「大化四年歳次戊申」が正しい年次と推察できます。

次に、「己卯年停止」です。大化四年（六四八）戊申の後、最初の己卯（つちのとのう）の年は天武天皇八年（六七九）になります。干支は六十年周期で繰り返されるため、己卯は必ずしも天武天皇八年（六七九）に限定されるものではありません。しかし、天武紀によれば、天武天皇八年（六七九）四月の条に、「諸（もろもろ）の食封有（へひとあ）る寺（てら）の所由（よし）を商量（はか）りて、加（ま）すべきは加（ま）し、除（や）むべきは除（や）めよ」という詔が出されており、この時点で寺々の食封について見直しが行われたことが記されています。

また、その翌年の天武天皇九年（六八〇）四月の条に、「諸寺は、今より以後、……　其の食封有らむ者は、先後三十年を限れ。若し年を数へむに三十に満たば、除めよ」とあり、寺の食封は三十年を限度とするという主旨の勅が出されています。大化四年（六四八）から天武天皇八年（六七九）までが三十一年になりますので、斑鳩寺の食封三百戸は開始から三十年を超えた天武天皇八年（六七九）己卯に停止されたと考えて間違いないでしょう。

つまり、右の『伽藍縁起』の記述は、斑鳩寺に対して食封三百戸を納賜する宣命が大化四年（六四八）九月二十一日に許世徳陀高臣によって出され、三十一年後の天武天皇八年（六七九）に、その食封が停止されたと理解できます。

では、斑鳩寺に対して食封三百戸を納賜するという宣命が、大化四年（六四八）九月二十一日に許世徳陀高臣によって出され、三十一年後の天武天皇八年（六七九）にその食封が停止されたことは、斑鳩寺の再建との関係で何を意味するのでしょうか。

まず、ここで食封とありますので、寺院の収入について確認しておきます。食封とは食封に充てられた各戸が納める租の半分と庸調のすべてを収受できる権利のことで、寺などにおける主要な財源の一つです。寺の収入源としては食封のほかに寺田があり、寺田はその田の運営によって収益を得ます。寺田は収益を上げるために日々の経営努力が長期にわたって必要であるのに対し、人を対象とする食封は定められた期間中一方的に収受できる権利で、特別な経営努力を必要としないという性質があります。そういう観点から、寺田は主に寺院の経営・維持のための費用に、食封は主に寺院造営や造像などの一時的な費用に充てられる性質があると考えられています（『奈良朝時代に於ける寺院経済の研究』竹内理三著）。

つまり、斑鳩寺に納賜された食封三百戸は、皇極天皇二年（六四三）十一月、山背大兄王襲撃のときの火災で傷んだ斑鳩寺を修復するための財源だった可能性が高いのです。

◉許世徳陀高臣

次に、ここに名が挙がる許世徳陀高臣（こせのとこだこのおみ）という人物について確認します。

許世徳陀高臣は、『伽藍縁起』での表記ですが、皇極紀では巨勢徳太臣、孝徳紀では巨勢徳陀古臣と表記される人物です。許世徳陀高臣は皇極天皇二年（六四三）十一月に山背大兄王を襲撃したときの中心メンバーの一人であり、大化五年（六四九）四月には左大臣に昇進し、皇極朝から孝徳朝にかけて活躍した政権の重要人物です。つまり、許世徳陀高臣は山背大兄王一族を自経に追い込み、斑鳩寺から立ち上る黒煙を直接目撃した人物の一人なのです。

その許世徳陀高臣が、山背大兄王の襲撃事件から五年後の大化四年（六四八）九月二十一日、襲撃した斑鳩寺に対して食封三百戸を納賜する宣命を発したというのです。どういうことでしょうか。また、宣命とは天皇が発する命令であり、臣下である許世徳陀高臣が発するものではありません。なぜ、臣下が宣命を発しているような記述になっているのでしょうか。

天皇の名で出されるべき宣命を、あたかも許世徳陀高臣が出したように『伽藍縁起』は記述しているのですが、この点は不可解です。孝徳天皇に無断で宣命を出したとは考えられませんので、孝徳天皇が自分の名で出すより、許世徳陀高臣の名で出す方が有益と考え、それを認めたことになります。

つまり、斑鳩寺に納賜された食封の記述に孝徳天皇ではなく、許世徳陀高臣の名が載っていることは、この食封が許世徳陀高臣が加わった山背大兄王の襲撃事件と関係していることを示すと同時に、孝徳天皇の存在を隠そうとしている可能性が感じられます。この食封三百戸は、山背大兄王一族の上宮王家に対する罪滅ぼしとして決定されたものと推測しますが、そこに敢えて孝徳天皇の名を挙げなかったことは注意しておく必要があります。

また、本来なら事件の直後に食封三百戸の納賜を決定すべきですが、なぜ五年も経過した大化四年（六四八）九月になって決定したのでしょうか。

これに関しては、おそらく山背大兄王の襲撃事件の直後は混乱し、そのようなことに配慮する余裕がなかった、あるいは配慮する必要を感じていなかったということなのです。ところが、ある事件を契機として、山背大兄王襲撃のことを思い出さざるを得なくなったのです。

その事件とは、大化三年（六四七）十二月の晦（つごもり）に発生したとされる、皇太子中大兄皇子の宮の火災です。晦という日付をそのまま信用することはできませんが、この頃に中大兄皇子の宮で火災が起きたことは事実でしょう。このとき、被災者となった中大兄皇子やその周囲の人たちは、火災の原因を探ったはずです。今日なら科学的な分析によって火災原因を追跡できますが、科学知識のない古代には、過去の何らかの不適切な行為に対する報いとして火災が起きたと考えがちです。いわゆる、バチが当たったという考え方です。

つまり、過去に中大兄皇子やその周囲の人たちに不適切な行為があり、それが原因となって中大兄皇子の宮の火災を招いたと考え、その原因となった不適切な行為を探るのです。その結果、四年前の山背大兄王襲撃が原因ではないかという見方に行き着いたものと想像されます。山背大兄王を襲撃し、一族を死に追いやって上宮王家を滅ぼしたこと、それに対する報復として中大兄皇子の宮が火災に遭ったという見方です。

中大兄皇子が山背大兄王の襲撃に加わっていたという史料は見当たりません。しかし、火災の原因をさまざま思い巡らすうちに、上宮王家を滅ぼしたことが原因となって、中大兄皇子の宮が炎上するという事態になったと結論せざるを得なかったと推測します。

その結果、中大兄皇子や許世徳陀高臣たち関係者は、上宮王家や斑鳩寺に対して何らかの措置を講じなければならないと判断したのです。上宮王家が滅びた後、斑鳩寺は有力なスポンサーを失い、建物は火災に遭ったまま放置され、無残な姿を晒(さら)しています。おそらくこのとき、斑鳩寺の修復に動き出す必要があると孝徳天皇や許世徳陀高臣たちは気付き、食封三百戸の納賜を決定したのです。

4　再び荒廃する斑鳩寺

斑鳩寺は、食封三百戸の財源が得られたことで、傷んだ伽藍の修復を具体化しようとします。しかし、元の位置は山背大兄王一族が自経した凄惨な事件の現場であり、その場所で伽藍を修復した場合、事件を思い出させるという事情から、旧伽藍の敷地を放棄し、その北西二百メートルほどの場所に新たに建て直すことにしたのです。この場所は北西方向から緩やかに延びる尾根裾を削り、谷を埋めて整地する必要があって費用が嵩(かさ)み、工期も延びますが、削り取ったところの地盤は固く、大きな建造物を建てるには適した場所といえます。

しかし、再建のための作業は敷地の確保と造成だけでなく、建物の設計、木材の伐採、乾燥、製材・加工と続きますので、主な財源である食封三百戸だけでは再建が容易に進まなかったと想像されます。元の位置で傷んだ部分だけを修復するのであれば、三百戸の食封だけでも何とかできたかもしれませんが、場所を移転して敷地の造成から始めたことで、再建のための費用と工期は大幅に膨らんだのです。

そして、限られた財源で細々と再建工事を進めていた天武天皇八年（六七九）四月、突然食封三百戸が停止されたのです。三十年余り、主要財源として頼ってきた食封が停止されたことで、斑鳩寺の再建は途中で立ち往生します。おそらく、この段階で建物としては金堂がほぼ完成し、五重塔は骨格と屋根までができていたものの、壁や天井などの造作には手が付いていない状態で、回廊と中門に至っては着手前だったと想像されます。この再建途上の中途半端な状態で工事が中断されたことで、斑鳩寺は再び痛々しい姿を容赦ない風雨に晒すことになったのです。
その後、時代は天武天皇から持統天皇へ、さらに持統天皇から文武天皇へと遷り変わり、歳月が十年、二十年と無為に流れていきます。上宮王家という有力なスポンサーを失い、三百戸の食封も停止された斑鳩寺は、工事再開の目途も立たないまま、再建途中の無残な姿を晒し続けます。また、山背大兄王襲撃のときに焼かれた斑鳩宮もそのまま放置され、厩戸皇子が法華経を講じたとされる岡本宮も寺に改装されていましたが、放置されて荒れるばかりでした。上宮王家が中心となって整備した斑鳩地区は主を失い、歳月の経過とともに歴史の舞台から遠ざかり、人々の記憶からも次第に消えていったのです。

このままでは法隆寺の再建はあり得ません。法隆寺は放置されて無残な姿を晒し、徒に歳月だけが過ぎていきます。誰も顧みることがない法隆寺の再建はどうなるのでしょうか。今日、われわれが目にする法隆寺を完成させるために、誰が動き出してくれるのでしょうか。中断された法隆寺の再建工事を再開する契機はあるのでしょうか。

そして、法隆寺のことなど思い出す人もいなくなった頃、遠く離れた藤原京で不吉な事件が起きたのです。

第二部

極秘の再建

第五章　同じ轍(てつ)

第一節　忍び寄る祟(たた)り

1　文武天皇の不豫(ふよ)

『日本書紀』や『続日本紀』などの古い史料には、ときどき「不豫」という言葉が登場します。この不豫という言葉は、天子の立場にある人の病気を表す特別な言葉です。

文武天皇元年（六九七）八月一日、文武天皇は持統天皇の譲位により、十五歳という異例の若さで即位します。立太子が同じ年の二月でしたので、立太子から半年後に即位したことになります。ところが、在位十年ほどの慶雲四年（七〇七）六月十五日、文武天皇は病気のため二十五歳で崩御してしまいます。

なぜ、文武天皇の死亡原因を病気と断定できるかといえば、崩御の半年余り前の慶雲三年（七〇六）十一月、「容態が思わしくないので自分は身を引き、（母の）阿閇皇女(あべひめみこ)に譲位したい」という意向を文武天皇が漏らしていたと、元明天皇即位前紀に記されているからです。この記述を単純に読めば、文武天皇は慶雲三年（七〇六）十一月頃に体調を崩し、半年余りの闘病の末、慶雲四年（七〇七）六月に崩御したと思ってしまいます。しかし、それはあまりにも皮相な見方です。体調が思わしくないからといって、天皇が自ら譲位を決断することは軽々しくできるものではありません。天皇は周囲の多くの人たちの支えがあって初めてその地位に即き、その地位を維持できるのです。そのことは文武天皇も十分に承知しています。天皇という立場にあれば、不用意に譲位など口にしてはならないのです。そのことを承知のうえで、文武天皇が慶雲三年（七〇六）十一月の時点で譲位を仄めかしたとすれば、そのとき文武天皇の病状は既に相当に重くなっていたと考えなければなりません。

つまり、譲位の意向を口にする以前から文武天皇は健康に問題を抱えており、歳月の経過とともに日々の政務も覚束ないほどに病状が悪化し、回復は難しいと判断される状態になったからこそ、文武天皇は譲位の意向を母の阿閇皇女に漏らしたのです。譲位の意向を漏らした慶雲三年（七〇六）十一月より前の段階で、文武天皇は既に深刻な不豫に陥っていたと考えなければならないのです。

では、文武天皇は、いつ頃から不豫に陥っていたのでしょうか。

残念ながら、文武天皇の不豫に関する明示的な史料は見当たりません。しかし、文武天皇の不豫は、遅くとも大宝三年（七〇三）には起きていたと疑わせる証拠がいくつも見つかります。

◉改元の不思議

近代以降、元号は明治・大正・昭和・平成・令和と、歴代の天皇の交代とともに変遷してきました。『日本書紀』によれば、日本で最初に元号が用いられたのは蘇我入鹿暗殺事件の直後に定められた大化と見られます。大化の後は、白雉（はくち）、朱鳥（あかみとり）という元号も登場しますが、これらの元号は単発的で短命なものに終わっています。今日の令和まで連綿と続く起点となった元号は、西暦七〇一年に始まる大宝です。この大宝という元号は、本格的な律令が制定されたことを契機に定められたと考えられますが、ちなみに大宝元年（七〇一）に完成した律令は『大宝律令』と呼ばれています。

大宝の後は、慶雲・和銅・霊亀・養老・神亀という順に改元され、『続日本紀』にはそれぞれの改元の経緯（いきさつ）が記されています。大宝の次の慶雲は大極殿の西楼の上に慶雲が見えたことが理由とされています。和銅は武蔵国が和銅を献上したこと、霊亀は都の住人が霊亀を献上したこと、養老は元正天皇が美濃国に行幸したこと、神亀は白亀が出現するという瑞祥（ずいしょう）があったことが契機とされています。

しかし、これら表向きの説明とは別に、慶雲を除き、それぞれの改元は政治的な出来事と強く結び付いています。和銅は元明天皇の即位、霊亀は元正天皇の即位、養老はそのまま元正天皇の美濃国行幸、神亀は聖武天皇の即位があり、改元は大きな政治的な出来事と連動して行われていることが分かります。古代の改元は表に語られたきっかけとは別に、天皇の即位などを契機として、人心刷新、運気向上、厄払いなど、真の目的が裏にあったと推察されます。

ところが、これらの改元の中で慶雲だけは、大極殿の上に慶雲が見えたという記述が『続日本紀』慶雲元年五月の条にあるのみで、改元の前後に大きな政治的な出来事が見当たらず、大宝から慶雲への改元は政治的な出来事と無関係に行われたように見えます。慶雲という元号は大宝四年五月に定められ、大宝から置き換わるのですが、華々しく画期的なスタートを切った大宝という元号が、然（さ）したる理由もないまま、わずか三年ほどで慶雲に変更されたことには異様な印象がありま す。また、大宝から慶雲への改元の契機が単に「縁起の良い雲が見えた」という説明だけでは、あまりにも軽く、不可解さが拭（ぬぐ）えません。

もしかすると、政治的な理由を語らない大宝から慶雲への改元の背後に、世間に公表したくない政権内部の秘密が隠されていたのではないでしょうか。

実は、文武紀には慶雲への改元の前に謎の出来事がいくつか記されています。その一つは、大宝三年（七〇三）三月十日、「四大寺に詔して大般若経を読ましめたまふ。度するひと一百（いっぴゃく）人」という記述です。ここでいう四大寺とは、大官大寺（大安寺）、薬師寺（本薬師寺）、飛鳥寺（法興寺）、川原寺（弘福寺）を指しますが、この記事には四大寺で大般若経を読ませた理由が記されていません。大般若経は玄奘が漢訳した六百巻にもなる大経典であり、その大部（たいぶ）の経典を四大寺で大規模に読ませている目的は、文武天皇の病気平癒を祈るものだった可能性があるのです。

また、同じ大宝三年（七〇三）閏（うるう）四月一日、「天下に大赦す」という記事があります。大赦というのは、ほとんどの罪人の罪をなかったことにしてしまう特別措置で、天皇の即位などの大きな出来事があった場合に、国家の安寧を祈る政策の一つとして実施されるものです。不思議なことに、この大宝三年（七〇三）閏四月一日の大赦についても、その理由が記されていません。実は、この大赦も文武天皇の病気平癒を祈るためのものだった可能性があるのです。

大宝三年（七〇三）の三月から閏四月にかけての、わずか五十日ほどの間に四大寺での大般若経読誦と大赦が相次いで行われたのですが、そこに理由が示されていないことは不思議です。たとえば、文武紀の大宝三年（七〇三）正月五日の条に、四大寺で「設斎す」という記述がありますが、これは前年に持統太上天皇が崩御したことに伴うものであると丁寧に説明が記されています。また、天平九年（七三七）、宮中で六百人の僧に大般若経を読ませるとともに、大赦を実施していますが、これは平城京で大流行した疫病の退散を祈るものだったのです。このように、大規模に神仏に祈る場合や大赦を行う場合、背後で政治的な困難に直面していることが多いのですが、文武紀はそのあたりの事情について固く口を閉ざしてます。

もちろん、大般若経の読誦や大赦を行った場合、その理由や背景を必ず歴史書に記載しなければならないというルールがあるわけではありません。しかし、和銅・霊亀・養老・神亀への改元の背後にはそれぞれ大きな政治的出来事がありましたので、この事実から帰納すれば、大宝から慶雲への改元の背後にも重大な政治的事情があったと推察されるのです。つまり、大宝三年（七〇三）の大般若経読誦や大赦の背後には文武天皇の不豫が隠されており、大化四年五月に行われた慶雲への改元は文武天皇の病気平癒を祈るためのものだったと強く疑われるのです。

ただ、天皇の不豫は不吉で暗いものであり、人々に不安を与えるものですから、好ましからざる事実を世間に広めたくないという思いから、実際には文武天皇の健康回復を祈る政治色の濃い改元や大赦でありながら、そのことを世間に公表しなかった可能性はあります。このように考えれば、慶雲への改元理由として、大極殿の西楼の上に慶雲が見えたという軽い説明にとどめた事情も理解できます。

つまり、文武天皇の不豫は、譲位の意向を伝えたとされる慶雲三年（七〇六）十一月より三年余り前、遅くとも大宝三年（七〇三）春頃には始まっていたと考えられるのです。

2　阿閇（あべ）皇女の不安

文武天皇の不豫を最も心配したのは母の阿閇皇女でした。阿閇皇女が母としてわが子の健康を案じることは自然なことですが、阿閇皇女の場合、その心配の程度は尋常でなかったと推察します。なぜなら、阿閇皇女には過去にも同様の経験があり、文武天皇の不豫が前回と同様の事態に進むのではないかと、心配でならなかったからです。

文武天皇は、草壁皇子とその妃の阿閇皇女との間に生まれた皇子ですが、草壁皇子は天武天皇を父とし、皇后の鸕野（うの）皇女（後の持統天皇）を母とする立派な血筋でした。草壁皇子は、天武天皇の後継として天武天皇十年（六八一）二月に二十歳で立太子され、皇后の力添えもあって、天皇として即位することは確実視されていました。傍目（はため）には次期天皇として草壁皇子は盤石の存在だったのです（巻末系図－1参照）。

ところが、天武天皇が朱鳥元年（六八六）九月に崩御したとき、草壁皇子は後継として即位することはありませんでした。そして、草壁皇子は皇太子のまま、天武天皇の崩御から三年後の持統天皇三年（六八九）四月、二十八歳の若さで早世したのです。

草壁皇子が天武天皇の崩御直後に即位しなかった事情は伝えられていません。しかし、皇太子の草壁皇子が天武天皇の崩御の時点で即位することなく、その三年後に二十八歳の若さで亡くなったことから推察すれば、草壁皇子は以前から体調不良が続いており、天武天皇が崩御した時点で即位することは難しかったのでしょう。

実は、阿閇皇女が文武天皇の不豫を知ったとき、もしや父の草壁皇子と同じ運命をたどるのではないかという不吉な予感が胸をよぎったのです。草壁皇子は天武天皇の後継として即位することが絶対視されていましたが、体調不良が原因で天武天皇の崩御直後の即位は見送られ、代わって母の鸕野皇女が称制（持統天皇）し、草壁皇子の回復を待ったのです。しかし、周囲の切実な祈りにもかかわらず、草壁皇子はその三年後に亡くなったのです。

阿閇皇女は、自分の夫であり、文武天皇の父である草壁皇子が二十八歳の若さで亡くなった過去の悲しい出来事を思えば、目の前の文武天皇が父の草壁皇子と同じ運命をたどるのではないかと、考えてはならない不吉な予感を振り払うことができなかったのです。

◉拡大する不安

一方、文武天皇の不豫に心を痛めている人物がもう一人いました。それは藤原不比等です。不比等は娘の宮子を文武天皇の夫人とすることに成功し、期待どおり宮子夫人に首皇子（後の聖武天皇）が誕生しました。不比等は義父として文武天皇の病状が気懸かりでなりません。不比等は十数年前の草壁皇子の件は承知しており、文武天皇の様子が父の草壁皇子と似ていることに強い懸念を抱きます。ただ、不比等は目の前の文武天皇の容態が心配であることはもちろんですが、そればかりでなく、もっと先のことも気になっていました。

不比等は文武天皇の容態を心配すると同時に、大宝元年（七〇一）に文武天皇と宮子との間に生まれた首皇子の行く末が気懸かりだったのです。実は、宮子は首皇子を生んだ後、首皇子に面会できないほど「幽憂に沈む」という心の病に陥っていました。母の宮子がそのような状態にあることに加え、父の文武天皇までもが不豫ということになれば、まだ三歳ほどでしかない首皇子にとって両親がともに病気ということになり、将来が思い遣られて仕方なかったのです。当然、不比等は天皇家と藤原氏とがともに栄えていく明るい未来を描いており、そのためには文武天皇や首皇子の健康が何より大切なのです。しかし、文武天皇の不豫によって、不比等は自分の描く繁栄の未来図が厳しいものになるという予感に襲われたのです。

阿閇皇女と不比等は互いに顔を見合わせます。草壁皇子、文武天皇、宮子夫人の三人が揃いもそろって若いうちに病気になるとはどういうことなのか。うち続く不幸に見舞われる中で、阿閇皇女と不比等は何かに祟（たた）られているのではないかと疑いたくなるほど、暗澹（あんたん）たる思いに沈んだのです。病気に苦しむ文武天皇の様子を見て阿閇皇女と不比等は考えます。草壁皇子に起きたこと、そして文武天皇と宮子夫人に起きていることをつぶさに見れば、一族が何かに祟られている可能性があるのではないか。もしかすると、過去の出来事が原因となって一族が祟りを受け、草壁皇子、文武天皇、宮子夫人と相次いで不幸に見舞われているのではないか。もし祟りがあるとすれば、その祟りは草壁皇子、文武天皇、宮子夫人にとどまらず、幼い首皇子にまで及ぶ危険があり、この祟りの原因を早急に見つけ出し、一刻も早くその祟りの連鎖を断ち切らなければ一族の未来はない、と強く思うのでした。

そこで、阿閇皇女と不比等は、取り急ぎ文武天皇の回復を願って四大寺での大般若経の読誦と大赦を実施し、併せて大宝から慶雲への改元を決定したのでした。

ところが、大般若経の読誦、大赦、改元を実施しても、文武天皇の容態に目立った改善は見られません。そこで、阿閇皇女と不比等は自分たちだけでは限界があると感じ、歴史に詳しい人物に助けを求めることにします。その人物は、慶雲元年（七〇四）七月に遣唐使としての任務を了（お）え、唐から戻ったばかりの粟田真人です。真人は原『古事記』の編纂に関与したと考えられる人物で、阿閇皇女や不比等より年上であり、過去の事情に詳しいうえに、若い頃に留学僧の道観として唐に滞在するなど、海外経験が豊富で博識です。また、『大宝律令』の起草では不比等と接触があり、阿閇皇女や不比等が相談できる相手として、これ以上の人物はありませんでした。

また、過去の出来事を掘り返すことは一族のスキャンダルを知られてしまうという側面があるため、相談したいからといって無際限に相談相手を増やすことはできません。そのため、阿閇皇女と不比等は信頼できる真人だけに相談相手を絞ったものと考えられます。

こうして阿閇皇女、不比等と真人の三人は、祟り(たた)の原因となり得る過去の出来事を急いで洗い出すことにしたのです。

もちろん、近代以降の科学知識によって祟りは実体のないものと理解されていますが、科学知識の乏しい古代には、祟りが人や社会に悪影響を与えると信じられ、得体の知れない不安を古代社会に及ぼしていたのです。

第二節　不可解な釈明

1　連続した襲撃事件

阿閇皇女、不比等、真人の三人は、文武天皇の不豫の原因を探るため、過去の出来事を洗い出していきます。その中で、推古天皇が崩御したときの後継者問題で、田村皇子と山背大兄王との間で起きた激しい争いに目が留まりました。

推古天皇は後継者を指名しないまま、曖昧な遺言だけを残して崩御します。当時、後継候補としては田村皇子と山背大兄王がありましたが、二人はともに推古天皇の遺言を自分に有利に解釈し、自分こそ後継者であると主張して譲らず、衝突が起こりました。結局、当時政権を牛耳っていた蘇我蝦夷が田村皇子を強く推したことで、田村皇子が舒明天皇として即位し、山背大兄王は辛酸を嘗めることになりました。

しかし、後継者争いにおけるわだかまりが一つの原因となり、山背大兄王と蘇我蝦夷、すなわち上宮王家と蘇我本宗家との間に確執が生まれます。田村皇子が舒明天皇として即位した後も上宮王家と蘇我本宗家との間の火種は燻り続け、十数年後に舒明天皇が崩御し、皇后の寶皇女が皇極天皇として即位したとき、二つの大きな事件となって炎上したのです。

推古天皇の崩御を契機として起きた田村皇子と山背大兄王との暗闘、それを背景として起きた皇極朝の二つの事件は、『日本書紀』を編纂した当時の政権にとって重要な意味を持っていたらしく、その経過が皇極紀に詳しく記されています。この二つの事件は文武天皇の不豫と密接につながっている可能性があり、もう一度、事件の経過の要点を皇極紀の記述に沿って確認します。

ただし、この二つの事件が『日本書紀』編纂当時の政権にとって重要な意味を持っていたということは、事件の経過が政権に都合良く改変されている可能性があり、『日本書紀』の記述をそのまま鵜呑みにすることは危険です。このため、事件の経過を確認するうえでは、その点に十分注意しておく必要があります。

◉山背大兄王の襲撃

皇極天皇二年（六四三）十一月一日、山背大兄王は斑鳩宮で巨勢徳太をトップとする一味に襲撃されます。この襲撃は蘇我入鹿の命令によって実行されたもので、不意を衝かれた山背大兄王は斑鳩宮を抜け出し、近くの生駒山に逃れます。このとき、山背大兄王の家臣の中には東国へ逃れて再起を図るべきと勧める者もありましたが、人民に迷惑をかけることを潔しとしない山背大兄王は東国に向かうことなく、数日後に生駒山から下りて斑鳩寺（法隆寺）に身を隠します。しかし、そこもすぐに発見され、兵士らに包囲されてしまうのでした。

山背大兄王は、「入鹿と戦えば勝つチャンスがあるかもしれない。しかし、それでは人民を苦しめることになる」として戦うことを拒否し、一族とともに斑鳩寺で自経する方途を選びます。

自経した山背大兄王一族の霊が天に昇っていくとき、空には五色の幡蓋や種々の伎楽が照り輝き、それらが斑鳩寺まで垂下したとされています。しかし、この幡蓋や伎楽の輝きは山背大兄王の襲撃を命じた入鹿には黒雲にしか見えなかったと皇極紀は伝えています。

山背大兄王は厩戸皇子（聖徳太子）の子であり、自分のために人民に迷惑をかけることを嫌い、父と同じ聖人として潔い方途を選んだのでした。一族の霊が天に昇るとき、幡蓋や伎楽によって荘厳されていたという記述は、『日本書紀』が山背大兄王一族を聖人として描いていることを意味します。

山背大兄王一族は仏の世界に向かったということでしょうが、厩戸皇子・山背大兄王と続いた上宮王家はこの襲撃事件をもって完全に滅びてしまいます。あまりにも無残な、そしてあまりにも潔い一族の最期でした。

◉蘇我入鹿の襲撃

山背大兄王の襲撃から二年後の皇極天皇四年（六四五）六月八日、二年前に山背大兄王の襲撃を命じた蘇我入鹿が、今度は宮中の大極殿という公式の場で中大兄皇子や中臣鎌足らに襲われ、皇極天皇の目の前で強殺（ごうさつ）されてしまいます。突然の出来事に驚いた皇極天皇は、「いったい何があったのか」と中大兄皇子に問います。中大兄皇子は、「入鹿は二年前に山背大兄王を襲撃し、皇統を脅威にさらしました（そのために誅罰（ちゅうばつ）を加えました）」と応えます。これを聞いた皇極天皇は黙って奥に引き上げたと皇極紀は伝えています。

入鹿は、聖人の家系であり皇統につながる山背大兄王一族を自経に追い込み、上宮王家を滅ぼした極悪人ということでしょうが、入鹿の殺害場所が大極殿という公式の場であることに加え、皇極紀に描かれた入鹿襲撃事件の一部始終が、まるで映画のシーンように活写されていることに驚きます。政権の頂点にいた入鹿の死は因果応報の見本であり、目に余る専横によって蘇我本宗家は墓穴を掘ったということを皇極紀は伝えているようです。

この入鹿暗殺事件は大化改新の契機となる古代史の重大事件で、乙巳（いっし）の変と呼ばれています。入鹿は二年前に山背大兄王一族を自経に追い込みましたが、それに対する報復を受ける形で暗殺されました。稲目・馬子・蝦夷・入鹿と四代にわたって政権の中枢に君臨してきた名門の蘇我本宗家は、この事件をもって永遠に滅びたのです。

2　重大な疑義

皇極紀は、山背大兄王の襲撃事件や入鹿の暗殺事件について、首謀者や実行犯の名を具体的に挙げたうえで、その経過を詳しく伝えています。それは、まるで皇極紀の執筆者・編纂者たちが事件の様子を実際に見ていたのではないかと思わせるほど、生き生きとしています。『日本書紀』は、山背大兄王の襲撃事件や入鹿暗殺事件から七十年ほど後に編纂されたものですが、これほど細く、かつ生々しく描写するための情報をどのように入手したのでしょうか。また、正史である『日本書紀』が、二つの事件について、まるで歴史物語のように一人ひとりの動きを活写していますが、その理由が分かりません。

皇極紀が伝える二つの事件は、長期にわたって政権を牛耳ってきた蘇我本宗家が滅び、代わって中臣氏（後の藤原氏）が台頭する画期となったものですが、藤原氏の政界登場を『日本書紀』で華々しく彩り(いろど)たいという思いがあったのかもしれません。

ところで、山背大兄王の襲撃事件については、正史の『日本書紀』のほかに、奈良時代の『藤氏家伝』や、平安時代に編纂された『補闕記』、『伝暦』などの聖徳太子の伝記にも伝えられています。このうち、『藤氏家伝』は政権側である藤原氏の立場から編纂されたものであり、我田引水の感が否めず、史料としての評価は落ちます。一方、『補闕記』や『伝暦』は事件当時の政権関係者と特につながりがなく、ほぼ中立の立場から編纂されていると推測され、史料としての価値は比較的高いといえます。

本来、正史として『日本書紀』が最も信頼されるべきですが、正史は政権側が編纂するという事情から、どうしても政権の意向が反映されてしまうという宿命は避けられません。そういう観点からすれば、事件の経過をできるだけ正確に把握し、公平な判断を行ううえで、『補闕記』や『伝暦』など、『日本書紀』とは異なる立場の史料を確認することは重要です。

なお、『日本書紀』は事件の発生から七十年余り後に編纂されましたが、一方の聖徳太子の伝記は事件発生から百五十年以上が経過した平安時代に編纂されたものです。歳月の経過という観点からは倍の隔たりがありますが、この差はいわゆる五十歩百歩というもので、実質的には大きな差にならない可能性があります。

◉伝記に残された真実

『補闕記』は平安時代初期に成立したと見られますが、山背大兄王襲撃事件の重要な点について皇極紀とは微妙に異なる内容を伝えています。

皇極紀は、襲撃の首謀者として蘇我入鹿を挙げ、入鹿に襲撃を命じられた実行犯として巨勢徳太ら数人を伝えていました。これに対して『補闕記』は、入鹿を実行犯の一人として挙げつつ、巨勢徳太たちのほかにもう一人、「軽王（かるのみこ）」と呼ばれる人物が加わっていたことを伝えています。また、『伝暦』も入鹿や巨勢徳太たちのほかに、「軽王」という人物の名を実行犯の一人として挙げています。

では、皇極紀では名が挙がらず、『補闕記』や『伝暦』において初めて名指しされた「軽王」とは誰のことでしょうか。

調べてみると面白いことが分かりました。軽王とは山背大兄王襲撃の当時、天皇であった皇極女帝の同母弟で、蘇我入鹿が暗殺された乙巳（いっし）の変の直後に孝徳天皇として即位する人物だったのです。

『日本書紀』よりずっと後に成立した『補闕記』や『伝暦』が、山背大兄王の襲撃事件に軽王が加わっていたことを伝えながら、正史である皇極紀が軽王のことに触れていません。史料によって軽王という人物の扱いが大きく異なるのですが、ここに何か秘密があるのかもしれません。この軽王という人物を糸口に、山背大兄王襲撃事件と入鹿暗殺事件の真相に迫ってみることにします。

まず、山背大兄王の襲撃に軽王が加わっていたと、『補闕記』や『伝暦』が捏造した可能性はないかという点について確認してみます。

第一は、『補闕記』や『伝暦』が確実な根拠もないまま、皇極女帝の同母弟である軽王が、山背大兄王の襲撃に加わっていたと捏造できるかという観点です。もし、軽王が山背大兄王襲撃に参加していないにもかかわらず、その襲撃に軽王が参加していたと記述すれば、それは名誉棄損にもつながる重大な犯罪行為です。軽王は皇極天皇の同母弟という重要人物であり、それほどの人物が山背大兄王の襲撃に加わっていたという捏造は、たとえ時代が大きく離れているといっても、安易にできることではありません。

『補闕記』や『伝暦』が編纂されたのは、山背大兄王の襲撃事件から百五十年以上が経過した頃と見られますが、百五十年後といえども然るべき裏付けがないまま、皇極天皇の同母弟が襲撃に加わっていたという内容を軽々しく載せることはできません。また、聖徳太子の伝記に軽王に関する嘘を記載しても、何か利益があるようにも思えません。『補闕記』や『伝暦』は然るべき根拠にもとづいて記述したのであり、軽王が山背大兄王襲撃に加わっていたことは間違いないと考えるべきでしょう。

第二は、『補闕記』の編者がその冒頭で、『日本書紀』のほか、『暦録』や四天王寺の『聖徳王伝』などの史料には間違いが多いため、独自に古老を訪ね、古い史料を探し、調使・膳臣らの家記を入手して調べたと述べている点です。この記述によって、『補闕記』編纂の動機は、『日本書紀』などの史料の間違いを正すことにあったと考えられ、この真面目な姿勢で取り組む『補闕記』の編者が、根拠のない捏造記事を載せるとは考えられません。『補闕記』の文面から受ける編者の印象は、一本気なところはあるものの、それだけに誠実な人物という印象があり、その編纂姿勢は真摯で信頼できると考えます。

つまり、山背大兄王の襲撃に軽王が加わっていたと伝える『補闕記』や『伝暦』の記述には、一定の信憑性があると判断されるのです。

◉強烈な違和感

ところで、皇極天皇の同母弟である軽王が山背大兄王の襲撃に加わっていたことに驚きますが、なぜ皇極紀は軽王の存在を隠したのでしょうか。また、なぜ皇極女帝の同母弟が襲撃に加わっていたのでしょうか。皇極紀では、山背大兄王の襲撃を命じたのは入鹿であると記されていますので、入鹿の命令で軽王が山背大兄王の襲撃に加わったことになりますが、ここに強い違和感を覚えます。

そして、入鹿が命じたとされる山背大兄王の襲撃事件から二年後、今度は入鹿が強殺されました。このとき、皇極天皇が中大兄皇子に入鹿を殺害した理由を問い質(ただ)します。問われた中大兄皇子は、二年前に入鹿が山背大兄王を殺害したことを理由に挙げました。この中大兄皇子の釈明はもっともらしく聞こえるのですが、山背大兄王の襲撃に軽王が関与していたとなれば、事情は全く違ってきます。軽王の出現によって、山背大兄王襲撃と入鹿暗殺という二つの事件の裏に潜む皇極紀の重大な矛盾が露呈することになるのです。

実は、入鹿が強殺された乙巳の変の直後、混乱の中で皇極天皇は退位します。このとき、皇極天皇を継いで即位するのは、事もあろうに、『補闕記』などに山背大兄王襲撃の実行犯の一人として名が挙がる軽王なのです。その軽王が孝徳天皇として即位するというのです。これは何を意味しているのでしょうか。

疑問はそれだけではありません。山背大兄王襲撃の実行犯として皇極紀にも『補闕記』、『伝略』にも名が挙がる巨勢徳太（こせのとこだ）は、孝徳政権発足から四年後の大化五年（六四九）四月、人臣最高位の左大臣となって孝徳天皇を補佐する立場に昇るのです。山背大兄王襲撃の実行犯の中から軽王と巨勢徳太の二人が、揃いもそろって政権トップの座に就くというのです。これはいったいどういうことでしょうか。

もし、入鹿が山背大兄王襲撃の首謀者で、軽王と巨勢徳太も共犯として襲撃を実行したとすれば、入鹿とともに軽王と巨勢徳太も罪に問われるはずです。しかし、実際には入鹿だけが罪を問われて殺される一方で、軽王と巨勢徳太は罪に問われないばかりか、直後に政権トップの座に就くのです。これはきわめて不公平な処置といわなければなりません。

もしかすると、これら実行犯の扱いに極端な違いを生んだ山背大兄王襲撃と入鹿暗殺という二つの事件の裏には、これまで知られていない重大な秘密が隠されているということではないでしょうか。

3　入鹿の再審

山背大兄王の襲撃に関する皇極紀と『補闕記』、『伝暦』の記述を比較した結果、皇極紀は皇極天皇の同母弟の軽王が実行犯に加わっていたことを隠していると判明しました。軽王がこの事件の実行犯の一人として関与していたことが明らかとなれば、山背大兄王襲撃の首謀者が入鹿であるとする従来の見方には重大な疑義が生じます。

『日本書紀』の完成から千三百年以上が経過しましたが、これまで山背大兄王の襲撃は入鹿の命令によって実行されたということに誰も疑いを抱きませんでした。しかし、山背大兄王襲撃の実行犯の一人として軽王が浮かび上がったとなれば、入鹿を首謀者とする皇極紀の記述には矛盾が生じます。

もしや、入鹿の背後に真犯人がいて、その真犯人を隠蔽（いんぺい）するために入鹿が首謀者に祭り上げられたということはないのでしょうか。山背大兄王襲撃や入鹿暗殺に関して、皇極紀は実況中継のように生々しく経過を伝えていましたが、その詳しい描写の背後で何かを隠していたのではないでしょうか。皇極紀の記述を鵜呑（うの）みにしていたことは誤りで、入鹿が濡れ衣（ぬれぎぬ）を着せられているということはないのでしょうか。

皇極紀に記された二つの事件の経過は虚偽に満ちている可能性があります。そこで、これまでの千三百年間、極悪人の烙印を押されてきた入鹿を正当に理解するため、入鹿の弁護人になったつもりで山背大兄王襲撃事件を洗い直し、その真相を探ってみることにしたいと思います。いわば、入鹿の再審開始の決定です。

①証拠の確認

山背大兄王の襲撃事件を扱った史料は、右に紹介したように奈良時代初期の『日本書紀』（皇極紀）のほか、奈良時代中期の『藤氏家伝』、そして平安時代の『補闕記』、『伝暦』があります。

これらのうち、『藤氏家伝』は「入鹿が山背大兄王の襲撃を命令し、諸王子が入鹿の命令に従った」と記す一方で、「諸王子が襲撃に加わったことは事実だが、諸王子が襲撃に加わった理由は入鹿の命令に従わなかった場合に、入鹿から危害を加えられる怖れがあったからだ」と、王子たちを庇（かば）っています。

『藤氏家伝』は、中臣鎌足の子孫の藤原仲麻呂が、事件から百年ほど後の奈良時代中期に編纂したもので、藤原氏にとって都合の悪いことは排斥されるとともに、改竄も行われている可能性が高く、いわば利害関係人の証言ということになります。そのため、記述内容をそのまま証拠として採用することはできません。

ただ、たとえ虚偽にまみれた史料であっても、その虚偽の裏に潜む真実を見抜くことができれば、虚偽ばかりの史料といえども十分に価値のある証拠になることがあります。事実、『藤氏家伝』では、王子たちが山背大兄王の襲撃に加わっていたことをあっさり自白しており、そこに軽王の名こそ挙がっていませんが、「諸王子が加わっていた」という記述から、軽王が山背大兄王襲撃に参加していたことを暗黙に認めたと解釈することができます。

一方、『補闕記』や『伝暦』は事件から百五十年余が経過しているため、歳月の経過とともに多少の潤色や間違いが加わることも考えられ、その内容を無際限に信用することは危険です。そういう意味では事件から少々離れすぎているという印象はあります。

しかし、歳月が経過したことで逆に有利にはたらく要素もあります。たとえば、皇極天皇の同母弟の軽王が山背大兄王の襲撃に加わっていたという記述です。事件直後には関係者への配慮から表に出せない情報であっても、関係者が他界するなどして公表を阻む柵（しがらみ）がなくなれば、堂々と記述することができます。

時代が離れた史料は、事件直後には記載できない微妙な情報も遠慮なく記載できる有利さがあり、そういう観点からすれば、平安時代の『補闕記』や『伝暦』は歳月が経過しているといっても、証拠として侮れない価値を持っています。

②入鹿暗殺理由の矛盾

本書は、入鹿を山背大兄王襲撃事件の首謀者としてきた従来の定説を検証するに当たって、背理法を用いることにします。背理法という手法は特別なものでなく、誰もが日常的に用いている一般的な手法です。

背理法ではある仮定を置き、その仮定にもとづいて推論し、推論の過程で矛盾が生じる場合、元の仮定が間違っていると結論する方法です。たとえば、アリバイも一種の背理法と見ることができます。検察側は容疑者が犯行現場にいたと主張（仮定）しますが、犯行のあった時間帯に容疑者は別の場所にいたと証明できれば、容疑者が犯行現場にいたという検察側の主張（仮定）との間で矛盾が生じ、容疑者が犯行現場にいたという主張（仮定）は間違っていると結論できます。なぜなら、人は同時に二つ以上の場所に存在できないという絶対の真理があり、犯行時に容疑者が別な場所にいたと証明することができれば、容疑者は犯行現場にいたという主張（仮定）が間違っていると結論できるからです。

山背大兄王襲撃事件において、入鹿の弁護のために背理法を適用するに当たっては、まず入鹿が首謀者であるとする皇極紀の主張（仮定）をもとに事件の経過を確認します。もし、この確認の過程で入鹿を首謀者としたままでは克服できない矛盾が生じる場合、入鹿が首謀者であるという皇極紀の主張（仮定）は間違っていると結論できることになります。それでは、さっそく確認作業に入ります。

第一に、入鹿を山背大兄王襲撃事件の首謀者とした場合に生じる入鹿暗殺の理由の矛盾です。これは入鹿の再審決定のきっかけにもなった重要な点ですが、前項でご紹介したとおり、乙巳の変で大極殿において中大兄皇子や中臣鎌足たちが入鹿を襲ったとき、皇極天皇がその理由を質しました。それに対して中大兄皇子は、「入鹿は二年前に山背大兄王を襲撃し、皇統を脅威にさらしました（そのため誅罰を加えた）」と回答しています。

一方、山背大兄王の襲撃は、入鹿が単独で実行したものではありません。軽王や巨勢徳太たちも入鹿の命令を受けて襲撃に加わった共犯者です。それにもかかわらず、軽王と巨勢徳太は一切罪に問われないばかりか、直後の新政権で軽王は孝徳天皇として即位し、その四年後に巨勢徳太は左大臣に就任するのです。入鹿、軽王、巨勢徳太はともに山背大兄王襲撃の共犯者でありながら、入鹿が襲撃を理由に強殺（ごうさつ）された一方で、軽王と巨勢徳太は直後の政権でちゃっかりトップの座に就くのです。入鹿と軽王・巨勢徳太との扱いの差があまりにも大きすぎるのではないでしょうか。

もし、入鹿暗殺の本当の理由が山背大兄王の襲撃にあったとすれば、その実行犯として加わった軽王や巨勢徳太も入鹿とともに殺されても不思議はなかったのです。仮に、入鹿が主犯で軽王や巨勢徳太が従犯だということであれば、入鹿は死刑で軽王や巨勢徳太は流刑というように、刑の重さに多少の差があってもやむを得なかったかもしれません。しかし、主犯が厳罰を受けて強殺されながら、共犯者だったうちの一人が直後に天皇となり、もう一人が四年後にその天皇の下で左大臣になるというのです。この扱いの違いはあまりにも極端です。軽王も巨勢徳太も実行犯なのですから、たとえ生命まで奪われることはないとしても、少なくとも政権からは永遠に追放されなければならないのです。

しかし、実際には入鹿のみが罪に問われたわけです。この結果から見れば、山背大兄王の襲撃は入鹿を陥れるために仕組まれた巧妙な罠だったということになります。

もし、山背大兄王の襲撃が入鹿を陥れるための罠だったとすれば、入鹿は首謀者として山背大兄王襲撃という自分自身を陥れるための罠を自分自身で仕組み、自分から進んで罠に落ちたことになります。こんな馬鹿なことをする人がいるでしょうか。入鹿を山背大兄王の襲撃事件の首謀者と仮定した場合、明らかに矛盾が生じます。

つまり、背理法によって、入鹿が山背大兄王襲撃事件で罪に問われながら、共犯者である軽王と巨勢徳太が罪に問われなかった事実は、入鹿が山背大兄王襲撃の首謀者でなかったことを示すものであり、同時に、入鹿が暗殺された本当の理由は山背大兄王の襲撃以外にあることを示しています。

③入鹿の権限

第二に、入鹿の権限に関する疑問です。皇極紀は巨勢徳太たちに山背大兄王の襲撃を命じたのは入鹿であると記しています。一方、『補闕記』や『伝暦』では、入鹿が襲撃を命じたとまでは記載されていないものの、軽王の名の直前、すなわち襲撃犯たちの冒頭に入鹿の名が掲げられています。これらのことから推測すれば、『補闕記』や『伝暦』も、入鹿を山背大兄王襲撃の実行犯の中心人物と見ていたことは間違いありません。

ところが、皇極紀によれば、山背大兄王襲撃の一カ月前の皇極天皇二年（六四三）十月六日、入鹿の父の蝦夷が病気がちで朝廷に出ることが難しくなり、蝦夷が勝手に大臣（おおおみ）の位を示す紫冠（むらさきのこうぶり）を入鹿に授けて大臣に擬（なぞら）えたとあります。この記述から推測すれば、紫冠の授受が契機となって入鹿が政界にデビューしたことになりますが、このとき政界で経験も実績もない若造の入鹿が、突如として政権トップの大臣の座に躍り出たことになるのです。そして、それから一カ月もしない十一月一日、入鹿が軽王や巨勢徳太らに山背大兄王の襲撃を命じたというのです。

いかがでしょうか。入鹿は大臣の位に就いたとはいうものの、皇極紀の記述に従えば、それは蝦夷が勝手に入鹿を大臣に擬えたにすぎません。加えて、それは山背大兄王襲撃のわずか一カ月前なのです。そんな政治経験のない青二才が、勝手に政権トップの座に就き、形式的に多くの権限を手にしたからといって、誰が就任早々の入鹿の命令に従うのでしょうか。たとえ地位が高くても、周囲から信頼され実力を認められない限り、部下は従うものではありません。仮に命令に従っているように見えても、それは面従腹背（めんじゅうふくはい）というもので、表面を繕っているだけです。

部下を掌握できていない大臣就任早々の時期に、入鹿が皇統につながる山背大兄王の襲撃という重大な犯罪を命じたところで、いったい誰が従うというのでしょうか。ここに入鹿を首謀者とすることの第二の矛盾があります。

④軽王のプライド

第三に、『補闕記』や『伝暦』の記述によって、皇極天皇の同母弟の軽王が山背大兄王の襲撃に参加していたことが判明しましたが、一方の皇極紀は軽王の存在を隠していました。この軽王の存在を隠したことが皇極紀の弱点を暴露しています。すなわち、軽王が山背大兄王襲撃に加わっていたことが知られた場合、皇極紀が組み立ててきた緻密な嘘が崩れてしまうのです。

軽王は皇極天皇の同母弟であり、その軽王の立場、そのプライドを考えれば、たとえ入鹿が大臣という肩書きにあったとしても、臣下にすぎない若造の入鹿の命令を軽王が素直に聞き入れるはずはありません。軽王には入鹿の命令を聞く耳はないのです。つまり、入鹿に皇極天皇の同母弟という重要人物を動かすだけの力はないのです。仮に、入鹿が山背大兄王の襲撃を命じたとしても、入鹿の命令で軽王が襲撃に加わることはあり得ないのです。

このように、軽王が実行犯に加わっていたことによって、入鹿を首謀者とすることの第三の矛盾があるのです。そして、ここにこそ皇極紀が軽王の存在を隠した理由があるのです。

ところで、ここで思い出されるのが『伽藍縁起』の記述です。『伽藍縁起』には、斑鳩寺に食封三百戸を納賜する宣命が許世徳陀高臣の名で出されたと記されていました。本来、孝徳天皇（軽王）の名で出されるべき宣命が、臣下の許世徳陀高臣の名で出されたことの意味は、山背大兄王襲撃事件における軽王の存在を隠そうとする意図があったと解釈できます。

⑤黒幕の影

このように、たとえ入鹿が山背大兄王の襲撃を命じたとしても、軽王や巨勢徳太たちは入鹿の命令に従うことはないのです。当時の入鹿には山背大兄王の襲撃を実行させるだけの力はないのです。この事情を考慮すれば、入鹿が山背大兄王襲撃の首謀者になり得ないことは明らかです。

入鹿には力がないにもかかわらず、まるで入鹿の命令に従って軽王や巨勢徳太たちが山背大兄王の襲撃を実行したように記述されていますが、それは皇極紀の演出であり、入鹿の命令によって軽王や巨勢徳太たちが動いていたわけではないのです。真相は、入鹿の背後に別の人物がいて、その人物が実質的に指示を出し、山背大兄王の襲撃を実行させたということなのです。

つまり、山背大兄王の襲撃事件にはこれまで知られていない陰の首謀者、すなわち黒幕が隠れていると考えなければならないのです。入鹿は黒幕の存在を隠蔽するために首謀者に祭り上げられ、恰好(かっこう)の隠れ蓑として利用されただけなのです。

なお、皇極紀の皇極天皇元年（六四二）正月十五日の条に、「蘇我臣蝦夷を以て大臣(おほおみ)とすること、故(もと)の如し」とあり、それに続いて「大臣の兒(こ)の入鹿、自ら國の政(まつりごと)を執(と)りて、威(いきほい)父(かぞ)より勝(まさ)れり」という記述があり、まるで蝦夷が大臣に再任された時点で既に入鹿が父と同じように、あるいはそれ以上に大臣の権限を行使しているかのように記されています。しかし、この記述の後から山背大兄王の襲撃まで、入鹿が具体的に何らかの決定や指示をしている様子は皇極紀に一切ありません。そのことから、この記述は蘇我氏の専横の伏線として付加されたもので、専横を際立たせるための演出にすぎないと判断できます。

⑥犯行動機

次に動機の問題です。犯罪捜査を行う場合、犯罪のきっかけ、すなわち動機がきわめて重要な要素になります。犯罪は犯人にとって大きなリスクですから、衝動的な場合などを除いて、犯人にとってリスク以上の見返りがなければ勘定が合いません。山背大兄王の襲撃事件においても、犯人の動機を確認しておくことは重要です。

入鹿が山背大兄王を襲撃した動機として、皇極紀は入鹿が古人大兄皇子（ふるひとおおえのみこ）を天皇に擁立することを目論んでおり、そのため、邪魔になる上宮王家の山背大兄王を排除することを企てたと記しています。ここに記された古人大兄皇子とは舒明天皇の皇子の一人であり、蘇我馬子の女（むすめ）の法提郎媛（ほうていのいらつめ）を母とします。このため、古人大兄皇子は中大兄皇子と異母兄弟という関係になり、蘇我氏という血筋からしても皇極天皇の後継候補となり得る重要人物の一人であることは確かです（巻末系図－1参照）。

しかし、仮に入鹿が古人大兄皇子を天皇に擁立しようと目論んでいたとしても、古人大兄皇子のライバルは山背大兄王などではありません。皇位を狙う場合、古人大兄皇子にとっての本当のライバルは、古人大兄皇子の異母兄弟であり、当時の皇極天皇を母とし、入鹿を強殺したグループの一人である中大兄皇子なのです。

もちろん、山背大兄王も十数年前には推古天皇の後継候補として田村皇子と皇位を争うほどの存在ではありました。しかし、激しい後継争いの中で蘇我蝦夷が田村皇子を推し、田村皇子が舒明天皇として即位したことで、山背大兄王は完全に敗れたのです。加えて、その舒明天皇が十三年ほどの在位の後に崩御し、後継として舒明天皇の皇后であった寶（たから）皇女が皇極天皇として即位したのです。すなわち、皇極天皇二年（六四三）の襲撃事件までに、山背大兄王は舒明天皇の即位の段階で一度敗れ、皇極天皇の即位の段階で再度敗れているのです。この間、十五年ほどの歳月が流れていますが、この十五年ほどの経過の中で二度の暗闘に敗れた山背大兄王は、皇位継承争いにおいて既に過去の人なのです。

仮に、山背大兄王自身は血統が立派だということで皇位に強い未練を残していたとしても、蘇我氏を敵に回している限り、後ろ盾のない山背大兄王に古人大兄皇子のライバルとして皇位を争う力は皆無です。山背大兄王が皇極天皇の後継候補になることなどあり得ないのであり、入鹿も山背大兄王が古人大兄皇子のライバルになるとは夢にも考えていなかったはずです。

山背大兄王が置かれた当時の状況からすれば、仮に入鹿が古人大兄皇子の擁立を目論んでいたことが事実としても、山背大兄王はそのライバルではないのです。このため、古人大兄皇子の擁立に備え、事前にライバルとなる山背大兄王を入鹿が襲撃したという皇極紀の主張は、犯行の動機として成立しないのです。

つまり、入鹿には山背大兄王を襲撃する動機もなければ、それを命じるだけの実質的な権限も、力もなかったのです。入鹿を山背大兄王襲撃の首謀者とする皇極紀の記述は矛盾ばかりで、その主張には根本的に無理があります。

第三節　黒幕

1　山背大兄王の孤立

では、山背大兄王襲撃の首謀者が入鹿でないとすれば、いったい誰が山背大兄王襲撃の首謀者なのでしょうか。また、その動機は何だったのでしょうか。

この疑問はきわめて重要です。しかし、『日本書紀』など国内の史料を調べているだけでは、これに関して新しい手掛かりは見つかりません。そこで、中国や朝鮮の正史を調べてみます。すると、その中に興味深い記事が見つかりました。その記事はあくまでも参考情報にすぎませんが、山背大兄王襲撃事件の黒幕につながるヒントを与えてくれる可能性があります。

中国の正史の一つである『旧唐書』倭国日本伝に、飛鳥時代の日本と唐との間で起きた珍しい事件が載っています。その部分を岩波文庫から引用してご紹介します。

「貞観五年、使いを遣わして方物を献ず。太宗その道の遠きを矜(あわ)れみ、所司に勅して歳ごとに貢せしむるなし。また新州の刺使高表仁を遣わし、節を持って往いてこれを撫せしむ。表仁綏遠(すいえん)の才なく、王子と礼を争い、朝命を宣(の)べずして還る」

すなわち、「中国の元号で貞観五年（六三一）、日本が貢物を献じてきた、遠方から来たことを太宗皇帝が気の毒に思い、毎年貢物をさせることはないと唐の担当官に伝えました。また、太宗皇帝は高表仁という人物を日本に派遣し、日本と円満な関係が築けるよう取り計らうことを命じました。しかし、表仁には未開の国の人を上手に宥めるだけの才能がなく、日本の王子と礼儀作法に関して争いになり、（怒って）太宗皇帝の言葉を伝えないまま帰国した」というのです。

飛鳥時代に日本と唐の間で思いがけない事件があったようです。実際の外交場面でもこのような事件は起こりがちですが、国と国との問題に発展する危険があるため、このような事件が実際に起きたとしても、表面化させないまま、双方とも些細な出来事として笑って済ませるのが一般的です。ただ、この事件は皇帝の言葉を伝えないまま帰ったということで、これほどひどい例は珍しかったのか、唐の正史に残されることになりました。

この事件の経過について考えてみますと、『旧唐書』は柔軟さに欠けるとして高表仁を悪者にしていますが、外交の現場では何が起きようともホスト側である日本に丁寧な対応を行う義務がありました。本来であれば、『旧唐書』で日本の対応の悪さを非難されても仕方ないのです。しかし、唐は日本側の対応を非難することなく、自分たちが派遣した高表仁という遣使の能力や性格に問題があったと正史に記録してくれました。唐のこの寛大な受けとめ方は、大国としての余裕と矜持のなせるところです。

一方、この『旧唐書』の記事に対応する日本側の記録が残されています。舒明紀の舒明天皇四年（六三二）八月の条に、「大唐、高表仁を遣して三田耜を送らしむ」という記事があり、この二年前に日本が唐に派遣した三田耜という使者を送り返すために、唐がわざわざ高表仁という人物を送使として派遣してきたことが記録されています。高表仁は同年十月に難波の館に迎え入れられて歓待を受け、翌年（六三三）正月に対馬を経由して唐に帰国しています。移動の期間を含めて三カ月ほど日本に滞在したようですが、遣使の滞在期間としては短いのかもしれません。

日本側にも記録が残されていたことで、『旧唐書』の記事の信憑性が確認できましたが、そこで気になるのが高表仁に対応した日本の王子とは誰だったのかということです。大国の唐の遣使に対応するとなれば、日本の外交において最も重要な任務となります。それだけに、この王子はそれ相応の立場でなければならず、そういう意味では、『日本書紀』にも名が残るほどの人物ではないかと推測します。しかし、舒明紀にはこのとき対応した王子が誰であるかを示す記述は見当たりません。そこで、舒明朝に活動している王子という観点で調べてみますと、この王子の有力候補として山背大兄王が浮かんできます。

推古天皇の崩御直後、山背大兄王は田村皇子と皇位を争いましたが、『日本書紀』の記述から推測すれば、山背大兄王は相当な自信家という印象があります。そのような性格を考えれば、もしかすると高表仁が来日したとき、礼儀作法の件で高表仁との間でいさかいを起こし、自説を主張するばかりで高表仁を怒らせ、皇帝の言葉を宣べさせることもないまま帰国させてしまった日本の王子とは、山背大兄王だったという推測も十分に可能です。もちろん一つの可能性にすぎず、断定するものではありません。しかし、人物像としては近いものがあるように思われます。

『旧唐書』は日本を悪者にしないように、唐側に問題があったと記述してくれましたが、この事件はホスト側である日本の大失態であり、このとき対応した王子は後に厳しい非難に曝されたと想像します。

しかし、もしこのとき対応した王子が山背大兄王だったとすれば、彼の心の裡(うち)はどのようなものだったでしょうか。山背大兄王はこの事件の四年ほど前、田村皇子と皇位をめぐって争いました。結果は、田村皇子が勝利し、山背大兄王は破れました。しかし、決着がついた後も山背大兄王は心の中で、本来なら自分こそ天皇にふさわしいと思い続けていた可能性があります。山背大兄王は即位できなかった鬱憤を何かの機会に晴らしたいと思い、日頃からそのチャンスを狙っていたのかもしれません。

そんな矢先、唐からの遣使に対応する機会があり、このときとばかりに積もりに積もった鬱憤を爆発させてしまった可能性があります。一種の八つ当たりです。山背大兄王は、本来なら自分こそ天皇であり、唐からの遣使の接遇を命じられるような立場ではないと心の中で思っており、その不満が唐の遣使に対する言動に表れたのかもしれません。

一方、迷惑を被ったのは高表仁です。遣使に任命されるほどの人物ですから外交の常識はわきまえています。しかし、日本側の対応があまりにも常識外れなので怒ってしまったのでしょう。お気の毒なことをしました。

◉皇極天皇の即位

推古天皇の崩御直後、山背大兄王は田村皇子との皇位継承争いに敗れ、舒明天皇に皇位を奪われてしまいましたが、それでも山背大兄王は皇位に対する強い思いを捨てきれませんでした。そして、舒明天皇十三年（六四一）十月、舒明天皇が崩御したとき、山背大兄王は今度こそ自分が天皇になれると思ったかもしれません。しかし、実際に即位したのは舒明天皇の皇后の寶（たから）皇女（皇極天皇）でした。

皇極天皇の即位については、大臣の蘇我蝦夷が再び大きな権限を揮（ふる）ったことは間違いありません。舒明天皇の皇子には古人大兄皇子や中大兄皇子という立派な後継候補がありましたが、蝦夷が舒明天皇の後継に敢えて女帝を据（す）えた理由は、山背大兄王が皇位に強い執着を持っていたことにあったのかもしれません。客観的には既に過去の人ですが、それでも山背大兄王自身は皇位に強い未練を残しています。このような状況で不用意に舒明天皇の皇子を即位させれば、山背大兄王の憤懣が爆発して何が起こるか分かりません。そこで、蝦夷は冷却期間を取るための措置として、舒明天皇の皇后の寶皇女をピンチヒッターとして即位させたのです。

しかし、収まらないのは山背大兄王です。本来なら自分こそ即位する立場にあると固く信じる山背大兄王は、自分を差しおいて、皇極天皇が即位したことで不満が頂点に達します。山背大兄王は、その不満を心の中に抑え込むことができず、いろいろな場面で公言し、行動のうえでも露骨に不満を匂わせていたかもしれません。

そうなると、面白くないのは即位したばかりの皇極天皇です。有力な後ろ盾もないまま、身のほど知らずにいつまでも皇位に未練を残し、天皇として即位すべきは寶皇女でなく自分だと憚（はばか）らず言動に表す山背大兄王に対し、皇極天皇は業を煮やしていたのです。

◉堪忍袋

皇極天皇の性格は男性以上に男性的なところがありました。入鹿が暗殺された乙巳（いっし）の変の後、皇極天皇は皇位を同母弟の軽王（かるのみこ）（孝徳天皇）に譲りますが、孝徳天皇は実質的に寶皇女（たから）（元の皇極天皇）に操られていたと推測します。その孝徳天皇が在位十年ほどで崩御したとき、寶皇女は斉明天皇として颯爽と重祚（ちょうそ）します。重祚してからの在位は七年ほどでしたが、この間に大寺院の建立や大きな運河の建設など、大胆な政策を次々と実行し、さらに朝鮮半島の百済が危機に瀕したとき、日本から船団を送ることを決定します。その姿はか弱い女性というより、むしろ男勝りの実業家という印象で、必要と思った政策を躊躇なく断行する歯切れの良さがあります。

一方、山背大兄王は有力な後ろ盾もないまま、高貴な血筋ということだけで、いつまでも皇位に未練を残し、さまざまな言動で周囲に不満を露わにします。諫（いさ）める人もなく、手が付けられない状態で顰蹙（ひんしゅく）を買うばかりです。

このようなとき、政権の頂点にいる皇極天皇はどのような行動に出るでしょうか。皇極天皇は山背大兄王が状況を理解し、大人しくなるまで辛抱強く待つのでしょうか。あるいは、それほど皇位に未練があるのなら山背大兄王に皇位を譲るとでも申し出るのでしょうか。女々しい山背大兄王の態度に、男勝りの皇極天皇はいつまで辛抱できるのでしょうか。そんな皇極天皇の我慢が限界に達したとき、皇極天皇は入鹿や軽王に命じたかもしれません、「山背大兄王を打擲（ちょうちゃく）せよ」と。

このように推理してみますと、山背大兄王の襲撃を命じたのは入鹿ではなく、皇極天皇だった可能性が高いということになります。仮に皇極天皇が首謀者であるとすれば、大臣になったばかりの入鹿に山背大兄王の襲撃を命じることは命令系統として正当であり、軽王も実質的に同母姉である皇極天皇の命令となれば躊躇なく襲撃を実行します。

つまり、山背大兄王の襲撃の首謀者を入鹿ではなく、軽王の同母姉の皇極天皇と考えれば、皇極紀が抱えるすべての疑問や矛盾を無理なく解決することができます。山背大兄王襲撃の首謀者は入鹿ではなく、皇極天皇だったということではないでしょうか。

ところで、入鹿が山背大兄王襲撃の首謀者でないとなれば、これまでの歴史認識を根本から見直す必要が生じます。従来、政権中枢に長く君臨してきた蘇我本宗家は次第に専横が甚だしくなり、蝦夷・入鹿の時代にその極に達し、聖人の家系である山背大兄王一族を自経に追い込んで上宮王家を滅ぼし、その罰を受ける形で入鹿や蝦夷が殺され、蘇我本宗家は滅んでいったと理解されていました。しかし、それは『日本書紀』が捏造した歴史物語にすぎなかったことになります。

今日の明日香村には、巨石を積み上げた石舞台と呼ばれる古墳があります。この古墳は蘇我馬子の墓と見られています。入鹿が暗殺された乙巳（いっし）の変の直後、蘇我本宗家を辱（はずかし）めるために馬子の墓の盛り土が剥ぎ取られ、中の巨石群だけが残されたと推察します。山背大兄王襲撃の首謀者が入鹿でないとすれば、蘇我本宗家に対するこれまでの見方を訂正するとともに、その名誉回復を検討すべきかもしれません。

2　正々堂々の黒幕

ここまで、阿閇皇女、藤原不比等、粟田真人の三人は文武天皇の不豫をきっかけに、草壁皇子の早世、さらに宮子夫人の心の病気という不幸が続く原因は、過去の出来事の祟りではないかという観点から調べてきました。その結果、皇極天皇の時代に起きた山背大兄王の襲撃と蘇我入鹿の暗殺（乙巳の変）という二つの事件が浮かび上がりました。

その中でも、山背大兄王の襲撃を命じた首謀者が皇極天皇ということであれば、事態は重いものとなります。なぜなら、皇極天皇は草壁皇子にとって父方の祖母に当たり、文武天皇にとっては父方の曾祖母になります。また、幼い首皇子（おびと）にとって皇極天皇は高祖母となり、すべて直系でつながっています（巻末系図－1参照）。

一方、入鹿暗殺事件には中大兄皇子と中臣鎌足が関わっており、鎌足は首皇子の母である宮子夫人にとって父方の祖父であり、その部分では直系となります。しかし、中大兄皇子は草壁皇子、文武天皇、首皇子から見れば傍系であり、入鹿暗殺事件も重要ではあるものの、山背大兄王襲撃事件の方がより注目すべき事件であると分かります。

山背大兄王の襲撃事件では山背大兄王一族が自経し、厩戸皇子から始まる上宮王家は完全に滅びました。このため、草壁皇子の早世、文武天皇の不豫、宮子夫人の病気が、過去の出来事の祟りに起因すると考えた場合、山背大兄王の襲撃事件で滅びた上宮王家が原因である可能性は高いと判断されるのでした。

ただ、阿閇皇女、不比等、真人の三人は、相次ぐ不幸の原因は上宮王家の祟りに違いないと考えるものの、納得がいかない点も残ります。

当時、皇極天皇は政権の頂点にあったことは事実です。しかし、天皇という立場にあれば、日々さまざまな権力闘争に巻き込まれることは避けられず、政権を安定的に維持していくうえで武力行使が必要になる場面も少なからずあります。武力行使は政権安定のための正当な手段であり、政権の方針に従わない者があれば力で排除することも珍しくありません。それは、国家を安定的に運営する責任を負う、政権トップとして避けられない営為というものです。

偶々（たまたま）、上宮王家はそういう権力闘争の中で敗者となって滅びていっただけのことであり、もし上宮王家が勝ち残っていれば、別な誰かが滅びていたのです。自己の判断と力で時代を生き抜いていくわけですから、上宮王家が滅びたからといって誰も責められる筋合いはないのです。

そのことは、乙巳の変で滅びた蘇我本宗家も同様です。権力闘争によって蘇我本宗家は滅びていったのですが、蘇我本宗家も権力の中枢にあったときは力で邪魔者をねじ伏せてきたのです。偶々、自分が力でねじ伏せられたからといって文句は言えないのです。

権力闘争によって勝ち上がる者は、権力闘争によって滅ぼされることは当たり前の摂理なのです。皇極天皇は政権トップとして正当に権限を行使しただけのことであり、当時の皇極天皇は山背大兄王襲撃事件に関して、正々堂々としていたはずです。

◉首謀者の隠蔽

では、皇極天皇自身は山背大兄王襲撃の首謀者であることを隠す気など全くなかったにもかかわらず、『日本書紀』では山背大兄王襲撃事件の首謀者は蘇我入鹿であるとされました。これはどのような事情によるのでしょうか。

皇極紀では山背大兄王襲撃の首謀者は入鹿とされ、その背後にいた黒幕は隠されています。この部分だけを見れば、まるで皇極天皇が山背大兄王襲撃事件から自分の存在を隠したかのように見えます。しかし、その隠蔽工作は襲撃事件から数十年後、『日本書紀』を編纂した当時の政権が行ったことであり、皇極天皇自身が望んだものではありません。もし、皇極天皇が隠蔽の動きを知ることができれば、なぜそのように余分な工作をするのかと問い質(ただ)したかもしれません。

今日的な感覚では、上宮王家滅亡の件は結果として大きく見えますが、当時としては日々発生する政権としての雑務の一つを無事に片付けただけのことなのです。もし、文武天皇の不豫をきっかけに、祟りの原因となる過去の出来事を洗い直すという作業を行っていなければ、山背大兄王襲撃事件や入鹿暗殺事件は、『日本書紀』で大きく取り上げられることはなかったかもしれません。この二つの事件は文武天皇の不豫という緊急事態が起きていなければ、古代史から消え去っていた可能性もあったのです。

3　祟りの原因

今日のような科学知識があれば、草壁皇子の早世、文武天皇の不豫の原因は祟りではなく、たとえば育った環境や遺伝の影響という結論を導き出すことも可能だったでしょう。しかし、現代でも不運に見舞われると、自分に非があって不運を招いたと考えることがあるように、科学知識の乏しい時代には、相次ぐ不幸の原因を人の力の及ばない祟りに求めることはやむを得ないことだったのです。

阿閇皇女、不比等、真人の三人は、相次ぐ不幸の原因は厩戸皇子から山背大兄王に至る上宮王家の滅亡にあるという仮説を立て、急いで上宮王家に関する状況の確認を行うことにします。なにしろ、文武天皇は不豫で苦しんでいる最中であり、遅れれば二十八歳で亡くなった草壁皇子と同じ運命に襲われる危険があるのです。

詳しく調べたところ、上宮王家と縁（ゆかり）の深い斑鳩寺などについて次のような状況が判明します。「斑鳩寺は山背大兄王襲撃のときに五重塔の一部が焼けた後、そのまま放置されていたが、大化年間から三百戸の食封が納賜され、それを財源に隣接地で再建工事が進められていた。しかし、天武天皇八年（六七九）四月、突然食封が停止され、それ以来工事は中断されたままである。中断の期間は天武天皇八年（六七九）から二十五年にも及び、現状は金堂が完成しているものの、五重塔は天井や壁などの造作がないまま放置され、中門や回廊に至っては何も行われていない状態で、斑鳩寺は無残な姿を晒（さら）している」というのです。

また、「上宮王家の邸宅となっていた斑鳩宮も山背大兄王襲撃のときに焼けたまま放置され、さらに厩戸皇子が推古天皇十四年（六〇六）に法華経を講じた岡本宮は寺に改装されていたが、三重塔は未完成のまま放置されている。斑鳩地区は上宮王家というスポンサーを失ったことで、往時の面影を失い、荒廃が進んでいる」ことが分かったのです。

この状況を聞いた阿閇皇女、不比等、真人の三人は、孝徳朝に斑鳩寺再建のため三百戸の食封を納賜しておきながら、再建途上で一方的に食封を打ち切ったことに憤りを覚えるとともに、食封を打ち切った天皇が草壁皇子の父である天武天皇と判明し、草壁皇子の早世、文武天皇の不豫、宮子夫人の病気は上宮王家の滅亡に対して配慮が欠けていたことによる祟りと確信したのでした。

そこで、阿閇皇女、不比等、真人の三人は、斑鳩寺の再建工事を急いで再開することを決定し、併せて法起寺（岡本宮）を整備することにしたのです。ただ、文武天皇の容態が次第に重くなっており、祟りの解消のために斑鳩寺などの整備を急ぐ必要があるのですが、木材を山から伐り出すところから始めていたのでは遅くなるばかりです。そこで、阿閇皇女は他の寺のために準備されていた木材を融通してもらうことを含め、最大限に斑鳩寺の再建を急ぐように命じたのでした。

三人は祟りの原因が上宮王家の滅亡にあると確信して迅速に動き出しました。しかし、後々これが悔いを残す結果を招くとは、このとき夢にも考えませんでした。

第四節　手遅れの再建着手

1　斑鳩の再整備

斑鳩寺の再建工事の再開は簡単ではありませんでした。大化年間に開始された斑鳩寺の再建工事は天武天皇八年（六七九）に中断され、それから慶雲元年（七〇四）頃まで二十五年も放置されていたのです。金堂は完成しているものの、五重塔は屋根と柱があっても壁や天井などの造作が未施工のままに放置され、長年風雨に晒されたことで随所に傷みが出ています。そのため、工事の再開には、まず五重塔の傷み具合を確認するところから始める必要がありました。

斑鳩寺の再建工事は慶雲二年（七〇五）頃に再着手されましたが、一般に塔の心柱は地中に埋め込まれた部分が腐蝕しやすく、工事の再開に当たっては最初に心柱の状態を確認する必要がありました。五重塔初層の造作を撤去して心柱を確認したところ、地中に埋まった部分の表面が大きく腐朽していることが判明しました。補修方法としては、まず心柱表面の腐朽した部分を削り取り、心柱表面を削ったことで地盤との間に生じた隙間には小石などを充填して対処することにしました。なにしろ、法隆寺の再建はできるだけ早く完成させるように命じられており、心柱を新しいものに取り替えている時間的余裕はなく、この方法で五重塔の完成を急ぐことにしたのです。

なお、五重塔の壁や天井などの造作が施工されないまま二十五年ほど放置されていたことで、側柱に風蝕が発生していましたが、それには手を加えずに壁や天井を施工することになりました。また、中門や回廊の工事は五重塔の完成の後に行うこととし、さらに再建工事の最終段階で五重塔の初層四周の塑像と中門左右の金剛力士像を製作するという手順で、工事は進められることになりました。

◉法起寺の塔の露盤銘

斑鳩のはずれに位置する法起寺は、推古天皇十四年（六〇六）に厩戸皇子が法華経を講じた岡本宮を前身とし、厩戸皇子の遺言により山背大兄王の時代に寺に改修され、岡本寺と呼ばれていたこともありました。この法起寺には飛鳥時代に創建された三重塔が今日に伝わり、国宝に指定されています。この三重塔は厩戸皇子の薨去から八十年以上が経過した、慶雲三年（七〇六）に完成しています。

一般に、寺の塔の屋根には金属製の相輪と呼ばれる装飾が取り付けられています。相輪を支える最下部の土台を露盤（ろばん）と呼び、その露盤の上に伏鉢（ふくばち）・請花（うけばな）・九輪（くりん）・水煙（すいえん）・竜車（りゅうしゃ）・宝珠（ほうじゅ）の装飾が擦管（さつかん）と呼ばれる軸を中心に、順に積み上げられています。現在の法起寺の相輪は後世に作り直されたものであり、創建当初のものではありません。創建当初の露盤には銘が刻まれていたということですが、今は露盤銘の実物を見ることはできません。しかし、幸運にも創建当初の露盤銘の文が、『聖徳太子伝私記』に書き写されて今日まで伝わっています。露盤銘には興味深い内容が多く含まれていますので、『私記』に伝えられた銘文をご紹介します。

〔岡本寺〕

永保元年辛巳三月七日岡本寺ニ官使下塔露盤銘文書取テ京上云々
別當威儀師能算任云々　其露盤銘文審在之

　法起寺塔露盤銘文

上宮太子聖徳皇ハ壬午年二月廿二日臨崩之時於二山背兄王一勅シ二御願ノ旨一ヲ此山本宮殿宇即處専ナリ為作レントレ寺ヲ及大倭國田十二町近江國田卅町至二于戊戌年一福亮僧正聖徳御分敬テ造二テ彌勒像一軀一ヲ構二立ス金堂一ヲ至二于乙酉年一ニ恵施僧正将レニ竟二ンカ御願一ヲ構二立堂塔一ヲ而丙午年三月露盤營作（返り点は推測を含む）

ここには、露盤銘が後世に伝わることになった経緯も記されています。永保元年（一〇八一）といえば平安時代後期の白河天皇の時代ですが、その三月七日、お役人が岡本寺に派遣され、露盤銘文を書き写して京都に持ち帰ったというのです。その後、いくつも幸運が重なって銘文が『私記』に書き写され、今日まで伝えられました。

露盤銘の本文には、「厩戸皇子が壬午（みずのえうま）年（推古天皇三十年（六二二））二月二十二日に崩ずるとき、山背大兄王に岡本宮を寺に改修し、併せて大和国の十二町の田と近江国の三十町の田を寺田とするように遺言し、戊戌（つちのえいぬ）の年（舒明天皇十年（六三八））に福亮僧正が弥勒菩薩像を作り、金堂を建て、乙酉（きのととり）年（天武天皇十四年（六八五））に恵施僧正が堂塔を建てた。丙午（ひのえうま）年（慶雲三年

（七〇六）三月に露盤を立派に作った」ということが記されています。

この露盤銘には貴重な情報が満載されていますが、中でも注目したいのは次の三点です。

第一に、厩戸皇子の薨去の年月日を「壬午年二月廿二日」と記し、推古天皇三十年（六二二）二月二十二日であると明確に記している点です。これについては、第一章で『日本書紀』の改竄の例として既に紹介しました。

第二に、露盤の製作について「丙午年三月露盤營作」とあり、丙午年という歳次の表記から慶雲三年（七〇六）三月に露盤が完成していると確認できます。この銘文にあるとおり、厩戸皇子が推古天皇三十年（六二二）二月二十二日に亡くなる直前、山背大兄王に対して岡本宮を寺として改修するように遺言したとされていますが、三重塔の露盤の完成が厩戸皇子の薨去から八十四年後の慶雲三年（七〇六）三月となっています。

つまり、法起寺は厩戸皇子の遺言から三重塔の完成まで八十四年を費やしていることになるのですが、法起寺の改修期間の異常な長さの背景には、斑鳩寺（法隆寺）の再建と同様に、財源難などで工事が長期にわたって中断されていたことが窺えます。また、三重塔の露盤の完成が斑鳩寺の再建の塑像の完成時期に近い慶雲三年（七〇六）三月であることから、法起寺三重塔の工事も斑鳩寺の再建工事と同じ頃に再開されたものと推察されます。おそらく、三重塔の本体は慶雲三年（七〇六）三月よりずっと早く出来上がっていたものの、その後工事は中断され、ようやく慶雲の時代になって相輪などの装飾が整備されたということなのでしょう。

第三に、厩戸皇子を「上宮太子聖徳皇」と記している点です。厩戸皇子は後に聖徳太子と呼ばれる人物ですが、この銘文にその尊称がほとんどそのまま表れています。このことから、聖徳太子という尊称の黎明（れいめい）を慶雲三年（七〇六）三月まで引き上げることができます。つまり、厩戸皇子を聖徳太子という尊称で呼ぶ契機は『日本書紀』の完成より早く、慶雲の時代には間違いなくあったことになります。

2 最悪の事態

右のように、二十五年ほど中断されていた斑鳩寺の再建工事や法起寺露盤の整備は、慶雲二年（七〇五）頃から阿閇皇女の肝煎りで再開されました。これによって上宮王家の祟（たた）りは解消され、文武天皇の不豫（ふよ）も改善に向かうものと思われました。

ところが、文武天皇の不豫はその後も快方に向かうことなく、慶雲三年（七〇六）十一月には、文武天皇が母の阿閇皇女に譲位を仄（ほの）めかすまでに悪化し、翌年の慶雲四年（七〇七）六月十五日、文武天皇は二十五歳の若さで崩御したのです。

今日の科学知識をもって考えれば、祟り対策をどれだけ厳重に行っても、文武天皇の病状の悪化を食い止めることはできず、良い薬を見つける努力をした方が遥（はる）かに病気の改善には効果的だったはずです。なぜなら、祟りが直接の原因となって人が病気になることはないからです。科学的に考えれば、どれだけ厳重な祟り対策を行ったところで効果はなく、気休めでしかないのです。おそらく、文武天皇には薬も処方されていたでしょうが、その薬が十分に効かず、四年ほどの闘病の末、崩御という最悪の事態に至ったのです。

文武天皇が崩御したことで、阿閇皇女、不比等、真人の三人は祟り対策の意義を見失いそうになります。過去の出来事を分析し、祟りの原因を確実に探り当て、斑鳩寺の再建や法起寺の整備を精力的に実施してきたのです。それにもかかわらず、文武天皇は崩御しました。父の草壁皇子が果たせなかった即位の夢を実現し、いよいよこれから本格的に活躍してくれると期待されていた矢先、文武天皇は二十五歳の若さで崩御したのです。文武天皇を喪ったことで、三人は深い無力感に襲われるのでした。

斑鳩の地で祟り対策を最大限に進めていたにもかかわらず、文武天皇が崩御したという事実は、将来即位することが期待される首皇子にも同じ運命が待っていることを暗示しています。そのことを考えると、三人は暗澹たる思いの底に沈むのでした。

しかし、ここで阿閇皇女は思い直します。十八年前、最愛の草壁皇子を失った持統天皇は大きなショックを受けました。それでも、草壁皇子の皇子、すなわち持統天皇にとって孫に当たる軽皇子（後の文武天皇）に皇位を引き継ぐことを唯一の希望の光として、持統天皇は立ち上がったのでした。持統天皇はさまざまな障害を乗り越え、十年ほど皇位を守り通した末、文武天皇への皇位継承を実現しました。その持統天皇の壮絶な決意と行動を思い起こせば、自分に課せられた使命が何であるか、阿閇皇女は気付いたのです。

自分には孫に当たる首皇子という文武天皇の皇子が残されている。最愛の文武天皇を喪ったからといって無力感に浸っている暇はない。孫の首皇子を立派に育て、すべての祟りを排除して無事に即位させることが自分に課せられた使命だと、阿閇皇女は心に固く誓うのでした。

第六章　すべては聖武天皇のために

第一節　文化事業の名の下に

1　元明天皇の即位

大宝三年（七〇三）の春頃に体調を崩した文武天皇は、気力が回復して一時的に政務に携わることもありましたが、四年余りの闘病の末、慶雲四年（七〇七）六月十五日、二十五歳で崩御します。この事態の中で、依然として宮子夫人の病気は続いています。また、残された首皇子（おびと）は七歳と幼く、将来、皇位に即（つ）くことが強く期待されながらも、無事に即位の日を迎えることができるか憂慮されるのでした。

一方、前々から懸念されていたこととはいえ、いざ文武天皇の崩御が現実のものになると、後継の天皇を誰にするかという問題が喫緊（きっきん）の課題として浮かんできました。

首皇子の祖母の阿閇皇女（あべひめみこ）と外祖父の藤原不比等は悩みます。当時、天智・天武の直系の皇子・王で、即位の候補に上る人材は何人もありました。中でも、高市皇子の子で、天武天皇の孫に当たる長屋王（ながやのおおきみ）は有力な候補でした。もし、ここで長屋王など、他の皇子・王に皇位が移ってしまえば、首皇子が即位できるチャンスはほとんど消えてしまいます。そうかといって、文武天皇の皇子という理由で七歳の首皇子を無理に即位させれば、十五歳で即位した文武天皇より遥かに早い即位となり、周囲の批判も気になります。加えて、精神的・肉体的な負担が首皇子に襲いかかり、文武天皇と同じ轍を踏ませる危険があります。この局面で、厳しい批判を上手にかわしつつ、皇位を間違いなく首皇子に継承できる方策を考え出さなくてはなりません。阿閇皇女と不比等にとって、ここが正念場でした。

阿閇皇女と不比等は、二十一年前に天武天皇が崩御したとき、皇后だった鸕野皇女（後の持統天皇）が草壁皇子に皇位を継承するため自ら即位（称制）し、他の皇子たちの即位の芽を摘み取るという大胆な策に打って出たことを思い出します。ただ、草壁皇子がその三年後に亡くなったため、結果的には草壁皇子の即位は実現しませんでしたが、持統天皇はその後も皇位を守り続け、孫の文武天皇への譲位を実現したのです。今回もそのときと状況が似ており、持統天皇と同じ方法を実行する以外に方途はない、と二人は確信するのでした。

具体的には、首皇子の祖母である阿閇皇女（元明天皇）が即位し、他の皇子や王を上手に排除しながら首皇子の成長を待つのです。もちろん、この場合でも首皇子への譲位を急ぐことは文武天皇と同じ早世という運命を招く危険があり、譲位のタイミングは慎重に判断しなければなりません。そのため、一応の目安として、首皇子の元服は一般的な十四歳頃とし、元服と併せて立太子を行うことで他の皇子や王の即位の可能性を奪い、そのうえで首皇子の即位は健康状態などを見ながら、立太子から十年ほどの期間をおくべきと考えるのでした。

ところが、この方法の場合、既に四十歳を超えている阿閇皇女が二十年ほど皇位を維持することになりますが、健康上の問題などで阿閇皇女が皇位を維持できなくなることも懸念されます。そこで、阿閇皇女の娘で文武天皇の姉に当たる氷高皇女（ひたかのひめみこ）（後の元正天皇）を、中継ぎとして即位させることを計画に盛り込むことにしました。阿閇皇女と不比等の二人は、このようなプランのもとに準備を進め、万難を排して首皇子（後の聖武天皇）の即位を実現させることを誓うのでした。

文武天皇の崩御から一カ月ほどが経過した慶雲四年（七〇七）七月十七日、阿閇皇女は元明天皇として即位します。このときの詔で元明天皇は、「天智天皇が定めた不改常典に従って、嘗て（かつて）持統天皇から文武天皇に譲位が行われた。阿閇皇女は生前に文武天皇から譲位を打診されたが、その時は固辞した。しかし、文武天皇の崩御に臨んで譲位の意向を受け入れた。親王をはじめ、王臣百官は清き心をもって天皇に奉仕せよ」と、持統天皇の例を引用し、阿閇皇女が天智天皇の皇女であることを利用しながら、即位の正当性を上手に説明します。

このようにして、文武天皇から母の元明天皇へという異例な皇位継承が行われたのです。この細心の注意を払った詔の内容から推測すれば、子から母への皇位継承は薄氷を踏むような際どいものであったことが分かります。

2　連鎖の歯止め

多くの皇子や王がある中で、母の阿閇皇女が即位することについて異論が出るのではないかと心配されましたが、天智天皇の女（むすめ）であることや、姉の持統天皇の例を引用した詔によって巧妙に反論を抑え、元明天皇の即位の儀式は無事に行われました。

即位した元明天皇は、自分の役割は首皇子が即位するまでの中継ぎであると改めて思うのですが、草壁皇子の早世に続いて文武天皇を若くして喪（うしな）ったことで、同じ不幸が孫の首皇子にも襲いかかるのではないかと気懸かりでなりません。元明天皇は、「手を拱（こまね）いていては首皇子に草壁皇子や文武天皇と同じ轍を踏ませる危険があり、祖母としてそのような事態は絶対に阻止しなければならない。しかし、そのためには確実な対策を打って運命の連鎖を断ち切る必要がある。それが確実にできない限り、首皇子の即位や安定した治世は実現できない」と、改めて思うのでした。

ところで、文武天皇が不豫になったとき、その原因が上宮王家の滅亡による祟りと判断し、上宮王家の祟りを食い止めるために、天武天皇の時代に中断された法隆寺の再建や法起寺の整備を再開しました。これらの対策は間違っていないと信じますが、それらの対策を行っていたにもかかわらず、病状に改善が見られないまま文武天皇は崩御しました。緊急避難的に元明天皇が即位したものの、有効な対策を迅速に講じなければ、次の天皇に予定される首皇子に同様の不幸を招く危険があります。そのことを考えると元明天皇は落ち着きません。

そこで、首皇子に同じ轍を踏ませることがないよう、元明天皇、藤原不比等、粟田真人の三人は改めて対策を話し合うのでした。

◉新たな対策

文武天皇の不豫に直面した四年前、原因として上宮王家の滅亡による祟りが浮かび、法隆寺や法起寺の整備を精力的に実施してきました。それにもかかわらず、文武天皇は崩御しました。この悲惨な事実から、文武天皇の不豫の原因を上宮王家の祟りと考えたことは間違いだったという見方が出されます。

一方で、法隆寺の再建や法起寺の整備は有効であることは間違いないものの、対策として不十分だったのではないかという見方も出されます。つまり、単純に法隆寺を再建しても、それだけで上宮王家の祟りは抑えきれないのではないか、法隆寺に対して一層厳重な対策を行う必要があるのではないかという見方です。

また、上宮王家の滅亡が祟りの原因の一つであることに間違いはないとしても、上宮王家以外にも祟りにつながる出来事があったのではないか。もしかすると、他の原因を見落としていたのではないかという見方も出されます。

このように、三人はさまざまに思い巡らしますが、何が原因か明確に判断できない以上、仮に効果がない対策であっても、何もしないで放っておくよりは安全という見方が出され、効果がありそうな対策はすべて実行すべきであるということに三人の意見は落ち着きます。そして、次のような対策を順次実施することにしたのです。

①平城京遷都

遷都については、文武紀の慶雲四年（七〇七）二月十九日の条に、「諸王臣の五位已上に詔して、遷都の事を議らしめたまふ」とあり、文武天皇の存命中に検討が始められていました。当時の藤原京は持統天皇八年（六九四）十二月に完成したものであり、それから十年余りで再び遷都という大事業を行うことは無謀な企てでした。そのことは、五位以上の王臣たちに遷都を議論させ、慎重な姿勢で臨んでいることから推察できます。文武天皇の不豫の改善につながるのであれば、どんなに負担が重くても実現しなければならないという必死の思いがあり、検討を始めたのでした。

しかし、遷都の計画が具体化する前に文武天皇が亡くなり、改めて遷都を行う必要があるのかという意見も出されました。ただ、次期天皇に予定される首皇子に危険が及んではならないという強い思いから、藤原京を放棄して新天地に都を遷すべきであると、三人の意見は一致したのです。なぜなら、遷都は改元と同様に、あるいはそれ以上に人心を刷新し、運気の隆盛を促す契機となります。また、事実として人々の生活が一変することで、うち続く不幸の連鎖から抜け出す起死回生の施策となり得るからです。

加えて、藤原宮がある飛鳥の地は蘇我氏の拠点として古くから発展した地域であり、乙巳の変で入鹿が暗殺され、蘇我本宗家が滅亡したことを思えば、蘇我本宗家の祟りの可能性を無視することはできません。また、飛鳥を血に染めた過去のさまざまな事件を思えば、蘇我本宗家に限らず、無数の怨念が飛鳥の地に蠢いている可能性があり、飛鳥を離れ、柵のない新天地への遷都が強く望まれるのでした。

そこで、即位から半年ほど経過した和銅元年（七〇八）二月、元明天皇は「平城の地、四禽図に叶ひ、三山鎮を作し、亀筮並に従ふ。都邑を建つべし」と平城京への遷都を宣言し、遷都事業を具体化していったのです。九月には平城の菅原に行幸して地形などを元明天皇が自ら確認し、同月のうちに造平城京司を設置します。十月には平城京造営を報告するための使いを伊勢神宮に派遣し、十二月には平城の地で地鎮祭を行って工事を開始します。

そして、遷都に向けて着々と工事が進む和銅二年（七〇九）十月、元明天皇は「造成工事の過程で墳墓を掘り起こした場合、丁重に埋め戻して霊魂をきちんと祀るように」と命じます。この命令は、飛鳥の地での祟りを避けるため、わざわざ平城の地に遷都しようとしているにもかかわらず、遷都のための工事で新たな祟りの種を作ってはならないという思いの表れです。

元明天皇は同年十二月にも平城の地に行幸して現地を確認しますが、平城京の造営にかける元明天皇の並々ならぬ熱意が感じられます。そして、和銅三年（七一〇）三月十日、平城京遷都が実現します。詔を発してからわずか二年ほどでの遷都実現であり、首皇子への祟りを防ぐため、どれほど元明天皇が遷都を急いでいたかが分かります。

なお、平城京遷都のときまで都として機能していた藤原京は、持統天皇八年（六九四）十二月から和銅三年（七一〇）三月までのわずか十六年ほどで放棄されることになりました。藤原京から平城京への遷都の理由については、これまで地形や地理的事情、飛鳥に根付く旧弊からの脱却、衛生上の問題など、さまざまな見方が出されていましたが、どの見方も説得力に欠けていました。そういう意味では平城京遷都の理由は不明だったのです。

しかし、平城京遷都は文武天皇の不豫に端を発し、首皇子の即位に向けて、祟りなどの障害要素をすべて排除しようとする元明天皇たちの政策の一環だったと気付くことができれば、都城として特に不満のなかった藤原京をわずか十六年ほどで放棄し、新天地の平城京へ遷った事情が理解できます。また、平城京の造成工事中に墳墓を掘り起こした場合、丁重な扱いをするようにと元明天皇がわざわざ命令した事情、並びに元明天皇自らが熱心に現地視察を行った事情も理解できます。

②好字令と『風土記』

和銅六年（七一三）五月、元明天皇は「畿内と七道との諸国の郡・郷の名は、好き字を着けしむ」と詔します。つまり、全国の国・郡・郷の名は縁起の好い文字で表記しなさいという命令です。たとえば、泉国の国名を和泉国、木国を紀伊国などと表記するように命じたのです。

同時に、このとき国ごとの特産物や動植物の状況、山川原野の名称、古老の語る珍しい話などを史籍（地誌）としてまとめて言上せよと命じています。これは今日に伝わる各地の『風土記』の編纂を命じたものと考えられています。

これら好字令と『風土記』編纂は文化事業としての側面がありますが、首皇子の即位に向けて不吉な地名は排除し、さらに諸国内に災いをもたらす危険がないかを確認するための調査という見方が可能です。つまり、首皇子の即位のときまでに障害となる危険因子を国中からすべて撲滅しておきたいという、プラス思考の積極政策です。

③『古事記』と『万葉集』巻一・巻二

『古事記』と『万葉集』巻一・巻二は、和銅四年（七一一）から同六年（七一三）頃にかけて、元明天皇の命令によって編纂されました。これらは文化事業という側面を持ちながら、実は双方ともに首皇子のライバルである長屋王を牽制するために実施されたもので、首皇子の即位に向けた地均（じなら）しの一環でした。

なお、この件については拙著『猿丸と人麻呂　天才歌人を抹殺した闇の真相』で詳しく論考していますので、本書での詳細な説明は省略させていただきます。

④『日本書紀』

『日本書紀』は養老四年（七二〇）五月に完成しました。『日本書紀』は、そのたたき台となる『古事記』が完成した直後から本格的な執筆・編纂が開始されたと筆者は考えていますが、本書がここまで論考してきたように、その内容には白村江の戦いに関する日本の立場を護るという姿勢が色濃く滲んでいます。また、推古紀では厩戸皇子の聖人化に大きなエネルギーを注ぎ、さらに皇極紀では山背大兄王襲撃と入鹿暗殺という二つの事件で多くの改竄を行っています。

厩戸皇子の聖人化は、上宮王家の筆頭である厩戸皇子の功績を顕彰することで祟りの矛先を鈍らせるはたらきがあり、『日本書紀』に織り込まれた第二の完全犯罪ということができます。また、山背大兄王襲撃事件や入鹿暗殺事件の記述では、入鹿を悪者に仕立てることによって、上宮王家の祟りの矛先を既に滅びた蘇我本宗家に向かわせようとしています。これは、『日本書紀』に織り込まれた第三の完全犯罪です。

『日本書紀』の編纂を命じたのは元明天皇と推察しますが、その表の目的は、正史を備えることで唐と肩を並べられる文化国家の樹立にありました。しかし、裏では、首皇子の即位に向けた祟り封じが織り込まれ、さらに、白村江の件について新羅を悪者とすることで日本を護るという極秘の目的が追加されたのです。『日本書紀』には多くの改竄や捏造、演出が織り込まれていますが、それらを命じたのは元明天皇であり、不比等や真人が元明天皇のブレーンとして動いたことで実現したのです。

つまり、当時の政権を牛耳っていた元明天皇、不比等、真人の三人の合議によって『日本書紀』の編纂方針が決定され、そこに多くの改竄や捏造、演出を織り込むという完全犯罪は、首皇子の即位を実現し、その治世の安定を図るという、三人の確固たる使命感にもとづいて行われたのです。

⑤寺々の移転

仏教伝来を契機に、当時の政治の中心だった飛鳥の地に競って寺が建立されましたが、それらの寺の多くも遷都に伴って平城京に移転することになりました。

たとえば、舒明天皇の時代に百済川のほとりに創建された百済大寺は、文武天皇の時代までには高市に移されて大官大寺と呼ばれていましたが、平城京遷都に伴って霊亀二年（七一六）五月、平城京の左京六条四坊に移され、大安寺と呼ばれることになりました。

薬師寺は天武天皇によって皇后の鸕野皇女（後の持統天皇）の病気平癒のために発願され、持統天皇の時代に藤原京で完成しました。平城京への遷都が決定された頃、薬師寺は完成して間もない時期だったのですが、遷都に伴って養老二年（七一八）までに平城京の右京六条二坊に移されます。多くの寺が平城京の左京に移される中で、薬師寺は右京に移されています。このことは、薬師寺が平城京の南西の守りであることを意味しているのかもしれません。

斉明天皇の宮を改修して創建されたと見られる川原寺は、弘福寺と呼ばれていましたが、その弘福寺は平城京遷都の後も飛鳥の地に留まりました。弘福寺が飛鳥に留まった理由は不明ですが、弘福寺に代わって平城京に進出したのは興福寺でした。

興福寺の前身は、天智天皇の時代に山背国で藤原氏が創建した山階寺（後に高市郡に移って厩坂寺）であり、遷都に合わせて平城京の左京（外京）に入り、興福寺と呼ばれることになります。

興福寺は元来藤原氏の氏寺ですが、興福寺の名が弘福寺と似ていることもあり、弘福寺を継承したように見えます。そして、藤原不比等が亡くなって二カ月後の養老四年（七二〇）十月、不比等の追善供養のための仏殿を造営するに当たり造興福寺仏殿司が設置され、興福寺は実質的に官寺としての地位を獲得します。

◉法興寺

これらの寺々と同様に、飛鳥で創建された法興寺も、遷都に伴って平城京に移転することになりました。ただ、法興寺の平城京移転に関しては複雑な経過があったと推測されます。

法興寺はもともと蘇我氏が創建した氏寺で、当初は地名によって飛鳥寺と呼ばれていました。法興寺は遷都に伴って平城京の左京（外京）に移り、元興寺（がんごうじ）と呼ばれることになります。移転の時期は養老二年（七一八）九月とされていますが、他の大寺より遅れた模様です。なお、平城京への移転後も飛鳥の法興寺はそのまま残され、本元興寺と呼ばれることになります。

ところで、法興寺の平城京移転が遅れたこと、また、飛鳥の地に本元興寺が残ったことは異例ですが、これについては次のような事情があったと推察します。

当初、元明天皇、不比等、真人の三人は、法興寺の平城京移転を予定していませんでした。なぜかといえば、法興寺（飛鳥寺）は蘇我氏の氏寺として創建されたものであり、元は官寺ではありませんでした。その氏寺の法興寺を官寺に格上げしたのは天武天皇でした。天武天皇九年（六八〇）

四月、「飛鳥寺は司の治に關るべからじ。然も元より大寺として、官司恆に治めき。復嘗て有功れたり。是を以て、猶し官治むる例に入れよ」と天武天皇が勅したことを契機に、法興寺は官寺として扱われるようになったのです。つまり、法興寺は氏寺として創建されたものであり、蘇我入鹿暗殺の経過や蘇我本宗家が滅亡したことを考えると、法興寺を蘇我本宗家の鎮魂のために引き続き飛鳥の地に置くことが望ましいと三人は考えたのです。

ところが、首皇子の即位に向けた準備を進める中で、蘇我本宗家が滅びた経過を考えると改めてその祟りが懸念され、逆に平城京から遠い飛鳥の地に法興寺を放置することは危険であり、むしろ監視の目が届きやすい平城京に移転すべきであると考えが変わったのです。このような特殊な経過があったため、他の寺より遅れて法興寺の移転が決定したと推察します。

ただ、法興寺を平城京に移すことにはしましたが、そうかといって蘇我氏の拠点であった飛鳥の地から法興寺を完全に引き払うことは、蘇我本宗家の鎮魂という観点からは好ましくありません。そこで、平城京に元興寺として移転はするものの、飛鳥の地に法興寺を本元興寺として残し、蘇我本宗家の鎮魂を担わせることにしたのです。

併せて、元興寺に対して何の手立てもしないまま無防備に平城京に入れることは危険であるという判断から、三人は元興寺に対して特殊な対策を施すことにします。その内容については次の節でご説明します。

第二節　見落とされていた出雲

前節で、文化事業のように見えながら、平城京遷都と併せて実施された祟り対策を確認しましたが、ここで時間を文武天皇の崩御直後まで大きく戻すことにします。

元明天皇、不比等、真人の三人は、文武天皇の不豫をきっかけに上宮王家の祟りに気付き、上宮王家と縁の深い法隆寺の再建や法起寺の整備を進めました。しかし、それらの対策を行っている最中に文武天皇が崩御しました。この事実を冷静に見つめたとき、上宮王家の滅亡のみを祟りの原因としたことは軽率であり、それ以外にも草壁皇子や文武天皇に祟りをなす重大な出来事があったのではないかと、過去の出来事を再度見直す必要に迫られたのでした。

改めて過去の出来事を洗い直したとき、三人は重大な事件を見落としていたことに気付きます。それは斉明天皇の時代に起きたある悲劇でした。

1　建王(たけるのみこ)の夭折

三人は、五十年ほどもさかのぼる斉明天皇四年（六五八）五月、中大兄皇子（後の天智天皇）と遠智娘(をちのいらつめ)との間に生まれた建王が、幼くして亡くなるという事件があったことに気付きます。建王は後に持統天皇として即位する鸕野(うの)皇女の同母弟に当たり、斉明天皇の近くで大切に育てられていたと考えられます。ところが、恵まれた環境で育てられていたはずの建王が、わずか八歳で亡くなるという不幸に見舞われたのです。

中大兄皇子と遠智娘が建王の死を悲しんだことはもちろんですが、父方の祖母に当たる斉明天皇の悲しみは特に深く、自ら悲傷の歌を作って後の世まで伝えるようにと、臣下に命じたことが斉明紀に記されています。実は、建王は言葉を発することができなかったのですが、そのことが斉明天皇の悲しみを一層深くしたものと思われます。

斉明天皇は運命の非情に殉じた孫の建王が不憫でなりません。斉明天皇は悲しみに暮れながら、言葉を発することができなかった建王が、なぜ八歳で亡くなったのかという疑問と向き合います。その結果、斉明天皇は建王の夭折の原因は出雲の大神の祟りにあるという結論に達したのでした。

建王が亡くなった翌年の斉明天皇五年（六五九）、斉明天皇は出雲国造に神の宮（出雲大社）を立派に建て直すように命じます。斉明天皇が建王の夭折の原因を出雲大神の祟りと結論した事情は、垂仁紀や垂仁記に残された説話から推測することができます。

垂仁紀（垂仁天皇二十三年）には、三十歳になっても稚児のように泣きじゃくるばかりで、口のきけない誉津別皇子の説話が記されています。言葉を発することができない誉津別皇子が、たまたま鵠を見かけたときに声を発したため、垂仁天皇はその鵠を捕らえて献上するように命じます。家臣が鵠を探したところ、出雲の国でようやく捕まえることができたと伝えています。言葉を発することができない皇子のために鵠を追いかけ、ようやく捕まえた国が出雲だったということで、出雲の大神とのつながりが暗示されています。

また、垂仁記にもよく似た説話が残されています。本牟智和気王は言葉を発することができませんでしたが、鵠の鳴く声を聞いてわずかに声を発しました。そこで、垂仁天皇はその鵠を捕らえさせました。しかし、本牟智和気王が期待どおりに言葉を発することはありませんでした。そんなとき、垂仁天皇の夢に神が現れ、「自分の宮を天皇の宮殿のように立派なものに建て直せば、本牟智和気王はきちんと話すことができる」と告げます。目覚めた垂仁天皇がこの神はどこの神かを占ってもらったところ、出雲の大神であることが判明します。そして、本牟智和気王が言葉を発することができない原因は、この神の祟りであると気付くのです。

そこで、垂仁天皇は本牟智和気王を出雲に派遣して大神を参拝させたところ、ようやく話すことができるようになり、夢のお告げに従って出雲の大神の宮を立派に修復させたというのです。

斉明紀には、斉明天皇が出雲国造に神社の建物を立派に造り直すように命じた理由は記されていません。しかし、右のように複数の史料に残っている説話から推測すれば、言葉が話せないまま八歳で夭折した孫の建王の供養のため、さらに出雲の大神の祟りが子孫に及ぶことを防ぐため、斉明天皇は出雲大社を立派に建て直すように命じたと考えられます。

そもそも、出雲の大神である大国主命は地上を治める神でしたが、天皇家の祖先に当たる高天原の神々が地上に降臨する準備として地上を明け渡しました。神話では「国譲り」とされているものの、実質的に大国主命は「追放」されたのであり、丁重に祀り続けなければ祟りをなす恐ろしい神なのです。その大国主命に対する配慮が欠けていたことで、建王が言葉を発することができない者として生まれたうえに、八歳で夭折するという不幸に見舞われたのです。そのことに気付いた斉明天皇は、建王の薨去後、出雲大社を立派に建て直すように命じたのです。

元明天皇、不比等、真人の三人が改めて過去の出来事を洗い直した結果、草壁皇子が二十八歳で薨去し、その皇子の文武天皇が二十五歳で崩御し、さらに宮子夫人の心の病が続いている原因は、上宮王家の祟りばかりでなく、言葉を発することができないまま八歳で亡くなった建王と同様に、出雲の大神の祟りにあると気付いたのです。そこで、三人は、斉明天皇が建て直すように命じた出雲大社が、その後どのような状況にあるのか、急いで調べることにしました。

2　未完の出雲大社

今日の出雲大社は特殊な構造と壮大な規模を誇る建物で、その威容は見る人を圧倒します。このように、今日の出雲大社は壮大な建物ですが、斉明天皇五年（六五九）、斉明天皇が出雲国造（いずものくにのみやつこ）に立派に建て直すように命じた神の宮（出雲大社）とは、どのような建物だったのか気になるところです。なにしろ、斉明天皇は大寺院の建立や運河の開削（かいさく）など、大胆な事業を断行する太っ腹な女帝でしたので、亡くなった孫の建王に対する哀惜の念の深さを思えば、斉明天皇が命じた出雲大社の改修は五年や十年で完成するような簡単なものではなく、長い工期と莫大な費用を要する壮大な建物であったろうと想像されます。

ところが、斉明天皇が出雲大社の整備を命じた年の翌年、すなわち斉明天皇六年（六六〇）、百済救済のために朝鮮半島に兵を送る準備に追われることとなったうえに、斉明天皇七年（六六一）七月、朝鮮半島に向かうために九州朝倉の宮で態勢を整えていた最中、斉明天皇が崩御してしまったのです。また、斉明天皇を継いで即位（称制）した天智天皇は、天智天皇二年（六六三）八月の白村江の戦いで惨敗を喫し、その直後から唐の攻撃に備えて国内で数々の防御施設の整備に追われたのです。さらに、百済から大量の難民を引き受けるなど、当時、出雲大社の整備に目を向けている余裕はありませんでした。

出雲大社の整備は斉明天皇が直々（じきじき）に命じたものではありましたが、整備を命じた直後から数年にわたって次から次へと大事件が勃発し、出雲大社の整備を進めることはできませんでした。加えて、天智天皇十年（六七一）十二月に天智天皇が崩御し、壬申の乱を経て天武天皇が即位しますが、天武天皇が甥に当たる建王の早世にどれほど関心があったか疑問です。

つまり、出雲大社の整備を命じた斉明天皇が早くに崩御し、さらに百済の支援や戦後処理に多大の財源や労働力を取られてしまい、出雲大社の改修は着手こそしたものの、その整備は遅れに遅れたうえ、天武天皇二年（六七三）に天武天皇が即位した後、出雲大社の改修はほとんど放置されていたと考えられるのです。

◉天に聳（そび）える出雲大社

今日の出雲大社は「大社造り（たいしゃづくり）」と呼ばれる特殊な形式の壮大な建物ですが、以前の出雲大社の建物は、今日の建物を遥かに上回る高さの巨大な建物であったことが判明しています。

平成十二年（二〇〇〇）、出雲大社の敷地で発掘調査が行われましたが、このとき想像もしない大発見がありました。出雲大社の境内地のほぼ中央に、直径一・三メートルの杉材三本を束ねた巨大な柱が三組み出現したのです。放射性炭素による年代測定を行ったところ、この杉材は十三世紀前半の鎌倉時代前期のものと判定されました。

これまで、『金輪御造営差図』と呼ばれる鎌倉・室町時代の平面図が知られており、そこには太い三本の木材を金輪で束ねて一組みの柱とし、その束ねた柱を九組み、三×三の「田」の字に並べた巨大建築物の基礎の姿が描かれていました。ただ、その規模があまりにも大きいため、長年、『金輪御造営差図』は実際のものではなく、架空のものと考えられていました。ところが、発掘調査によって平面図とほぼ一致する大きな柱の遺構が出現したことで、『金輪御造営差図』の信憑性と価値は一気に高まったのです。同時に、出雲大社が数十メートルの高さを有する、古代の高層建築として実在していたことは間違いないと断定されたのです。

ところで、平安時代中期、源為憲が編纂した『口遊』という教書に、「雲太、和二、京三」という口遊みが記されています。その意味は、出雲大社が一番で太郎、大和の東大寺大仏殿が二番で二郎、京都の御所大極殿が三番で三郎ということになり、当時の大型建築物の順番をこのように口ずさんでいたことを今に伝えています。

ただ、この口遊みは、それまで一種の誇張と見られ、本気にされることはありませんでした。しかし、出雲大社の敷地から太い柱の遺構が出現したことで、この口遊みが再認識されることになりました。失礼ながら、地方の出雲の建築物が最大規模だったことに驚かされます。

ところで、ここで思い出されるのが『古事記』の記述です。出雲大社の規模の大きさと関連する記述が『古事記』に四カ所ありますが、出雲大社が高く豪壮な建築物であったことが事実となれば、『古事記』の記述を空想の産物として片付けることができなくなります。念のため、『古事記』の四つの記述を順に確認してみます。

一、大国主命が須佐之男命の女の須世理毘売を奪って黄泉の国から逃げるとき、追ってきた須佐之男命が大国主命に向かって「宇迦の山本に、底つ石根に宮柱ふとしり、高天原に氷椽たかしりて居れ」と叫びました。

つまり、須世理毘売の父である須佐之男命が、娘を奪って逃げる大国主命に対して、「（娘を奪っていくからには、）宇迦の地で地底の岩盤に達する太い立派な柱を建て、高天原に千木を聳えさせるような壮大な宮殿を造って住め」と命じたのです。

二、大国主命が高天原の神々に地上を明け渡す「国譲り」において、「唯僕が住所をば、天つ神の御子の天津日継知らしめすとだる天の御巣如して、底つ石根に宮柱ふとしり、高天原に氷木たかしりて治め賜はば、僕は百足らず八十坰手に隠りて侍ひなむ。亦僕が子等百八十神は、即ち八重事代主神、神の御尾前と為りて仕へ奉らば、違ふ神は非じ」と条件を示しました。

つまり、大国主命は自分が大人しく身を隠し、さらに自分の子らも大人しく仕えるためには、自分が住む建物を高天原の神々の宮殿と同様に、地底の岩盤に達する太い柱を建て、高天原に千木(ちぎ)を聳(そび)えさせる壮大な宮殿にするようにと条件を付けたのです。当然、この条件が破られることになれば、それ相応の報復があることになります。

三、邇邇芸命(ににぎのみこと)が高千穂の峰に降り立つまでの様子を描いた「天孫降臨」において、「底(そこ)つ石根(いはね)に宮柱(みやばしら)ふとしり、高天原(たかまのはら)に氷椽(ひぎ)たかしりて坐(ま)しき」とあり、邇邇芸命が立派な宮殿を建てて住んだことが記されています。

四、言葉を発することができない者として生まれた本牟智和気王(ほむちわけみこ)の身の上に心を痛めていた垂仁天皇の夢に、「我(わ)が宮を天皇の御舎(みあらか)の如修理(ごとつく)りたまはば、御子必ず真事(まこと)とはむ」と告げる者がありました。

つまり、自分の宮を天皇の宮殿のように立派に造り為(な)してくれれば、本牟智和気王は必ず言葉が話せるようになると神からお告げがあり、この神が後に出雲の大神（大国主命）と判明するのです。

右の四つの記述うち、一、二、四の建物はともに大国主命が住む神殿そのものを指しており、三が高天原の子孫、すなわち天皇の宮殿を指しています。これら四つの記述を比較すると、大国主命の神殿は天皇と同様に、堅固な地盤の上に太い立派な柱を建て、高天原にも届くような高い建物を必要としたことになります。このことから、斉明天皇五年（六五九）、斉明天皇が出雲国造に立派に建て直すように命じた神の宮（出雲大社）は、堅固な地盤にしっかり建て込まれた太い柱を持つ、高層の神殿であったと推察されます。

◉出雲大社の整備

元明天皇、不比等、真人の三人は、出雲大社の建築工事が途中で中断され、そのまま放置されていることを知り、その様子が法隆寺とそっくりであることに驚きます。出雲大社も斉明朝に再建工事に着手されながら、工事が中断され、数十年も放置されたまま無残な姿を晒していたのです。

大国主命は、天皇の先祖に当たる高天原の神々が地上に降臨する以前、この国を治めていた地上の神でしたが、その大国主命が国を譲るに当たって自分の住むところを「底つ石根に宮柱ふとしり、高天原に氷木たかしりて」造り為してくれるなら、自分はもちろん、自分の子たちも大人しくしているだろうと宣言したのです。しかし、大国主命が提示した「国譲り」の条件であったにもかかわらず、出雲大社の整備は途中で数十年も放置されていたのです。

この状況を知った三人は、出雲の大神をないがしろにしていたために文武天皇が早世したのではないかと後悔しましたが、これからも天皇を守り、首皇子の無事な即位を実現するためには、急いで出雲大社を整備しなければならないと確信したのです。そこで三人は、財源は確保するので直ちに出雲大社の整備に取り掛かるよう、改めて出雲の国造に命じたのでした。

文武天皇の崩御から九年ほどが経過した霊亀二年（七一六）二月、「大庭からはじめて杵築の地に移す」という記録が『出雲国造系譜』に残されています。おそらくこの記述は、このとき出雲大社が杵築の地で「底つ石根に宮柱ふとしり、高天原に氷木たかしりて」完成したことを伝えているのです。元正紀の同じ霊亀二年（七一六）二月十日の条には、「出雲国の国造外正七位上出雲臣果安、斎し竟りて神賀の事を奏す」とあり、出雲国の国造の果安が神賀詞を奏するために宮中に参内したことが記されています。この果安の宮中参内が、出雲大社の建物が無事に完成したことの天皇への報告だったのでしょう。斉明天皇が整備を命じた斉明天皇五年（六五九）から五十年余りが経過して、ようやく出雲大社は完成したのです。

なお、霊亀二年（七一六）二月に完成した出雲大社の正確な規模は分かりません。ただ、平成十二年（二〇〇〇）に発掘された大きな柱群は、放射性炭素にもとづく年代測定によって鎌倉時代前期の木材と推定されており、霊亀二年（七一六）に完成した出雲大社は、鎌倉時代の建物規模に匹敵するものと推測します。その理由は、大国主命が最も怖れられたのは文武天皇の崩御直後であり、当時、最高の技術を注ぎ込んで出雲大社を立派に整備し、以後はこの規模を維持しながら建て替えたと考えられるからです。

大国主命に不満を与えることがないよう、出雲大社を立派に維持しながら丁重にお祀りすること、それが国譲りの際の大国主命と高天原の神々との間の約束なのです。

しかし、出雲大社の建物はただ壮大に建てられたわけではありません。建物に特別な工作が秘かに行われていました。今日の出雲大社は壮大な建物ですが、その背後に意外な秘密が隠されています。

3　法隆寺、出雲大社、元興寺に共通する呪縛

法隆寺については、古くから建築上の不思議な特徴がいくつも指摘されてきました。

第一は中門です。通常、門は通行のために設置するものですから、通りやすく造ることが前提です。ところが、通りやすく造られるはずの法隆寺中門には、まるで通せん坊をするかのように、通路の真ん中に柱が建っているのです。法隆寺中門には柱が五列並んでおり、柱が五列ということは柱間（はしらま）が四つできるということですが、四つの柱間のうち左右両端に金剛力士像を置き、中央寄りの二つの柱間が通路となっているのです。

このように、通路の中央に建つ柱は他の寺院の門で見ることのない形式であり、常識的に考えれば、通路の中央に柱が建つ構造は間違いです。たとえば、神社の参道などでは中央が神の通り道であり、神の通路を開けておくために人は参道の両端を歩く習慣があることを思えば、法隆寺中門の真ん中の柱は明らかに通せん坊を意味しています。

第二は、五重塔の相輪に掛けられた大鎌です。その様子は、仏教寺院として不思議な光景ですが、大きな鎌が刃を下に向けて掛けられているのです。平安時代に編纂された『七大寺巡礼私記』には、古老の話として、この大鎌は雷除けを目的としたものであると記されています。もし、本当に大鎌を雷除けと考えるならば、他の寺院の塔でも同じことをしても良いと思いますが、他の寺院で見かけることはありません。

また、大鎌の刃が下に向けられている点も納得できません。天から降りてくる雷を除けるという

目的であれば、刃は上に向けて設置されるべきものです。刃が下に向けられている意味は、この大鎌が上からの侵入を防ぐためのものではなく、下から上に昇ろうとする動きを牽制するためのものであることを示しています。

第三は、中門と回廊の柱の形状です。広く知られたことですが、法隆寺の中門と回廊に用いられている柱には、中央付近にわずかな膨らみがあります。この膨らみはギリシア建築のエンタシスの影響を受けているという説もありましたが、この種の柱形状を他の日本の寺院で見かけることはありません。法隆寺の柱だけがこのように特殊な形をしているのですから、法隆寺の柱の膨らみには特別な意味があると考える必要があります。

中門や回廊の柱の中央が膨らんでいるということは、柱と柱の間が狭くなることを意味します。本来、通るための柱間ですから広くしておくことが原則です。しかし、柱の中央を膨らませるということは、わざわざ柱間を狭くし、ここは通るところではないと宣告しているように思われます。

第四に、上から平面的に見た回廊の形状に注目する必要があります。今日の法隆寺の回廊は中門から鐘楼、大講堂、経蔵と接続されており、上から平面的に見ると「凸」の形をしています。しかし、この凸形は平安時代の改造によってなされたものであり、当初の形状ではありません。再建工事が完成した和銅年間、回廊の形状は内部に金堂と五重塔のみを擁した「□」の形をしており、鐘楼、大講堂、経蔵は回廊の外側に置かれていたのです。つまり、当初の回廊は中門とつながって、ぐるりと金堂と五重塔のみを囲み、金堂と五重塔を外部から遮断するように配置されていたのです。

本来、回廊は建物と建物とを結ぶ連絡用の通路であり、門や塀のように内と外とを隔てるためのものではありません。ところが、再建工事が完成した当初の法隆寺の回廊は、中門と一体となって、まるで外部との出入りを遮断するかのように金堂と五重塔を取り囲んでいたのです。

では、これら法隆寺の特殊な建築様式は何を意味するのでしょうか。

法隆寺中門の通路中央の柱、回廊と中門の柱中央部の膨らみ、五重塔の相輪に刃を下に向けて掛けられた大鎌、金堂と五重塔のみを外部から隔離する回廊と中門、これらの特殊な形式を考え合わせれば、法隆寺は金堂と五重塔に上宮王家の霊を祀りつつ、中門や回廊によって霊が外に出ることができないように封印しているということではないでしょうか。法隆寺に祀られた霊の立場から見れば、法隆寺は外に出ることができない牢獄のように造られているのです。

もちろん、中門の通路中央に柱があっても、中門・回廊の柱に膨らみがあっても、また五重塔の相輪に大鎌が刃を下に向けて掛けられていても、金堂と五重塔だけを囲むように中門と回廊が廻らされていても、通るときにそれらを避ければ良いわけですから、人が通るうえでは何ら支障はありません。しかし、人の通行には支障がないとしても、霊の立場から見た場合には通ることができないのです。法隆寺の特殊な構造や様式は、霊を法隆寺の外へ出さないことの象徴であり、霊に対する呪縛になっているのです。

元明天皇、不比等、真人の三人は、上宮王家の祟りを封じ込めるため、法隆寺に対して一般の人々の目には分からない方法で特殊な封印を施したのです。

◉不思議な一致

実は、このような特殊な封印工作は法隆寺だけではありません。法隆寺中門と同じように建物正面の柱間が偶数になり、柱が中央に立つ建物がいくつか知られています。石田茂作氏は『法隆寺雑記帖』の中で、出雲大社の社殿、元興寺極楽坊、法隆寺金堂の上層、法隆寺五重塔の最上層、薬師寺東塔の最上層、当麻寺東塔の最上層と中層において、法隆寺の中門と同様に柱間が偶数であることを指摘しています。

石田氏が指摘した建物のうち、法隆寺金堂の上層と各塔の最上層などの場合、本来そこは出入りするための場所ではありませんから、仮に柱によって通せん坊の状態になっていたとしても、柱の位置に特別な意味があるとは思えません。これらは構造上の都合で柱間が偶数になったと考えるべきです。

しかし、残る出雲大社の社殿と元興寺極楽坊は出入りのために利用される場所でありながら、建物の中央に柱が建っており、見た目にも異様な印象があります。美しさと便利さを追求する建築デザインにおいて、建物の中央に柱を持ってくる設計は良いものとはいえません。出雲大社社殿と元興寺極楽坊では、法隆寺中門と同様に、故意に通せん坊をするように建物の中央に柱が設置されているのです。これは何を意味するのでしょうか。

そしてもう一つ、法隆寺の中門、出雲大社社殿、元興寺極楽坊は、出入りする建物の中央に柱が建つという不可解な共通点がありますが、これら三つの建物には柱位置のほかにも意外な共通点があります。お気付きでしょうか。

今日の出雲大社と元興寺極楽坊はともに中世以降に再建されたものですが、元の建物はどちらも古代に完成しています。実は、これらの元の建物の完成時期が法隆寺の再建完了時期と近接しているのです。

法隆寺の五重塔と中門は、『伽藍縁起』の記述によって和銅四年（七一一）までに完成したことが分かりますが、出雲大社は『出雲国造系譜』の霊亀二年（七一六）二月の記述に、「大庭からはじめて杵築(きづき)の地に移す」とあり、このとき当時の出雲大社の建物が杵築の地で完成したと考えられます。また、元興寺は他の寺より少し遅れた、養老二年（七一八）に平城京に移されましたが、出雲大社の完成からわずか二年後のことです。

つまり、法隆寺、出雲大社、元興寺極楽坊の建物は、和銅四年（七一一）から養老二年（七一八）という短い期間に、相次いで完成しているという共通点があるのです。もし、これら完成時期が近接する三つの建物に共通して、建物の出入口部の中央に柱が建つという特殊な構造が用いられたとすれば、その特殊な構造の裏には共通の目的が隠されていると考えるべきではないでしょうか。

実は、拙著『海に漂う神々　世阿弥が伝えた古代史の真相』で指摘したように、出雲大社は地上を治めてきた大国主命を封印するという目的がありました。柱間が二つの出雲大社の社殿は中央に柱があり、人が社殿に出入りするための階段は片方に寄っています。つまり、社殿の柱は建物の中央で通せん坊をしているのです。

また、元興寺は蘇我本宗家の氏寺として創建された法興寺（飛鳥寺）が、遷都に伴って平城京に移されたものですが、本来、法興寺は皇極天皇四年（六四五）六月の乙巳の変で滅亡した蘇我本宗家の鎮魂のため、遠く飛鳥の地に存置されるべき寺でした。

しかし、元明天皇、不比等、真人の三人は懸念しました。蘇我本宗家の霊を祀る法興寺（飛鳥寺）を遠い飛鳥の地に放置したままでは、もし蘇我本宗家の祟りがある場合、蘇我本宗家の霊を野放しにするのと同じです。法興寺を飛鳥の地に置いたままでは、上宮王家と同様に深刻な祟りを起こすことが懸念されます。そこで、三人は法興寺を飛鳥から平城京に移転し、蘇我本宗家の鎮魂を行うことにしたのです。

ただそのとき、単に法興寺を平城京に移転するだけでは、蘇我本宗家の祟りを防ぐという観点からは不十分です。このため、飛鳥の地には旧来の法興寺（飛鳥寺）を残しながら、平城京に法興寺を元興寺として移転し、併せて中心となる元興寺極楽坊には蘇我本宗家の霊が外に出られないように建物の構造に細工をしたのです。すなわち、蘇我本宗家に対する敬意を示すために、敷地の規模を大きく取り、建物も立派に整備しながら、一方で蘇我本宗家の霊が外に出られないように建物の中央に柱を置き、封印としたのです。

このように、法隆寺の中門、出雲大社の社殿、元興寺極楽坊の柱間がそろって偶数になっている事情は、その中で魂や霊を丁重に祀ると同時に、それらを封印するという隠れた目的があったのです。当時の政権は建物の中央に柱を建てるという手法で、法隆寺には上宮王家の霊を、出雲大社の社殿には大国主命の魂を、元興寺極楽坊には蘇我本宗家の霊を封印したのです。つまり、法隆寺の中門や出雲大社の社殿、元興寺極楽坊の中央の柱は、一度入ってしまえば二度と外に出られないという呪縛を象徴しているのです。

一旦、中に入ってしまえば出ることができないという呪縛は、一九七〇年代にイーグルスが歌って大ヒットしたアメリカン・ロックの名曲、『ホテル・カリフォルニア』の歌詞にもあります。そのホテルの中は思考が麻痺するほど愉しさに満ちているが、一旦ホテルに入ってしまえば二度と出ることができないというのです。法隆寺や出雲大社の社殿、元興寺極楽坊も同じで、一度入ってしまえば二度と外には出ることができないという呪縛が、建物の中央の柱などによって象徴されているのです。

このように、法隆寺には上宮王家の祟り封じという極秘の工作が加えられたため、その再建過程に関する情報は一切記録に残されなかったものと推察します。

第三節　『日本書紀』による上宮王家の祟り封じ

第四章までの検討によって、『日本書紀』には白村江の戦いに関する日本の立場を護るという、隠れた目的が秘められていることを突き止めました。しかし、そのほかにも重要な目的が秘められています。それは、文武天皇の不豫をきっかけとして浮かび上がった上宮王家の祟りの封印です。元明天皇、不比等、真人の三人は文武天皇の崩御後、上宮王家の祟りを確実に封じておかなければ、首皇子の無事な即位とその治世の安定は望めないと考えました。そこで、上宮王家の祟り封じという重大な役割の一部を『日本書紀』に担わせることにしたのです。

1　厩戸皇子の聖人化

『日本書紀』は、推古紀において厩戸皇子を特別な能力を備えた聖人として描いています。その背後には、厩戸皇子の業績を顕彰することで、上宮王家の祟りを防ごうとする狙いが隠されています。

昭和の頃、高額紙幣の肖像は聖徳太子と決まっていました。調べてみると、昭和五年（一九三〇）の百円札に始まり、その後は千円札、五千円札、一万円札とランクアップしていき、昭和五十九年（一九八四）に福沢諭吉が一万円札の肖像として登場するまで、五十年以上にわたって聖徳太子は紙幣の貌（かお）として親しまれてきました。聖徳太子の肖像は常に最高額の紙幣に印刷され、日本中に流通していましたので、当時の人々は聖徳太子という聖人に微塵も疑いを抱くことはありませんでした。

また、当時の子供たちは周囲の大人から、「聖徳太子は馬小屋で生まれ、一度に十人の話を聞くことができたうえに、未来も予知でき、日本に仏教を広めた偉い人だ」ということを何度も聞かされ、将来はそんな偉い人に少しでも近づきたいと思いながら育ちました。

第三章でもご紹介しましたが、推古天皇即位前紀には、「厩戸皇子の母である穴穂部間人皇女（あなほべのはしひと）が禁中を巡行中に厩の戸に当たって皇子が生まれ、その皇子は生まれながらによく話し、聖（ひじり）の知恵を備えていた。成長すると十人の訴えを同時に聞いて的確に判断し、さらに未来を予知することができた」と記されており、昭和の子供たちが聞かされた内容は、『日本書紀』に記された聖徳太子の姿そのままだったのです。

また、推古紀には、厩戸皇子が仏教と儒教をそれぞれ専門の僧と博士から学び、ともに奥義に至り、これほど高い能力を備えていたために、上宮厩戸豊聰耳太子（かみつみやのうまやとのとよとみみのひつぎのみこ）と呼ばれていたと記されています。

推古天皇十二年（六〇四）四月、その類まれな才能の表れの一つとして、厩戸皇子は十七条憲法を発表します。

このほか、推古天皇二十一年（六一三）十二月、厩戸皇子は片岡に遊行し、道端で行き倒れを見つけ、手厚く介護します。翌日、使いの者に様子を見させますが、その行き倒れは既に息絶えており、近くに埋葬します。数日後、厩戸皇子は「その行き倒れはただ者ではあるまい。きっと聖なる人に違いない」と言って、人を遣って調べさせると、果たしてその遺体は消え去り、厩戸皇子が与えた掛物だけが残っていたというのです。人々は「聖（ひじり）が聖を知るというのは本当のことだった」と、ますます畏（かしこ）まったというのです。

さらに、厩戸皇子の薨去について、推古紀は実際より一年余り繰り上げた、推古天皇二十九年（六二一）二月五日としています。この二月五日という日付は中国の玄奘が亡くなった日に一致しており、日本の聖人である厩戸皇子は、中国の高僧と同じ日に亡くなったとされています。

このように、『日本書紀』は厩戸皇子を高い能力を備え、その行いも聖人にふさわしいものとして描いています。また、平安時代に編纂された聖徳太子の伝記も、『日本書紀』に勝るとも劣らない勢いで、厩戸皇子を聖人として描いています。

これに対して近年、厩戸皇子を聖徳太子と呼び、特別な能力を備えた聖人に仕立てたのは『日本書紀』をはじめ、後世の人々であって、厩戸皇子その人は特別な能力を備えた人ではなかった、という見方が唱えられるようになりました。このような見解が遠慮なく語られるようになった契機は、法隆寺を聖徳太子の霊を封印する寺として論じた『隠された十字架　法隆寺論』（梅原猛著、昭和四十七年）にあると思いますが、聖徳太子の神秘性が衰えたことに加え、お札の肖像からも引退したことで、誰もが憚（はばか）るところなく聖徳太子について論じるようになったということなのでしょう。

◉聖徳太子

ここで、聖徳太子について理解を深めるため、厩戸皇子が聖徳太子と呼ばれるようになった事情について確認してみます。

厩戸皇子は聖徳太子という尊称で広く知られていますが、聖徳太子という呼び方が確認される最も早い史料は、八世紀中頃の『懐風藻』の序文です。そこには「逮乎聖徳太子。設爵分官。肇制礼義。然而専崇釈教。未遑篇章」と記載されています。おおよその意味は、「聖徳太子に至ってようやく礼・義など（冠位十二階）が定められた。しかし、（聖徳太子は）仏教を崇（あが）めるばかりで漢詩を作るほどの余裕はなかった」というのです。つまり、聖徳太子は仏教に力を入れるあまり、漢詩には関心が向かなかったということであり、仏教に力を入れたという点などから、この「聖徳太子」は厩戸皇子を指していると確認できるのです。

では、聖徳太子という尊称が前触れもなく、突然『懐風藻』の序文に登場したのかといえば、けっしてそういうわけではありません。聖徳太子という呼称そのままではないものの、よく似た尊称が比較的早い時期から登場していました。

まず、そのことを文献史料で確認しますと、養老四年（七二〇）五月に完成した『日本書紀』では、厩戸皇子は基本的に皇太子と呼ばれていますが、敏達紀では「東宮（ひつぎのみこ）聖徳」という尊称が、用明紀（注書き）では「豊耳聡（とよみみと）聖徳」という尊称が登場し、後に聖徳太子と呼ばれることになる聖と徳という素材が現れています。

推古紀では、厩戸豊耳聡皇子や上宮厩戸豊聡耳太子のほか、「玄なる聖の徳を以て日本國に生まれた」、あるいは「大聖」と記述され、ここにも聖と徳という素材が登場しています。

また、元明天皇が編纂を命じた『風土記』では、『播磨国風土記』（賀古の郡）に「聖徳王御世」とあり、『伊予国風土記』の逸文（湯郡）には「上宮聖徳皇子」とあり、二つの『風土記』において、厩戸皇子は聖徳と表記されていることが確認できます。

これらのほか、和銅五年（七一二）一月に完成した『古事記』では、用明記に上宮之厩戸豊聡耳命とあり、聖や徳はありませんが、上宮や豊聡耳という美称が与えられており、厩戸皇子を優秀な人物として崇めていこうとする姿勢が、既にこの段階で表れていることが確認できます。

次に金石文では、慶雲三年（七〇六）三月に完成した法起寺の露盤銘があります。これについては前章で紹介しましたが、この露盤銘には「上宮太子聖徳皇」と記されており、聖徳太子の素材である太子と聖徳が一体となって登場しています。この露盤銘の表記から、慶雲年間には厩戸皇子を聖徳太子と呼ぶ下地が出来上がっていたことが確認できます。

このほかの金石文としては、法隆寺の金堂に納められた仏像の銘文が知られています。法隆寺金堂にはいくつかの仏像が納められていますが、それらのうち金銅釈迦三尊像と金銅薬師如来像の光背に造像の経緯を記した銘文が刻まれており、そこに厩戸皇子に関係する記述があります。ただ、これらの仏像は造像年次や光背に銘が刻まれた時期などが確認できず、残念ながら他の史料との前後関係を比定することができません。そのような事情にはありますが、参考のためにご紹介すれば、厩戸皇子について釈迦三尊像の光背には「上宮法皇」と、薬師如来像の光背には「東宮聖王」と刻まれています。

この二つを比較すると、釈迦三尊像の光背の銘に「聖」はないものの、薬師如来の光背の銘には「聖」を含んだ表記があり、この薬師如来の光背に銘を刻んだ頃が、厩戸皇子を聖徳太子と呼ぶ端緒に当たる可能性があります。ただ右のとおり、この銘文が刻まれた年代を特定することができていませんので、断定は避けなければなりません。

なお、天武天皇の時代になって薬師寺が創建されたことを思えば、薬師信仰は仏教伝来から少し遅れて始まった可能性があり、法隆寺の釈迦三尊像と薬師如来像とを比較した場合、薬師如来像が釈迦三尊像より新しいのではないかと推察されます。

このように、時代をさかのぼるに従って聖徳太子という要素は希薄になっていきますが、法起寺の露盤銘が完成した慶雲三年（七〇六）三月の段階では、語順こそ違いますが、明確に聖徳太子につながる尊称が現れており、厩戸皇子を聖徳なる太子とする見方はこの時期までに生まれていたことは間違いありません。

では、聖徳太子とほぼ一致する「上宮太子聖徳皇」という尊称が、慶雲の時代にあったということは何を意味するのでしょうか。また、その尊称が厩戸皇子と関係が深い法起寺の露盤銘にあったことは何を意味するのでしょうか。

◉祟り封じから信仰へ

聖徳太子にほぼ一致する「上宮太子聖徳皇」という尊称が、慶雲三年（七〇六）三月に完成した法起寺の露盤銘に記されていた事実は、この尊称が文武天皇の不豫、並びに上宮王家の祟りと密接な関係にあることを示しています。

法隆寺の再建工事の再開や法起寺の整備は、文武天皇の不豫をきっかけとし、上宮王家の祟りを防ぐために開始されましたが、法起寺露盤銘の「上宮太子聖徳皇」という尊称は、厩戸皇子に対する尊崇の念を明確に示すことで、上宮王家の祟りを抑え、文武天皇の不豫の解消を図りたいという、元明天皇たちの切実な思いから発したものと推察されます。しかし、その切実な思いにもかかわらず、露盤銘の完成から一年余り後の慶雲四年（七〇七）六月十五日、文武天皇は病気のため二十五歳で崩御するのです。

上宮王家の祟りを防ぐため、法隆寺の再建や法起寺の整備を精力的に進めていた最中、文武天皇の崩御という最悪の事態に至ります。このとき、元明天皇、不比等、真人の三人は、上宮王家の祟りを防ぐには尋常な方法では無力で、抜本的な対策を講じなければ上宮王家の祟りは首皇子にも及ぶ危険があると思い知らされたのでした。

そこで、真人が提案します。「これから編纂する予定の漢文の歴史書において、厩戸皇子を仏教興隆に尽力した聖徳の人として描くとともに、その子の山背大兄王を人民に迷惑をかけることを嫌った聖人として描くことで、上宮王家を末永く顕彰してはどうだろうか。また、祟りの矛先をかわすために、山背大兄王一族を自経に追い込んだのは、既に滅んだ蘇我本宗家であったことにしてはどうだろうか。こうすれば、上宮王家の祟りを防ぐと同時に、首（おびと）皇子の健康と治世の安寧を図ることができるのではないか」と。この真人の提案に対し、祟り封じの方策を失っていた元明天皇と不比等は同意し、具体的な記述は真人に任せることにしたのです。

このように背後での工作を続け、養老四年（七二〇）五月、『日本書紀』は上宮王家の祟り封じを織り込んで完成し、それから四年後の神亀元年（七二四）二月四日、首皇子は無事に即位します。つまり、細心の注意を払いながら祟り対策に万全を期したことで、首皇子の即位の日を無事に迎えることができたのです。

ただ、首皇子が聖武天皇として即位した後も、長屋王の変、疫病の流行などさまざまな事件が次々に起こり、世情は安定しませんでした。それらの混乱の背後にも上宮王家の祟りがあると考えた当時の政権は、山背大兄王襲撃のときに焼かれて放置されていた斑鳩宮を再整備することで、上宮王家の祟り封じを図ります。今日、夢殿などで知られる法隆寺東院がそれに当たります。

法隆寺の西院と東院の整備の背後には、ともに上宮王家の祟りを封じるという秘められた目的があったのですが、厩戸皇子を聖徳の太子として崇（あが）めるという政権の姿勢が次第に世間に広まるにつれ、祟り封じとして始まった厩戸皇子の顕彰が篤（あつ）い信仰へと姿を変え、少なくとも昭和の時代まで日本社会に大きな影響を与え続けることになったのです。

2　不思議な十七条憲法

上宮王家の祟り封じのため、『日本書紀』は厩戸皇子を聖人として描く素材をいくつも盛り込んでいますが、推古紀に記される十七条憲法もその種の素材の一つと考えることができます。

ところが、十七条憲法は『日本書紀』編纂の過程で誰かが厩戸皇子になりすまして創作したと考える研究者がある一方で、推古紀の記述のとおり、厩戸皇子が自ら起草したと考える研究者もあり、議論が分かれています。聖徳太子という聖人は、推古紀がでっち上げた人物だと考える立場からすれば、間違いなく十七条憲法は後世の創作ということに落ち着くのでしょうが、十七条憲法を入念に読んでみますと、必ずしも後世の創作とは安易に断定できないことに驚かされます。

その第一は、条文のどれもが正論であるということです。各条文の内容が正論であるだけに反論の余地はないのですが、正論という性質上、理想に偏りすぎて現実離れしています。このような正論を臆面もなく堂々と起草できるとすれば、その起草者は政権と深い関わりを持ちながら、一方で政治の実務から遠ざかっているような、特殊な立場にある人物と考える必要があります。十七条憲法の文面の印象からすれば、たとえば責任も権限もない評論家のような立場の人物が書こうとしても、とうてい書くことができない真摯な文章です。

厩戸皇子の場合、皇太子であると同時に摂政として政権を担っていると推古紀に記述されながら、十七条憲法を作ったとされる年の翌年十月には、「皇太子、斑鳩宮に居す」として、政治の中心である飛鳥から離れた斑鳩に住んでいると記されています。また、用明紀には、厩戸皇子が「初め上宮に居（ましま）しき、後に斑鳩に移りたまふ」とあり、厩戸皇子が斑鳩を拠点とした期間はけっして短くなかったと推測されます。

厩戸皇子が日頃から正論を真顔で口にしていたとすれば、政治の実務家である蘇我馬子と反りが合わず、実質的に厩戸皇子は政治から遠ざけられていった可能性があります。特に、十七条憲法の各条文をウラ読みするとき、これを起草した人物は孤高の人物のような印象があり、政治の実務から遠ざけられた厩戸皇子が、自分の理想や日頃の思いを十七条憲法という形で書き残した可能性は十分にあると考えます。

第二は、厩戸皇子が推古紀で仏教や儒教に精通していたと記されながら、十七条憲法の文章に仏教的、あるいは儒教的な要素がほとんど感じられないことです。もし、誰かが厩戸皇子に成りすまして起草したとすれば、厩戸皇子に似せるために仏教や儒教の要素を取り込んだ文章を書きたくなるものです。しかし、十七条憲法に仏教や儒教の要素はきわめて少なく、むしろ全体に道教的な雰囲気が漂っているように感じられます。仏教や儒教を意識しない、この作為のない素直な書きぶりが、逆に厩戸皇子本人が起草したことを語っているように感じられるのです。

第三は、十七条憲法の条文のどこを読んでも邪念が感じられないことです。仮に官人が厩戸皇子に成りすまして条文を起草したとすれば、どんなに上手に書いたとしても官人としての邪念が必ずどこかに表れるものです。ところが、その種の邪念が条文のどこにも感じられません。他人になりきって、これほどピュアな文章を起草できる官人は存在しないと思います。

このような理由から、十七条憲法を起草したのは厩戸皇子本人である可能性はきわめて高いと考えられるのです。もし仮に、それでも推古天皇の時代から『日本書紀』完成の頃までの間で、厩戸皇子以外で十七条憲法を起草できそうな人物を捜せと言われれば、長屋王が唯一該当するかもしれません。ただ、長屋王は首皇子にとってライバルの位置にあり、『日本書紀』の編纂からは遠ざけられていたうえに、日々の政治実務に深く関わっていたと見られることから、十七条憲法ほどの純粋な文章を書く余裕はなかったと推測します。

つまり、上宮王家の祟り封じとは無関係に、純粋な意味で厩戸皇子の顕彰のため、本人が作成した十七条憲法を推古紀に載せた可能性はあると考えます。

◉厩戸皇子の人物像

厩戸皇子は、『日本書紀』完成の頃から近代まで、さまざまな虚飾に彩(いろど)られてきました。たとえば、推古紀に記された厩戸皇子に関する記述のうち、十人の訴えを同時に聞いて間違うところがなかったという件は、人の能力として不可能とまでは断定できないものの、誇張であろうと思います。また、未来を予知できるという記述は、歴史書を通り越して宗教書のような印象さえあります。このほかに、母の穴穂部間人皇女が厩(うまや)の戸に当たって皇子が生まれたという誕生説話、そして片岡遊行(ゆぎょう)で聖人に出会った説話は、キリスト教の影響を受けて創作された可能性が感じられます。

広く知られたことですが、西暦四三一年のエフェソス宗教会議で異端とされたキリスト教ネストリウス派は東方への布教に力を入れ、西暦六三五年には唐に伝来しています。唐では景教と呼ばれて受け入れられ、伝来から三年後の西暦六三八年には唐の公認を得ています。仏教に熱心だった武則天（則天武后）の時代に一時弾圧されたことはありましたが、唐の国内で寺院をいくつも設置しながら穏やかに拡大していきました。

唐の国内に景教が浸透しつつあった白雉四年（六五三）五月、日本から遣唐使が派遣されました。このとき、遣唐使船に同乗して唐に渡った留学僧の中に道観（後の粟田真人）という若者がいました。道観は景教が唐に伝来してから二十年ほどが経過した時期から唐に滞在し、仏教ばかりでなく、新来の宗教である景教にも関心を持った可能性があります。当時の留学僧の使命は仏教を学ぶことではありましたが、世界各地から人と情報が集まる国際都市長安に滞在し、日本にとって有益な情報に接することは、若い留学僧にとって魅力に満ちた冒険だったと想像します。

留学僧の道観は日本に戻って還俗し、官人の粟田真人として歴史書の編纂や大宝律令の起草に参画したことを思えば、唐で幅広い情報の収集に努めたことが、帰国後に官人として活躍するうえで大いに役立ったものと想像されます。

ところで、キリスト教の『新約聖書』のルカ伝には、キリストはベツレヘムで生まれ、産着にくるまれて厩の飼葉桶に寝かされたという説話があります。この説話では、キリストが馬小屋で生まれたと直接的に記されているわけではありませんが、昭和の日本では、「キリストは馬小屋で生まれ、聖徳太子もキリストと同じように馬小屋で生まれた。だから厩戸皇子と呼ばれている」と説明されていたように記憶します。西洋のキリストと日本の聖徳太子とがともに馬小屋で生まれたと聞いた昭和の人たちは、聖徳太子はキリストの生まれ変わりではないかと勝手に想像し、聖徳太子に特別な神秘性と宗教性を感じたのでした。

また、聖徳太子一行が片岡遊行の途中で行き倒れ（聖人）に出会ったという説話は、十字架で処刑されたキリストの身体が三日後に墓から消えてしまうという、復活の奇跡にも通じるところがあり、『新約聖書』から推古紀の記述に流用された可能性が感じられます。

このように、推古紀はさまざまな工夫によって厩戸皇子を聖人と見せることに力を注いでいますが、その目的は厩戸皇子を聖人として顕彰することで、上宮王家の祟りを解消することにあります。つまり、厩戸皇子に関するキリストにも似た神秘的な説話は、厩戸皇子を聖（ひじり）の徳を備えた皇太子だったと正史の『日本書紀』に記載することで、上宮王家に対する壮大な追善供養を行っているのです。

しかし、『日本書紀』に描かれた厩戸皇子の姿がすべて上宮王家の祟りを封じるための創作かと問われれば、右の十七条憲法のように、必ずしも創作ばかりとは断定できないところがあります。おそらく、厩戸皇子は優秀で、有力な天皇候補ではありましたが、崇峻天皇暗殺の混乱を鎮めるため、緊急避難的に即位した推古天皇が長命で、厩戸皇子の即位のチャンスが遠のいたこと、その間に厩戸皇子が政治より仏教などの学問に興味を持ったこと、政治の実務家であった蘇我馬子と学者肌の厩戸皇子との間で反りが合わなかったことなどが影響し、厩戸皇子は次第に政権中枢から疎外され、斑鳩宮に引きこもる途(みち)を選ばざるを得なくなったと推測します。

厩戸皇子は、推古紀に記載されるほどの超人的な能力は備えていなかったかもしれませんが、それでも仏教などの学問に対しては深い興味と情熱を持っていたのです。その結果、厩戸皇子は周囲の政治の実務家たちから浮いてしまい、次第に孤立を深め、斑鳩宮に引き籠る孤高の人となったのでしょう。

このように、厩戸皇子と馬子との軋轢(あつれき)をはじめ、多くの豪族との間に生じた不協和音を背景に、厩戸皇子は次第に周囲からの支持を失っていったのです。その結果、推古天皇の崩御直後、山背大兄王が田村皇子と皇位を争ったとき、豪族たちの多くが山背大兄王を敬遠する事態になったと想像します。

皇統の家系に生まれたばかりに、学問好きの厩戸皇子は孤立し、結果的に上宮王家を滅亡に導く遠因を作ったのかもしれません。

3『日本書紀』の改竄を命じた政権

本書は、ここまで『日本書紀』の執筆・編纂において、改竄や捏造を命じた当時の政権と何度も指摘してきました。この件について改めて説明する必要はないかもしれませんが、念のため『日本書紀』の編纂当時の政権について述べておきます。

もちろん、当時の政権メンバーとは、『日本書紀』の編纂を提案・実行した元明天皇、不比等、真人の三人のことです。慶雲元年（七〇四）七月、遣唐使の任務を完了して帰国した粟田真人は、唐での経験をもとに正史の必要性を訴え、藤原不比等がその提案に賛同し、不比等がそのことを阿閇皇女（後の元明天皇、元明太上天皇）に提案し、正史の編纂が決定されたのです。

三人のうち、粟田真人は『日本書紀』が完成する前の養老三年（七一九）二月に亡くなりますが、真人は上宮王家の顕彰のため、推古紀で厩戸皇子を聖人と呼ばれるにふさわしい人物として描くとともに、景教の『新約聖書』を参考にして厩戸皇子の逸話を執筆したほか、唐から戻ったばかりの道慈の意見を全面的に採用するなど、亡くなる直前まで『日本書紀』の執筆・編纂に大きな影響を与え続けたと推測します。真人は正史編纂のブレーンとして大活躍したのです。

一方、藤原不比等は歴史書の内容にほとんど口を出さず、むしろ裏方として実務を取り仕切るとともに、元明天皇の側近として重要な方針決定を支援し、『日本書紀』の編纂において背後から大きな影響力を発揮したのです。ただ、不比等が『日本書紀』の内容に直接口を出さなかったとしても、執筆者の中に不比等の立場を代理する人物があり、不比等の意向はその執筆者を介して『日本書紀』に反映されたと推測します。

また、元明天皇（阿閇皇女）は『古事記』の撰録を命じ、その『古事記』を正史に流用することを認めたほか、不比等からの相談に熱心に対応することで、首皇子の即位に向けた準備に手抜かりが生じないよう、『日本書紀』執筆・編纂の細部にまで心を配ったと推測します。

第四節　聖武天皇の即位

1　最善の即位日

神亀元年（七二四）二月四日、二十四歳の首皇子は元正天皇から皇位を引き継ぎ、聖武天皇として即位します。父の文武天皇が慶雲四年（七〇七）六月十五日に崩御して以来、十七年の歳月が流れましたが、この即位の陰には関係者の並々ならぬ苦労がありました。なにしろ、首皇子の祖父に当たる草壁皇子は二十八歳で早世し、父の文武天皇も二十五歳の若さで夭折したのです。二度あることは三度あるではありませんが、首皇子が父や祖父と同じ運命に襲われることがなく、無事に即位の日を迎えられるよう、関係者は最大限の努力を惜しみなく注ぎ込んできたのです。

たとえば、早いうちの即位は身体的にも精神的にも負担が大きいのではないかという配慮から、首皇子が然るべき年齢に達するまで、祖母の元明天皇と伯母の元正天皇という異例の女帝二代で皇位を守り通してきました。併せて、二人の女帝は首皇子の成長を慎重に見守ってきました。もし、わずかでも首皇子の将来を脅かす懸念材料があれば、容赦なくそれを排除したのです。首皇子の即位を無事に迎えるためであれば、二人はどんな苦労も厭いませんでした。

◉即位日

ところで、即位の日はきわめて重要な日ですが、即位日がどのように決定されたのかを確認しておくことは、古代史研究の観点から大きな意味があります。

崩御などを契機として急きょ皇位継承が行われる場合、一刻を争って日程を決めて即位の準備を進める必要がありますが、譲位によって皇位継承が行われる場合、事前に幅広い選択肢の中から即位の日を決めることになります。普通に考えれば、日程が自由に決められることは有利に見えますが、この自由度の大きさが逆に難しい問題を生むのです。

当然、即位日は誰の目から見ても最良の日であることが必須となり、そこに甘えは許されません。特に首皇子の場合、祖父の草壁皇子と父の文武天皇に不幸が続いており、同じ事態が首皇子に降りかかることがないよう、即位日は絶対に最良の日を選ばなければならなかったのです。

ここまで、法隆寺の再建、法起寺の整備、平城京遷都、好字令、『古事記』、『万葉集』、『風土記』、『日本書紀』の編纂、法興寺の移転、出雲大社の整備など、祟りを解消するために思いつく施策をすべて実施してきました。また、和銅七年（七一四）六月に行った首皇子の立太子や元服も細心の注意を払って行ったのです。長い歳月をかけて最高の準備をしてきたのですから、最終ゴールである即位日は絶対的に最良の日でなければならないのです。

このような当時の事情を勘案すれば、神亀元年（七二四）二月四日という首皇子の即位日には関係者の思いが最大限に込められているはずであり、この即位日には古代史研究にとって重要なヒントが隠されている可能性があります。そこで、即位日が決まった背景を探っておくことにします。

第一の視点は、立太子と即位の年齢です。父の文武天皇は、持統天皇十一年（六九七）二月に立太子し、同じ年の八月に即位します。このとき、文武天皇は十五歳という若さでした。ところが、即位から六年後の大宝三年（七〇三）春頃、二十一歳になったばかりの文武天皇は不豫に陥ったと見られ、四年ほどの闘病の末、慶雲四年（七〇七）六月十五日、二十五歳で崩御します。

また、祖父に当たる草壁皇子は、天武天皇十年（六八一）二月に二十歳で皇太子となり、将来の即位が絶対視されていました。しかし、天武天皇が崩御した朱鳥元年（六八六）九月、二十五歳になっていた草壁皇子は即位することなく、三年後の持統天皇三年（六八九）四月、皇太子のまま二十八歳で早世します。草壁皇子が亡くなった原因は病気と見られ、草壁皇子が天武天皇の崩御直後に即位しなかった背景にも、草壁皇子の病気があったと推察されます。

つまり、首皇子の父と祖父はそろって二十代の前半で体調不良に陥り、どちらも二十代半ばで亡くなるという共通点がありました。そこで、首皇子に同じ轍（てつ）を踏ませないためには、即位の時期は病気が現れないことを確認した後であることが求められ、併せて心身に余分な負担が及ばないように配慮する必要がありました。この観点から、即位はなるべく遅らせたいと関係者は考えます。

一方、首皇子の即位が遅れれば、中継ぎとなった元正天皇の健康や体力の問題が表面化する惧（おそ）れがあります。また、極端に即位が遅れることになれば、首皇子も草壁皇子や文武天皇のように健康上の問題があるのではないかという、無用な憶測を周囲に生むことになります。そういう観点からすれば、首皇子の即位を徒（いたずら）に遅らせることはできません。

第二の視点は、祟り封じです。大宝三年（七〇三）春頃から始まった文武天皇の不豫をきっかけに、草壁皇子と文武天皇に起きた不幸の原因は何らかの祟りによると考え、さまざまな祟り封じを行ってきました。それらの祟り封じが完了しないうちに即位の日を迎えることは、これまでの努力を水の泡にしてしまう危険があります。そのため、即位の日はすべての祟り封じが完了した後でなければならないという制約がありました。

第三の視点は、政治日程のうえで即位日が無理のない日であることです。官人たちが実務作業に追われる忙しい時期に即位の儀式が重なれば不満が生まれ、将来の首皇子の治世に悪影響を生む危険があります。天皇の崩御などによって緊急に即位日を決める場合、即位の儀式が優先するという事情を官人たちも理解するでしょうが、即位日が恣意的に決められる譲位の場合、官人たちの不満を抑えるためには政務の閑散期を選ぶ必要があります。

第四の視点は、即位日が万民にとって納得できる最良の日であるということです。重要なスタートに良い日を選ぼうとする習慣はいつの時代も同じと考えますが、即位日は誰からも絶対にケチを付けられることがない最良の日を選ぶ必要があります。逆にいえば、仮に反対意見が出そうになっても、それを抑え込むだけの理屈を付けられる日が最良ということになります。

第五の視点は、即位日に関する検討は和銅七年（七一四）六月の立太子の頃には始まっていたであろうということです。もちろん、文武天皇崩御のときから首皇子への皇位継承が最重要テーマとなり、それに向けたさまざまな準備が進められていたでしょうが、即位日について具体的な検討が始まったのは立太子・元服の頃と考えます。結果的に、首皇子は立太子の十年後に即位するのですが、この立太子の頃から即位に向けた準備が水面下で着々と進められていたのです。

このような事情から、神亀元年（七二四）二月四日という即位日は、少なくとも右の条件を満たす最良の日だったはずです。

では、この神亀元年（七二四）二月四日という即位日が、本当に最良の日だったのか、具体的に見てみましょう。

①首皇子の年齢

首皇子の場合、即位する年齢が最も重要な問題でした。元正天皇の健康や体力を勘案しながら、文武天皇や草壁皇子が病気になった二十歳前後の年齢に到達しても首皇子に病気の兆候がないことを確認し、さらに少しずつ経験を積みながら、心身が政務に耐えられる最も早い時期として二十四歳の神亀元年（七二四）が選ばれたと推測します。

②甲子という干支

首皇子が即位した神亀元年（七二四）の干支は甲子（きのえね）です。甲は干のスタートであり、子は支のスタートです。甲子は干支の始まりを意味し、新しい天皇の即位年として最も適しています。

推古紀によれば、干支二運前に当たる推古天皇十二年（六〇四）四月、仏法興隆に尽力した厩戸皇子が十七条憲法を発表しており、新時代の始まりという意味で、甲子の年は即位に相応（ふさわ）しいといえます。

③二月四日

本来、新天皇の即位日は区切りの良い一月に設定したいところです。しかし、一月は新年の始まりということで儀式や行事が多く、そこに譲位と即位が重なれば大変なことになります。その点、二月であればそれらの行事が一段落した時期であり、新年の匂いが残る中で無理のないスケジュールを組むことができます。

また、首皇子は即位後に仏法興隆に力を注ぎますが、『日本書紀』では仏法興隆に尽力した厩戸皇子が亡くなった日が推古天皇二十九年（六二一）二月五日とされており、厩戸皇子の思いを引き継ぐという観点から、聖武天皇の即位日は厩戸皇子の命日とされる日に近い、二月四日に決定された可能性があります。

④三宝興隆の詔

推古紀によれば、日本における仏法興隆の画期となる三宝興隆の詔（みことのり）は、推古天皇二年（五九四）二月一日に発せられています。この三宝興隆の詔は聖武天皇の即位の百三十年前で、同じ二月となっています。三宝興隆の詔は聖武天皇の即位日の百三十年も前のことであり、特別な関係はないように見えるかもしれませんが、首皇子の即位日が『日本書紀』完成前の時点で決まっていたとすれば、即位日を念頭に置きながら三宝興隆の詔の期日を『日本書紀』に書き込むことが可能であり、両者をリンクさせた可能性はあり得ます。

ちなみに、後に聖武天皇が建立する東大寺の大仏は、天平勝宝四年（七五二）四月に開眼供養が行われますが、この年は欽明紀が伝える仏教伝来から二百年目に当たり、聖武天皇に関わる儀式は『日本書紀』の仏教関係の出来事とシンクロナイズする傾向があります。

このように、さまざまな観点から検討が行われ、聖武天皇の即位にとって、神亀元年（七二四）二月四日が最良の日として決定されたのです。

2　即位に向けた総仕上げ

首皇子の即位に向けた準備が着々と進められてきましたが、即位の日が近づくに従って細部にわたる入念な準備が進められました。

①皇太子、朝政を聴く

首皇子は、和銅七年（七一四）六月二十五日に立太子・元服を行いましたが、それから正確に五年が経過した養老三年（七一九）六月十日、元正紀に「皇太子始めて（初めて）朝政を聴く」と記されています。このときから、首皇子が天皇として政務に関与するための準備が始まったようです。

また、その四カ月後の十月十七日には重々しい詔とともに、舎人・新田部の両親王に皇太子の補佐役が命じられています。首皇子が即位したのは神亀元年（七二四）二月四日ですから、即位まで五年となった時期に、即位に向けた本格的な活動が始まったことになります。

立太子から五年、即位まで五年という中間の時期、計画に沿って厳正に進められる準備の様子から、首皇子の即位までの間に、予定された計画・手順を怠りなく踏んでいくという決意が感じられます。

②法隆寺への納賜

『伽藍縁起』によれば、首皇子が即位する一年余り前の養老六年（七二二）十二月四日、元正天皇によって『金剛般若経』百巻をはじめ、多くの仏典・仏具が法隆寺に納められます。また、同じ日に食封三百戸も納賜され、神亀四年（七二七）に停止されるまでの五年間、法隆寺は食封の恩恵に浴することができたようです。

なお、法隆寺に対して納賜が行われた三日後、大安寺に対しても一切経千六百巻ほどが納賜されたことが、『大安寺伽藍縁起并流記資財帳』に記されており、このときの納賜が法隆寺に対してのみ行われたものでないことが分かります。

これらの納賜の一年前の養老五年（七二一）十二月七日、元明太上天皇が崩御していることから、これらの納賜が元明太上天皇の追善供養のためであることは間違いありません。しかし、それは同時に、近づく首皇子の即位の日を無事に迎えられることを祈るものであったと推測します。

③ 出雲国造の神賀事（かむほきのこと）

八年前の出雲大社整備の完成報告に続き、神亀元年（七二四）正月二十七日、出雲国造の広嶋が神賀辞を奏するために宮中に参内したことが元正紀に記されています。首皇子の即位日が二月四日ですから、即位直前の神賀の儀式は、これまで祟りを起こした大国主命を丁重に祀っていることの元正天皇への報告であり、首皇子即位のための重要な準備の一つであることは間違いありません。

神賀詞の内容は、『延喜式』の「出雲国造神賀詞」で知ることができますが、その出雲国造神賀詞には「大国主命の和魂（にきみたま）を大和の三輪山に祀るように大国主命自身が要求した」と記されています。神の魂は温和な側面の和魂と野蛮な側面の荒魂（あらみたま）から成っており、その温和な和魂だけを大和に移すように指示したということは、逆に大国主命の荒魂は出雲に祀られているということであり、その出雲に残された荒魂を鎮護することが出雲大社の役割であり出雲国造の職務と理解できます。つまり、宮中で行われる出雲国造神賀詞の儀式は、大国主命の荒魂が出雲で大人しくしていることを天皇に報告し、ご安心くださいという意味合いがあるのです。

なお、出雲国造神賀詞の儀式は聖武天皇の即位の後も続けられており、『続日本紀』には天平勝宝二年（七五〇）二月、天平勝宝三年（七五一）二月、神護景雲元年（七六七）二月、神護景雲二年（七六八）二月、延暦四年（七八五）二月に行われた記録が残っています。聖武天皇が即位した神亀元年（七二四）を除き、その他は出雲大社が完成した霊亀二年（七一六）を含めすべて二月に行われており、天皇と出雲大社との関係において二月が特別な意味を持っていると分かります。

このように、聖武天皇の即位直前に出雲国造神賀詞の儀式が行われ、その後も継続されていた様子を見れば、当時の政権が出雲の大神である大国主命をどれほど怖れていたか、痛いほど伝わってきます。

④ 修二会

天武紀や持統紀には、毎年正月十五日の満月に、「薪進る（たきぎたてまつる）」という儀式が宮中で行われていたと記されています。この儀式の正確な内容は分かりませんが、正月の満月の夜に官人たちが集まり、その中央で盛大に薪を焚いて国家安寧を祈る儀式だったと想像します。

一方、今日でも仏教寺院では修正会（しゅしょうえ）や修二会（しゅにえ）と呼ばれる新年の儀式が行われます。修正会と修二会はそれぞれ修正月会、修二月会を略したもので、寺院において一月と二月に国家安穏や仏教興隆などを祈る儀式として行われています。たとえば、東大寺の修二会は「お水取り」として有名ですが、僧侶が燃え盛る大松明（たいまつ）を抱えて二月堂の回廊を走り回る勇壮で幻想的な様子は、春を告げる風物詩として毎年のニュースになっています。

ところで、なぜ一年のうち一月と二月だけ修正会・修二会という特別な儀式を行うのでしょうか。仮に一月は新しい年の始まりという特別な月であると理解するとしても、なぜ二月にも行われるのでしょうか。

実は、これに関して、『教訓抄』という鎌倉時代初期に編纂された芸能関係の秘伝書（巻第六）

に、興味深い記述が残されていますので、ご紹介します。そこには興福寺の東・西の金堂で行われた薪宴（たきぎのえん）について、西金堂の薪は二月三日に行われ、東金堂の薪は翌四日に行われていたと記されています。この薪宴は参列した人たちの前で薪を焚いて国家安寧や五穀豊穣などを祈る儀式と考えますが、薪宴という名称、そして薪を焚くところから推測すれば、天武・持統朝に行われた「薪進る」の儀式に倣（なら）って興福寺でも薪を焚く儀式が行われるようになり、二月に行われていることから興福寺修二会の原点と考えられます。

ところで、興福寺の薪宴（たきぎのえん）が二月三日と四日に行われていたということですが、聖武天皇の即位日は二月四日であり、どちらも二月四日であることは偶然の一致ではないと考えます。興福寺は官寺に位置付けられていますが、もともとは藤原氏の氏寺です。また、聖武天皇は藤原不比等の孫に当たり、聖武天皇の皇后の光明子（安宿媛（あすかべひめ））は不比等の三女です。つまり、聖武天皇と興福寺とは藤原氏を介して密接につながっているのです。その興福寺で毎年二月三日と四日に行われた儀式が、神亀元年（七二四）二月四日に即位した聖武天皇と無縁であるはずはありません。

もともと、興福寺の修二会は、祖父の草壁皇子や父の文武天皇と同じ運命に襲われることがないよう、聖武天皇の健康と長寿、そして治世の安寧を祈る儀式であり、神亀元年（七二四）二月四日の聖武天皇の即位日に淵源（えんげん）があると考えます。

また、興福寺は歴史的に猿楽（今日の能楽）と縁（ゆかり）の深い寺ですが、興福寺の修二会が薪という燃え盛る火を主役とし、その薪を中心に人々が集う中で猿楽と呼ばれる芸能が誕生したと考えれば、興福寺と猿楽のつながりが無理なく説明できます。つまり、薪能（たきぎのう）として知られる今日の人気行事は、その起源を聖武天皇の即位に求めることができるのです。

⑤ 能「翁（おきな）」

今日、薪能などを通じて多くの人が能に触れることは、能の愛好家の一人である筆者にとって嬉しいことです。能楽は嘗（かつ）て猿楽と呼ばれていましたが、その猿楽の起源ではないかと思われるほど古色に満ちた不思議な能が今日に伝えられています。その能は「翁（おきな）」と呼ばれるもので、正月など特別な場合にのみ演じられる厳粛な能で、どのような歴史的背景を持つものなのか、ほとんど何も分かっていませんでした。

実は十年ほど前、筆者は能の「翁」が神代に地上を支配していた大国主命であることを突き止めました（拙著『海に漂う神々　世阿弥が伝えた古代史の真相』）が、聖武天皇について調べるうち、再び「翁」に出会うことになりました。

聖武天皇の即位に向け、祟りの原因となる一切の要素を排除しようとする関係者の強い思いを背景に、出雲大社の整備、出雲国造神賀詞の奏上、興福寺の薪宴などが行われましたが、燃え盛る薪の前で出雲の大国主命に対する祟り封じの儀式として行われた舞が、歳月の経過とともに国家安寧と五穀豊穣などを祈る能「翁」へと昇華し、今日まで伝えられてきたと推測します。

能「翁」は、聖武天皇の健康と治世の安寧を祈る儀式として生まれたもので、出雲大社に封印した大国主命を限られた時間、限られた場所で解放し、鬱積した日頃の憤懣を発散してもらう儀式なのです。能「翁」は大国主命の祟りを防ぎ、国家の安寧を祈るため、今日まで脈々と受け継がれてきた荘厳な儀式なのです。

3　託された後事

神亀元年（七二四）二月四日、聖武天皇は無事に即位することができました。これまでの苦労が報われ、ようやく国家と天皇家の安寧が約束される新しい時代を迎えることができたと、元正太上天皇をはじめ儀式に参列した人たちは一様に安堵したことでしょう。ところが、そこに元明太上天皇、藤原不比等、粟田真人の姿はありません。この晴れがましい日を無事に迎えるために最も尽力した三人の姿が、そこに見えないのです。

実は、祟り封じのブレーンとなって活躍した粟田真人は、五年前の養老三年（七一九）二月五日、『日本書紀』の完成を見ないまま薨じていました。また、さまざまな施策において実務的な指揮をした藤原不比等は、『日本書紀』の完成を見届けた直後の養老四年（七二〇）八月三日に薨じています。そして、首皇子の将来について最も心を痛めていた祖母の元明太上天皇は、首皇子の即位の二年余り前の養老五年（七二一）十二月七日に崩御しました。

首皇子が無事に即位の日を迎えられるように全精力を注いでいた三人は、首皇子の晴れ姿を見ることがないまま亡くなっていたのです。元明太上天皇、藤原不比等、粟田真人の三人がどれほど首皇子の将来に心を砕いていたか、首皇子自身には知らされていません。なぜなら、首皇子に精神的な負担をかけないように、上宮王家や大国主命の件は秘密にされていたからです。

三人が他界してしまった今、聖武天皇を支えるのは伯母の元正太上天皇、不比等の子の四兄弟、不比等の娘であり聖武天皇夫人（安宿媛、後に皇后）の光明子、光明子の母の県犬養三千代、そして道慈が主なところと見られます。聖武天皇はこれら信頼の篤い人たちの支援を得ながら、新天皇として未知の課題に取り組んでいくことになります。ただ、そこには不比等のような経験豊かな大立者は不在で、聖武天皇にとっては心細い船出となりました。

事実、聖武天皇が即位して数年のうちに、聖武天皇と安宿媛との間に生まれた基王がわずか二歳で夭折するという不幸があったうえに、長屋王が自害に追い込まれる事件が起き、時代は深い混迷に突入していきます。さらに、即位から十三年後の天平九年（七三七）、平城京で天然痘が流行し、政権幹部が次々と薨去するなど、聖武天皇にとって心身ともに追い詰められる激しい混乱が続きました。

このような事情から、天平年間に再び上宮王家の祟りに目が向けられ、焼けたまま放置されていた斑鳩宮が法隆寺の東院として整備され、上宮王家の鎮魂と祟り封じが手厚く行われます。しかし、それでも混迷へと向かう時代の流れを変えることはできません。道慈が『金光明最勝王経』を拠りどころとして東大寺や国分寺などの建立に尽力し、聖武天皇の施政を仏教の面から支えようとしますが、道慈が描いた理想と現実には大きな隔たりがあったように思われます。

◉『日本書紀』の完全犯罪

文武天皇の不豫をきっかけとして始まった祟り封じは、法隆寺（西院）や法起寺、出雲大社の整備、さらに平城京遷都のほか、『古事記』、『風土記』の編纂など、各種の文化事業へと発展しました。中でも上宮王家の祟り封じのために、多くの改竄や捏造、演出が『日本書紀』に盛り込まれることとなりました。おそらく、厩戸皇子の聖人化や山背大兄王襲撃と蘇我入鹿暗殺に関する改竄は粟田真人が担当し、道慈が唐から戻る養老二年（七一八）十二月頃までに、原稿は概成していたのです。

ところが、道慈が唐から戻ったことで事態は大きく変化します。道慈は、白村江の戦いに関する処理が唐との間で曖昧になっており、そのことが将来の日本にとってきわめて危険であると政権幹部に訴えたことで、『日本書紀』の記述を大幅に改変することになったのです。道慈は日本の立場を護るため、任那を争点とする日本と新羅の対立や、仏教伝来に伴う大混乱など、異常気象を織り交ぜながら巧みに描きます。そして、その総仕上げとして天智天皇九年（六七〇）四月三十日夜半過ぎ、法隆寺が一屋も余すことなく燃え尽きたとする捏造記事を天智紀に載せたのでした。

真人や道慈が行った『日本書紀』の改竄や捏造、演出という完全犯罪は、首皇子が即位した後の日本を護るという使命のため、確信的に行われたことは間違いありません。しかし、そのことが千三百年にわたって古代史研究を混乱させ、法隆寺研究を袋小路に追い込んだのです。正史として絶対の信頼を得てきた『日本書紀』ですが、その改竄や捏造、演出が明らかになった以上、その記載内容について抜本的に再吟味しなければならないと考えます。

聖武天皇のために行われた『日本書紀』編纂などのさまざまな文化事業は、今日の日本社会にも多くの影響を及ぼしています。元明天皇をはじめ、当時の関係者の献身的な尽力に敬意を表します。また、日本を護るため、大胆な改竄にも異議を唱えることなく、人知れず耐えてきた法隆寺に対し、最大限の敬意を表したいと思います。

（系図—1）文武天皇に連なる主な系譜

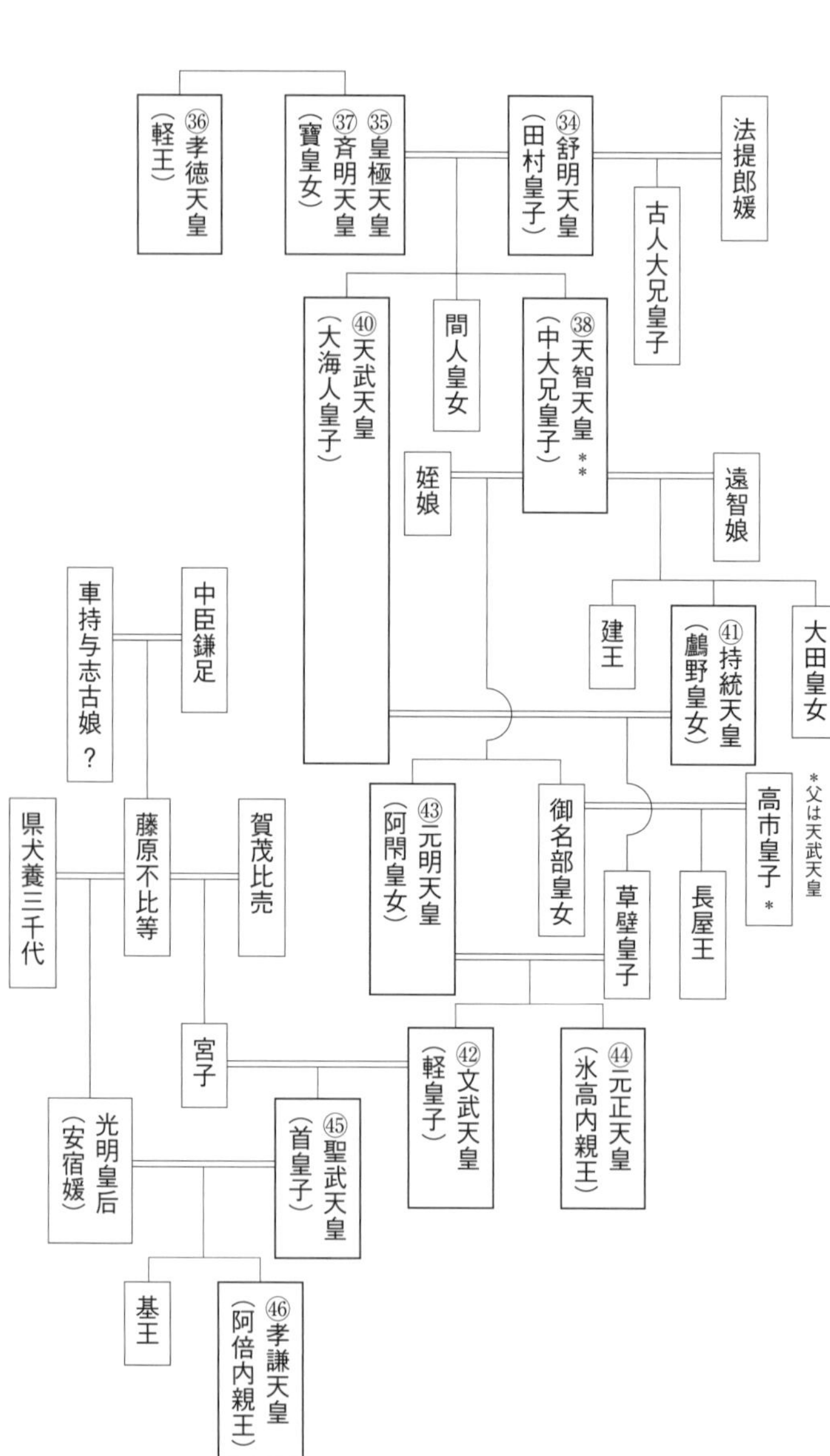

＊父は天武天皇

＊＊天智天皇の皇子の大友皇子は明治三年に㊴弘文天皇と追号

（系図―2）厩戸皇子に連なる主な系譜

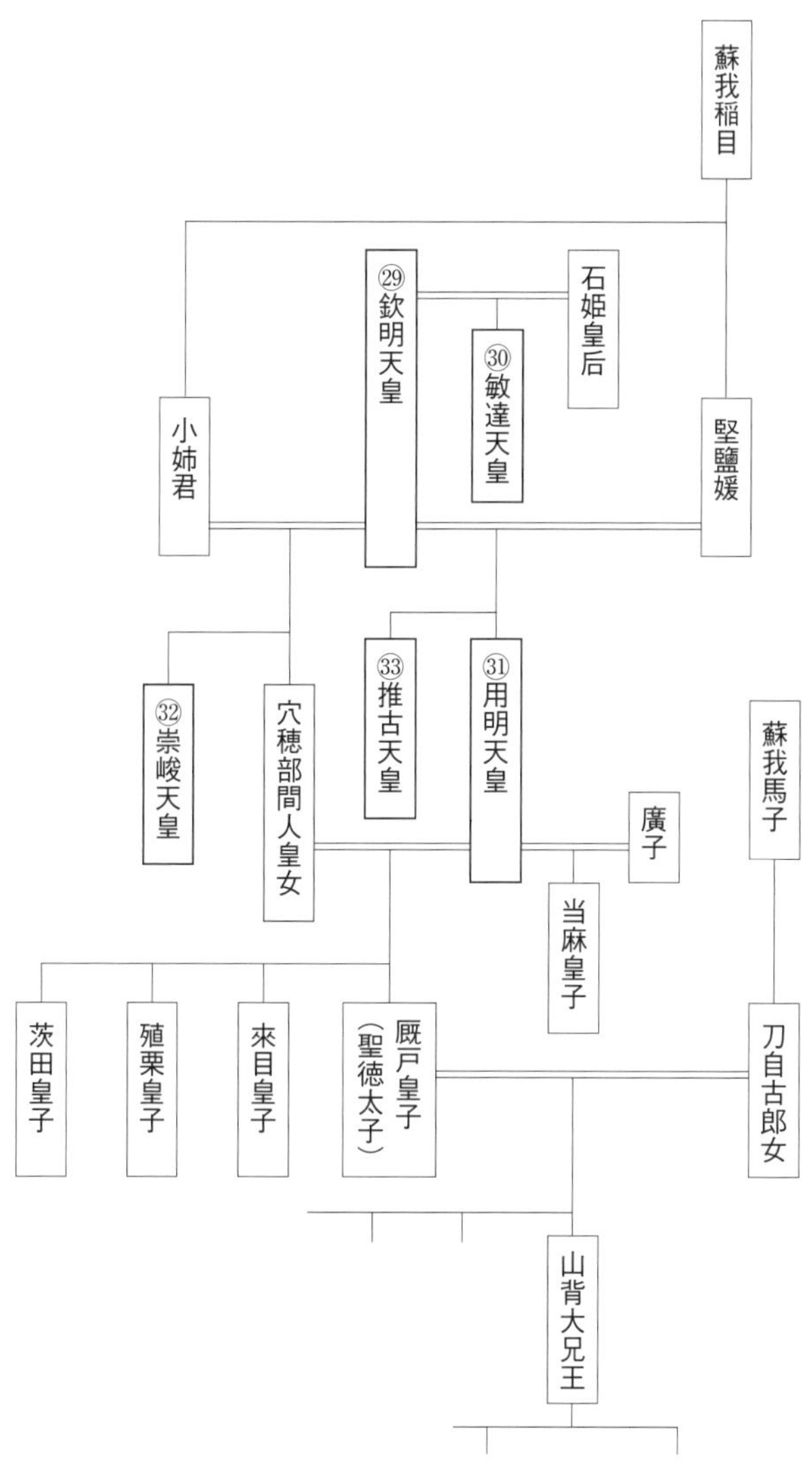

関数 $y(x)$ がオイラー方程式を満たす場合、
汎関数 $I(y)$ は最大・最小の極値となる。

① 関数

$$y = y(x)$$

② 汎関数

$$I(y) = \int_a^b f(x, y, y')\,dx$$

③ オイラー方程式

$$\frac{\partial f}{\partial y} - \frac{d}{dx}\left(\frac{\partial f}{\partial y'}\right) = 0$$

あとがき

数学の分野では、賞金まで懸けられた超難問がいくつか存在します。その種の難問の一つに、「ポアンカレ仮説」と呼ばれるものがありました。ポアンカレ仮説は、数学の研究者でも問いそのものを簡単に説明できないほどの難問ですが、その難問を解いたとして、ロシアの数学者のペレルマンが二〇〇二年に論文を公開しました。

世界の数学者チームが、この公開された論文の検証を行い、二〇〇六年、検証を行っていた三つの数学者チームが、「論文に致命的な間違いはない」と結論を出しました。つまり、このときポアンカレ仮説と呼ばれる超難問は、ロシアの数学者のペレルマンによって解決されたと世界が認めたのです。このセンセーショナルな出来事は当時テレビなどでも報道されました。

もちろん、世界の数学者たちは歴史的な難問が解けたことに驚きましたが、もっと驚いたのはその解法でした。それまで多くの数学者は位相幾何学という手法でポアンカレ仮説の解明を試みていたのですが、ペレルマンは微分幾何学という、どちらかといえば古い手法を用いていたのです。加えて、証明の途中では数学とは結び付きそうにない熱力学まで導入していたのです。つまり、ペレルマンは数学の垣根を越え、利用可能なあらゆる手段を総動員して超難問の解明に取り組んでいたのです。

実は、本書はペレルマンの姿勢に勇気付けられて完成させることができました。法隆寺や『日本書紀』という歴史的な難問に取り組むには、古代史研究とは無縁と見られていた手法でも、有効となれば躊躇なく取り入れることが必要だったのです。そんなとき、ペレルマンのことを思い出したのです。

本書は、『日本書紀』の解明のため、物理・数学の手法である変分法を用いることを前面に出しました。法隆寺と『日本書紀』という超難問を解くためには、従来の研究の枠を越え、あらゆる手法を総動員する必要があったのです。

しかし、本書が用いた手法は変分法だけではありません。もう一つ重要な手法を採用しています。それは、「虚偽を虚偽と見抜き、虚偽の中に真実を見る」という取り組み姿勢です。

若い頃、私は虚偽や誤りを容赦なく切り捨てるという姿勢で史料と向き合っていました。虚偽や誤りを切り捨て、残された真実の結晶にのみ目を向けて研究を進めることが最善と信じていたのです。ところが、この方法で取り組んだ場合、真実と思われるものがほとんど残らないうえに、どの史料も怪しく思われるばかりで、行き詰まってしまったのです。そのような状態で立ち往生していた最中、「虚偽を虚偽と見抜き、虚偽の中に真実を見る」というフレーズが目に留まったのです。

このフレーズは、J・クリシュナムルティという人の講話の中で発見したのですが、このフレーズは、J・クリシュナムルティ自身も気に入っていたらしく、複数の翻訳本の中でこのフレーズを見たように記憶します。

ところで、Ｊ・クリシュナムルティについては、知っている人はよく知っている一方で、知らない人は全く知らないだろうと推測します。そこには理由があり、Ｊ・クリシュナムルティ自身が「権威」になることを危惧し、自分の名や言葉の断片を引用しないで欲しいと遺言したことで、彼のことを知る人がきわめて限られてしまったのです。しかし、偶々(たまたま)Ｊ・クリシュナムルティのことを知った人はその生き方に共感し、彼のすべてを深く学ぼうとして、彼に関する多くの書籍に目を通すのです。

Ｊ・クリシュナムルティは、一切の偏見や先入観から自由であることを自ら実践し、人々に対しても「ありのままに見る」ことを勧めながら、静かにこの世を去っていきました。

そういう意味では、Ｊ・クリシュナムルティの名を出し、さらに彼の言葉を引用したことは、Ｊ・クリシュナムルティの遺志に背いていることになります。ただ、Ｊ・クリシュナムルティのほぼすべての翻訳本を二回から三回も読み、さらに英文の原典も数冊ほど読んだ熱心な読者に対しては、多少のお目こぼしがあるものと信じています。

ところで、古代史を探求するうえで威力を発揮した「虚偽を虚偽と見抜き、虚偽の中に真実を見る」という姿勢は、近年、目覚ましい発展を遂げるＡＩとよく似ていることに驚いています。ＡＩはゴミの山にも喩(たと)えられるビッグデータを読み込み、その大量のゴミに残る微(かす)かな情報を抽出するのですが、ＡＩはこれまで無駄として捨てられていたゴミの山から貴重な情報を拾い出してくれます。そのＡＩのような、「虚偽を虚偽と見抜き、虚偽の中に真実を見る」という取り組みがなければ、法隆寺や『日本書紀』の解明は永遠に不可能だったと思います。

本書は従来の古代史研究と大きく手法が異なり、複雑なところがあったかもしれませんが、新しい手法を取り入れたからこそ、千三百年も解けなかった超難問を解くことができたと確信しています。

読者の方々には驚きの連続だったでしょうが、一人でも多くの方に本書を理解していただけることを祈っています。

著者

令和三年六月

参考文献（登場順。ただし、二回目以降は省略）

第一部　疑惑の大火

第一章（非力のレジスタンス）

『日本書紀』上下　日本古典文学大系67・68　坂本太郎他校注　岩波書店
『日本古代史の基礎的研究』上　坂本太郎著　東京大学出版会
「上宮聖徳太子伝補闕記」『群書類従』第五輯　系譜・伝・官職部　塙保己一編　続群書類従完成会
『変貌する聖徳太子　日本人は聖徳太子をどのように信仰してきたか』吉田一彦編　平凡社
『日本暦日原典〔第四版〕』内田正男編著　雄山閣出版
「聖徳太子伝暦」『続群書類従』第八輯上　伝部　塙保己一編　続群書類従完成会
「聖徳太子伝暦」『大日本佛教全書　第112冊　聖徳太子伝叢書』佛書刊行会編　大日本佛教全書発行所
『上宮聖徳太子伝補闕記の研究』新川登亀男著　吉川弘文館
「扶桑略記」『新訂増補国史大系』第十二巻　黒板勝美編　国史大系刊行会　吉川弘文館
「聖徳太子伝私記」『続々群書類従』第十七輯　雑部　古書保存会編　続群書類従完成会
「法隆寺伽藍縁起并流記資財帳」『内閣文庫所蔵史籍叢刊古代中世篇　第三巻』汲古書院
「七大寺年表」『大日本佛教全書111』佛書刊行会編　大日本佛教全書発行所

『法隆寺の研究史』村田治郎著作集2　村田治郎著　中央公論美術出版
「法隆寺若草伽藍址の発掘に就て」石田茂作著　『日本上代文化の研究』法相宗勧学院同窓会
『法隆寺若草伽藍跡発掘調査報告　奈良文化財研究所学報第76冊』文化財研究所奈良文化財研究所
『法隆寺国宝保存工事報告書　第十三冊　国宝法隆寺五重塔修理工事報告』、『同付図』法隆寺
国宝保存委員会編　文化財保護委員会事務局内　法隆寺国宝保存委員会
『昭和修理を通して見た法隆寺建築の研究』浅野清著　中央公論美術出版
「西院伽藍の年代とその様式」『奈良の寺1　法隆寺西院伽藍』浅野清ほか著　岩波書店
『上宮聖徳法王帝説』東野治之校注　岩波書店（文庫）
『玄奘　人と思想106』三友量順著　清水書院
「元興寺伽藍縁起并流記資材帳」『寧楽遺文』上　竹内理三編　八木書店
『仏教伝来の研究』吉田一彦著　吉川弘文館

第二章（緊迫の外交）

『縮印百衲本　二十四史　舊唐書』第十二巻　商務印書館
『天智朝と東アジア　唐の支配から律令国家へ』中村修也著　NHK出版
『世界歴史大系　朝鮮史1　先史～朝鮮王朝』李成市ほか著　山川出版社
『第三版　朝鮮史年表』鄭晋和編　雄山閣出版

『縮印百衲本　二十四史　新唐書』第十三巻　商務印書館
『遣唐使全航海』上田雄著　草思社
『古代仏教をよみなおす』吉田一彦著　吉川弘文館
『続日本紀』一〜五　新日本古典文学大系12〜16　青木和夫ほか校注　岩波書店
「日本書紀」『改訂増補国史大系』第一巻下　黒板勝美ほか編　吉川弘文館
「山上氏の出自と性格」佐伯有清著『古代東アジア史論集』下巻　末松保和博士古稀記念会編
　吉川弘文館
『日本古代氏族の研究』佐伯有清著　吉川弘文館
「大安寺縁起」『群書類従』第二十四輯　釋家部　塙保己一編　続群書類従完成会
「元亨釈書」『新訂増補国史大系』第三十一巻　黒板勝美編　国史大系刊行会　吉川弘文館
「開元釋教録」『大正新脩大蔵経　第五十五巻　目録部』大正一切経刊行会
「日本書紀仏教伝来記載考」『日本古代の政治と宗教』井上薫著　吉川弘文館
『懐風藻全注釈』辰巳正明著　笠間書院
「金光明最勝王経」『大正新脩大蔵経　第十六巻　経集部三』大正一切経刊行会
「金光明最勝王経」『國譯大蔵経　経部第十一巻』国民文庫刊行会
「弘仁私記序」『新訂増補国史大系』第八巻　黒板勝美編　吉川弘文館
『日本紀竟宴和歌複製叢書』古典保存会編　古典保存会

第三章（際立つ新羅）

『縮印百衲本　二十四史　漢書』第二　商務印書館
『縮印百衲本　二十四史　後漢書』第三　商務印書館
「大方等大集経」『大正新脩大蔵経　第十三巻　大集部』大正一切経刊行会
「法隆寺問題管見」『日本建築史研究』福山敏男著　墨水書房
「観音菩薩造像記」『寧楽遺文』下　竹内理三編　八木書店

第四章（必然の大火）

「新羅本紀」『三国史記１』井上秀雄訳注　東洋文庫３７２　平凡社
「新羅本紀」『三国史記　上』金富軾著　林英樹訳　三一書房
『大乗仏教芸術史の研究』小野玄妙著　金尾文淵堂
『奈良朝時代に於ける寺院経済の研究』竹内理三著　大岡山書店

第二部　極秘の再建

第五章（同じ轍）

「尊卑分脈」『新訂増補国史大系　第六〇巻』黒板勝美編　吉川弘文館

『藤氏家伝　鎌足・貞慧・武智麻呂伝　注釈と研究』沖森卓也ほか著　吉川弘文館
『新訂旧唐書倭国日本伝宋史日本伝・元史日本伝』石原道博編訳　岩波書店（文庫）
「法起寺塔露盤銘」『日本古代金石文の研究』東野治之著　岩波書店
「上篇　法起寺塔露盤銘」『會津八一全集』第一巻　會津八一著　中央公論社

第六章（すべては聖武天皇のために）

『日本古代都城制の研究　藤原京・平城京の史的意義』井上和人著　吉川弘文館
『風土記』新編日本古典文学全集5　植垣節也校注・訳　小学館
『猿丸と人麻呂　天才歌人を抹殺した闇の真相』中村真弓著　幻冬舎メディアコンサルティング
『元興寺の歴史』　岩城隆利著　吉川弘文館
「元興寺伽藍縁起」『寺社縁起』日本思想大系20　桜井徳太郎ほか校注　岩波書店
「大安寺伽藍縁起并流記資財帳」『寧楽遺文』上巻　竹内理三編　八木書店
『薬師寺』日本美術史叢書1　福山敏男ほか著　東京大学出版会
『奈良朝寺院の研究』福山敏男著　綜芸社
「興福寺伽藍縁起」『続群書類従』第二十七輯下　釈家部　塙保己一編　続群書類従完成会
「興福寺流記」『大日本佛教全書』興福寺叢書第一　佛書刊行會編　佛書刊行會
『出雲大社の建築考古学』浅川滋男・島根県古代文化センター編　同成社

「口遊」『続群書類従』第三十二輯上　雑部　塙保己一編　続群書類従完成会
『古事記　上代歌謡』日本古典文学全集1　荻原浅男ほか校注・訳　小学館
「出雲国造系譜」『出雲国造家文書』村田正志編　著作権北島英孝氏　清文堂出版
『日本名建築写真選集第十四巻　伊勢神宮・出雲大社』伊藤ていじ他著　渡辺義雄撮影　新潮社
「七大寺巡礼私記」『校刊美術史料　寺院篇上巻』藤田経世編　中央公論美術出版
『法隆寺雑記帖』石田茂作著　学生社
『海に漂う神々　世阿弥が伝えた古代史の真相』中村真弓著　幻冬舎ルネッサンス
『隠された十字架　法隆寺論』梅原猛著　新潮社
「法隆寺東院縁起」『奈良六大寺大観』第五巻　奈良六大寺大観刊行會　岩波書店
『景教のたどった道』川口一彦著　キリスト新聞社
『聖書』フランシスコ会聖書研究所訳注　サンパウロ
『延喜式』上中下　虎尾俊哉編　集英社
「新猿楽源流考」能勢朝次著　『國語・國文』京都帝国大学國文学会編　星野書店
「教訓抄」『続群書類従』第十九輯上　塙保己一編　続群書類従完成会
「教訓抄」『古代中世芸術論』日本思想大系23　林屋辰三郎校注　岩波書店

中村 真弓（なかむら まゆみ）

1954年生まれ。1977年3月、東京大学卒業。2020年6月、商社役員を退任。若い頃から日本の古代史、古典文学、仏教、能などに関心を持つ。特に弘法大師を中心にして、さまざまな分野を横断的に研究してきた。定説や常識を鵜呑みにすることを嫌い、常に原典に依って確認することを心掛けている。

著書に『海に漂う神々―世阿弥が伝えた古代史の真相―』（2012年、幻冬舎ルネッサンス刊）、『猿丸と人麻呂―天才歌人を抹殺した闇の真相―』（2018年、幻冬舎メディアコンサルティング刊）がある。

法隆寺（ほうりゅうじ）は燃（も）えているか
日本書紀（にほんしょき）の完全犯罪（かんぜんはんざい）

2021年11月12日　第1刷発行

著　者　　中村真弓
発行人　　久保田貴幸

発行元　　株式会社 幻冬舎メディアコンサルティング
〒151-0051　東京都渋谷区千駄ヶ谷4-9-7
電話　03-5411-6440（編集）

発売元　　株式会社 幻冬舎
〒151-0051　東京都渋谷区千駄ヶ谷4-9-7
電話　03-5411-6222（営業）

印刷・製本　中央精版印刷株式会社
装丁　　LEE DAIN

検印廃止

ISBN 978-4-344-93746-8 C0021
幻冬舎メディアコンサルティングHP
http://www.gentosha-mc.com/